타카하타 이사오展

스튜디오 지브리 애니메이션의 거장

목 차
Contents

P3/『알프스 소녀 하이디』 오프닝 원화

인사말

이번에 「타카하타 이사오 전 – 일본 애니메이션에 남긴 것」을 개최하게 되었습니다.

타카하타 이사오(1935~2018)는 1960년대부터 반세기에 걸쳐 일본 애니메이션을 견인해 온 애니메이션 영화 감독입니다.

미에현에서 태어나 오카야마현에서 자란 타카하타 이사오는 도쿄대학 불문학과를 졸업한 후, 1959년에 도에이동화(현 도에이 애니메이션)에 입사합니다. 첫 장편 감독 작품인 『태양의 왕자 호루스의 대모험』(1968년)에서, 어른들이 감상할 만한 장대한 스케일의 영상 세계를 만들고, 그 후에 잇따라 애니메이션에서 새로운 표현 영역을 개척했습니다. 1970년대에는 『알프스 소녀 하이디』(1974)와 『빨강머리 앤』(1979) 등의 TV 명작 시리즈에서 일상생활을 꼼꼼히 묘사하는 연출 기법을 통해, 판타지와는 다른 풍부한 인간 드라마의 형태를 완성합니다. 1980년대 이후에는 이야기의 무대를 일본으로 옮겨서 『꼬마숙녀 치에』(1981), 『반딧불이의 묘』(1988), 『폼포코 너구리 대작전』(1994) 등, 일본의 풍토나 서민 생활의 리얼리티를 표현함과 동시에, 전쟁을 겪은 일본인의 경험을 현재의 시선으로 되묻는 역작을 계속해서 발표합니다. 유작이 된 『가구야공주 이야기』(2013)에서는 스케치 선을 살린 화법에 도전해, 기존의 셀화 양식을 뛰어넘는 표현의 혁신을 이루었습니다.

항상 현대적인 테마를 모색하고, 그것에 걸맞은 새로운 표현 방법을 추구한 혁신가·타카하타의 창조의 궤적은 전후 일본 애니메이션의 기초를 쌓음과 동시에, 국내외의 제작자들에게도 커다란 영향을 끼쳤습니다. 이 전시회에서는 타카하타의 연출 기술에 주목하고, 제작 노트와 그림 콘티 등의 미공개 자료도 소개하면서, 그 풍요로운 작품 세계의 비밀에 다가가려고 합니다. 인간에 대한 깊은 이해와 애정이 담긴 타카하타 애니메이션의 의의를 다시 한번 생각하는 계기가 되기를 바랍니다.

마지막으로 이번 전시회를 개최하면서 아낌없이 협조해 주신 유족분들, 기획 제작에 도움을 주신 스튜디오 지브리, 또한 귀중한 작품과 자료를 출품해 주신 박물관과 소장가 여러분께 진심으로 감사드리며, 이번 전시회를 실현시키기 위해서 힘써 주신 각 관계자 분들께 심심한 감사 인사를 드립니다.

주최자

Foreword

It is with great pleasure that we present *Takahata Isao: A Legend in Japanese Animation*.

Takahata Isao (1935-2018) was a pioneering director in Japanese animation whose career spanned a half century, dating to the 1960s.

Born in Mie Prefecture and raised in Okayama Prefecture, Takahata joined Toei Doga (now Toei Animation) in 1959 after completing a degree in French literature at the University of Tokyo. In his first full-length theatrical film, *Little Norse Prince Valiant* (1968), Takahata realized a visual world with a grand scale that went so far as to attract adult viewers. He went on to develop a succession of new realms of expression. In his outstanding TV series of the '70s, including *Heidi, Girl of the Alps* (1974) and *Anne of Green Gables* (1979), Takahata created rich human dramas that were distinctly different from typical fantasies, using a directorial method based on careful depictions of everyday life. In the '80s, Takahata shifted the setting for his narratives to Japan. In films such as *Downtown Story* (1981), *Grave of the Fireflies* (1988), and *Pom Poko* (1994), he vividly portrayed the country's regional climate and culture, and the reality of ordinary people's lives while also producing a series of powerful works that reexamined Japanese people's experiences during and after World War II from a contemporary perspective. In the posthumous work *The Tale of The Princess Kaguya* (2013), Takahata set himself the new challenge of bringing sketches to life in order to create an expressive technique that transcended traditional cel-based animation.

Takahata was an innovator who constantly searched for contemporary themes and pursued new means of expression that suited these subjects. The trajectory of his creative work established a foundation for postwar Japanese animation while also exerting a tremendous influence on other artists, both in Japan and abroad. In this exhibition, we focus on Takahata's directorial artistry by presenting previously unreleased production notes and storyboards, and closely examining the fertile world of his works. We hope that this will provide viewers with an opportunity to reconsider the significance of Takahata's animation, which is based on a deep understanding and love of people.

In closing, we would like to express our sincere appreciation to the artist's family for their unstinting cooperation, and to Studio Ghibli for its efforts in planning and producing the exhibition. We would also like to extend our heartfelt gratitude to the collectors and museums who agreed to loan us valuable works and documents from their collections as well as the many others who provided us with their support in realizing this event.

The Organizers

1. 도에이동화 재직 당시, 『태양의 왕자 호루스의 대모험』을 제작할 무렵. (촬영 : 오쓰카 야스오)
2. 도에이동화 재직 당시, 미야자키 하야오와 함께.
3. A 프로덕션 재직 당시, 미야자키, 고타베 요이치 등과 『말괄량이 삐삐』를 준비할 무렵.
4. 텔레콤 애니메이션 필름 재직 당시, 도모나가 가즈히데, 곤도 요시후미 등과 『리틀 네모』를 준비 중인 미국 스튜디오에서.
5. 2010년, 미야자키 하야오의 작업실에서.
(촬영 : 시노야마 기신)

약력 Profile

타카하타 이사오 Takahata Isao

1935년 미에현 출생. 오카야마현에서 성장. 1959년 도쿄대학 불문과 졸업. 같은 해 도에이동화(현 도에이 애니메이션)에 입사. 1968년, 첫 극장용 장편 감독 작품인 『태양의 왕자 호루스의 대모험』을 완성. 도에이를 퇴사한 후, 1974년 TV 시리즈 『알프스 소녀 하이디』의 전편을 연출. 1976년에는 TV 『엄마 찾아 삼만리』, 1979년에는 TV 『빨강머리 앤』의 전편을 연출. 그 후 1981년에 개봉한 영화 『꼬마숙녀 치에』, 1982년에 개봉한 영화 『첼로 켜는 고슈』를 감독. 1984년에 개봉한 미야자키 하야오의 『바람계곡의 나우시카』에서는 프로듀서를 역임. 1985년 스튜디오 지브리 설립에 참여. 직접 각본ㆍ감독한 작품으로는 『반딧불이의 묘』(1988), 『추억은 방울방울』(1991), 『폼포코 너구리 대작전』(1994), 『이웃집 야마다군』(1999), 『가구야공주 이야기』(2013). 『영화를 만들면서 생각한 것』(1991), 『12세기의 애니메이션』(1999), 『애니메이션, 기회가 있을 때마다』(2013) 등 다수의 저서가 있다. 2018년 서거. 향년 82세.

인간적인, 너무나 인간적인

박하은 (예술평론)

1. 인간성과 영원성, 그리고 다카하타 이사오

세상에는 수많은 가십거리들이 있다. 그렇게 사람들의 관심은 물결을 따라 급격히 변화한다. 그러나 어떤 것들은 시간이 흐르고 장소가 바뀌어도 계속해서 사람들의 입에 오르기 마련이다. 순간의 흥미와 관심을 끄는 것들에도 불구하고 어떤 작품과 메시지들은 인간 공통의 오래된 관심사를 건드리는 방식으로 사람들의 마음에 오래도록 남는다.

다카하타 이사오. 스튜디오 지브리의 공동 창립자이자 제작자인 그의 행보와 정신을 되새기고 공유하는 전시가 일본에서, 그리고 나아가 한국에서까지 열리게 된 이유는 무엇일까? 이는 바로 지브리를 넘어 그의 작업물과 작업 방식이 시대와 장소를 넘어 관통하는 사회적 메세지가 있기 때문일 것이다. 다카하타 이사오는 매체의 경계를 넓히고 관객이 애니메이션 영화를 어떻게 인식하는지 재구성했다. 일찍이 그것을 자세히 다루는 전시가 2013년 서울에서 스튜디오 지브리 레이아웃전을 통해 다뤄진 바 있다. 그의 작업 방식 중 또 다른 특징은 그의 작업물들이 일상의 조용한 기쁨을 묘사하더라도, 언제나 진실성과 감정적인 깊이를 지니고 있다는 것이다.

이미 시대를 넘어서는 아이콘이자 전설로 남은 마이클잭슨과 비틀즈, 그리고 그 뒤를 이을 거라 예측되는 방탄소년단의 공통점은 단지 가십거리를 넘어서 인간성에 집중하는 작업물을 내놓았다는 데에 있다. 스튜디오 지브리의 작품들 및 다카하타 이사오의 숨결이 들어간 여타 작업물 역시 그러하다. 그의 작품 속에서 보여지는 인간성, 국적과 세대를 관통하는 그 독보적 가치는 어디에서 나올까?

2. 문과 통로의 연결자

불문학과 전공생으로 일찍이 다양한 예술 작품에 관심을 가졌던 다카하타 이사오는 특히 한국에서 <천국의 아이들>(1997)이란 제목으로 유명한 영화의 시나리오 작가인 자크 프레베르의 작품들을 인상 깊게 접했다고 한다. 흔히 초등학교에서 시험이 끝나고 나면 틀어주는 영화 혹은 가정에서 부모님이 아이들에게 보여주는 작품 중 하나였던 <천국의 아이들>과 마찬가지로 <반딧불이의 묘>(1988), <폼포코 너구리 대작전>(1994), <가구야 공주 이야기>(2013) 등 다카하타 이사오의 작품들 역시 한국인들에게 꽤나 익숙한 작품들이다.

제목에서도 느껴지듯 반전주의 및 평화주의를 지향하며 어린아이와 자연물에 대한 관심과 애정을 드러내는 그의 작업 방식은 한국인들에게도 유의미한 인상을 남겼다. 시대와 장소를 관통하는 작품들은 그것이 누구에게 권하더라도 불편하게 느껴질 지점이 별로 없다는 공통점을 지니고 있다. 다카하타 이사오의 작품들은 어느 높은 곳에서 낮은 곳을 일방적으로 내려다보거나, 현실과 동떨어진 이야기를 하거나, 취향이라는 이름으로 거부할 만한 특이한 지점이 없다.

이는 그의 작품이 가진 독자성과는 구분되는 것으로, 그만의 장점 및 분위기는 분명히 특징적이나 그것을 '특이하다'는 이유로 거부할 만한 불편한 요소가 전혀 혹은 거의 없다는 것이다. 우리 모두가 한때 어린아이였고 하늘과 태양 아래서 언젠가 바람에 흔들리는 나뭇잎을 바라본 적 있다면 그것만으로 충분히 공감할 수 있을 만한 '인간성'의 요소가 그의 작품에는 존재한다. 그러므로 대부분의 감상자들과 창작자들은 오래도록 스테디셀러이자 전설로 남을 그의 이야기에 언제든 때가 되면 귀 기울일 수밖에 없는 것이다.

어린아이는 어른과 마찬가지로
체험하고 습득하는 모든 것에 문을 본다.
그러나 그것은 어린아이에게는 '입구'지만
성인에게는 '통로'에 불과하다.

프리드리히 니체, 「문」, 281, 『인간적인, 너무나 인간적인』

어린아이들은 단순하다. 빠르고도 복잡한 세상에서 어떤 단순함은 명쾌함이자 해방구가 된다. 그 때문에 사람들은 때로 저명한 철학가나 정치가 또는 유명인을 찾아가기보다 제 옆에 있는 어린아이에게 묻는다. 사랑이 뭐지? 행복이 뭐라고 생각해? 인생은 무얼까? 다카하타 이사오는 바로 그러한 방식으로 제 작품을 통해 사람들에게 묻고 답한다. 어쩔 수 없이 어른이 될 수밖에 없고 복잡한 세계 속으로 발길을 내딛어야 하는 인간의 숙명 속에서, 그의 작품은 일상을 환기하는 환풍구로서 작용한다.

그의 영화를 보고 나오면 가슴 속 답답함 또는 현실의 모순이 아주 단순한 이유로 해소될 수 있다는 믿음이 생긴다. 어떤 어른들은 모든 것을 수단화 시키며, 어떠한 자신들의 결론과 목적으로 통해 가는 통로로 여길 뿐이지만, 아이들에게는 같은 것이라도 그것이 하나의 도착지이자 새로운 출발지가 된다. 예를 들면 어른들은 다음 스케줄을 위해 아이들과 함께 놀이터에 들릴 뿐이지만, 어린 아이에게는 그곳이 거쳐가는 장소로 기능하지 않고, 하나의 세계로 받아들여지는 것과 같다.

있는 그대로 흠뻑 빠질 것. 그 세계를 받아들이지만 여전히 꿈을 꾸는 상태로 현실에 발 딛을 것. 어린아이와 어른이 놀이터 또는 키즈카페를 방문하는 마음가짐이 어떻게 다를지를 생각해보면 명쾌하다. 그래서 다카하타 이사오의 작품들은 말하고 보여준다. 제 나름의 어떤 해결책을 제시하는 것이 아니라서 더 불편하지 않다. 이것을 본다고 해서 당장 현실이 어떻게 바뀌지는 않겠지만, 보여주겠습니다. 어린아이들은 이렇게 세상을 보고 살아가고 있었습니다. 당신도 그러하지 않았나요? 그때의 당신이었어도 그러하지 않을까요?

그래서 그의 작품들은 늘 아련하게 행복하고도 슬픈 동화가 된다. 이야기의 귀결이 어떤 현실적인 해결책을 통해 해소된다기보다는 늘 자연물 혹은 이생명체 또는 사랑이라는 요소들로 평화를 맞이하는 것이다. 갑자기 혁명이 일어나거나 사람들이 각성하지도, 흑백 논리 속에서 히어로를 만들기 위한 이분법적인 빌런이 존재하지도, 각종 대책 회의를 통해 어떤 합의점에 도달하지도 않는다. 어린아이들이 그러하듯 현실과 환상이 혼재된 세계 속에서 평온하게 제 나름의 결말을 맞는다. 운명에 특별히 순응하지도 그렇다고 여느 희극처럼 운명에 맞서 싸워 승리하지도 않는다. 그저 어른과 아이, 인간과 자연, 전쟁과 평화가 혼재된 인간세상을 보여주고 이야기의 결말을 맺는다. 여느 아이들의 세계가 그러하듯, 어쩔 수 없어서 슬프지만 그 안에서 제 나름의 아름다움을 맞이한다.

3. 신념과 고집, 그 탁월한 미성숙

어린아이는 꺾일수록 어른이 된다. 곧잘 어른들의 말에 순응하고 현실에 적응하는 아이를 우리는 성숙하다고 말한다. 그러나 모두가 성숙할 때에는 어떤 미성숙이 탁월함이 되기도 한다. 작업 방식에 있어서 자신만의 스타일을 고수하기로 유명한 다카하타 이사오는 3D 애니메이션이 성행하던 시기에 한 장 한 장 그림을 그려 제작해야 하는 레이아웃 방식을 고수함으로 스튜디오 지브리만의 독창성을 만들어냈다. 또한 <가구야 공주 이야기>(2013) 제작 당시에는 머리카락 한 올 한 올까지 살려내는 섬세한 작업방식을 고수하여 엄청난 제작비용을 들이기도 했다. 그러나 그만의 신념과 고집이 각 작품의 단순한 흥망에 의해 가치가 있었다가 없어지는 것은 아닐 것이다.

지금 여기, <다카하타 이사오 전>을 통해 다시 한 번 우리가 그의 이야기와 작업 방식에 귀 기울이는 이유는 분명히 그만의 신념과 고집을 통해 이뤄낸 것들이 총체적으로 고유한 가치를 지니고 있기 때문이다. 한 인간을 단순히 그 날 그 날의 표정과 말투, 옷차림 혹은 한때의 재산 등의 것만으로 소개할 수 없고 정의내릴 수 없듯, 그의 작품과 행보는 그의 생애 전체와 모든 미결 혹은 완결된 작품들을 통해 다뤄져야 할 것이다. 바로 그 속에서 들여다볼 수 있는 그만의 신념과 고집을 이번 전시를 통해 한 번 들여다보고 귀 기울여 보자. 꺾이지 않는 자세, 그 어떤 탁월한 미성숙이 지금의 스튜디오 지브리와 일본 애니메이션, 더 나아가 그것들을 통해 사람들의 마음속에 어떤 감동을 만들어 냈는지.

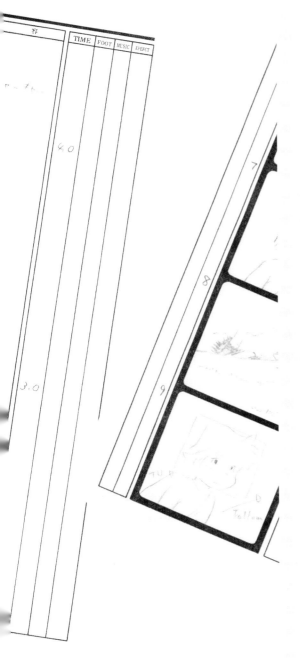

범례와 용어

본 도록에는 「타카하타 이사오 전 – 일본 애니메이션에 남긴 것」의 전시 작품 중에서 전시 스태프와 편집부의 판단으로 선택한 것을 실었습니다. 또한 '참고 도판'으로, 전시한 작품과는 다른 작품이나 자료도 일부 실려 있습니다.
애니메이션 제작 회사명의 표기는 작품 발표 시기의 호칭으로 통일했습니다.
이름은 제작 당시의 표기를 따랐습니다.
이하, 전시하는 주요 그림과 자료에 대한 간단한 설명을 적었습니다. 또한, 애니메이션 제작 시에 사용하는 용어는 국가별, 제작 스튜디오별, 시대별로 다른 경우가 있습니다.

● 각본/시나리오
영화의 근간을 이루는, 문장으로 쓴 설계도. 소설이나 만화 등의 원작을 토대로 쓴 것과 오리지널 작품으로 새로 각본을 쓴 것이 있다. '언제, 어디에서, 누가, 무엇을 했나'를 등장인물의 대사와 함께 쓴다.

● 그림 콘티
애니메이션을 제작할 때 기본이 되는 전체의 설계도. 대략적인 화면의 구성, 캐릭터의 움직임이나 대사, 효과음 등 영화 구성에 필요한 요소를 그린다. 타카하타 이사오 연출 및 감독 작품의 경우, 처음에 타카하타 자신이 러프한 콘티를 그리고, 그림 부분을 다른 사람이 클린업하는 형태를 취한다.

● 캐릭터 설정
작품에 등장하는 인물이나 동물 등의 모습이나 복장 등 기본이 되는 것을 그린 것. 주로 작화감독이 그리지만 전문 캐릭터 디자이너가 그리는 경우도 있다. 캐릭터 시트, 모델 시트 등으로 부르기도 한다.

● 이미지 보드
작품의 구상 단계에서 주로 메인 스태프가 캐릭터나 무대 설정 등의 아이디어를 생각하기 위해서 수채화 물감 등으로 그린 것. 그린 것은 제작 스튜디오의 벽에 붙이는 일이 많고, 스태프 전원이 작품의 구성이나 분위기를 공유하는 효과도 있다.

● 레이아웃
그림 콘티를 바탕으로 컷의 설계를 구체적으로 그린 것을 '레이아웃'이라고 한다. 컷 하나는 작화, 배경, 마무리, CG 등 여러 공정으로 분담해서 만든다. 그것들을 집중 관리하는 역할을 레이아웃이 담당한다. 레이아웃을 작업 공정 중에 집어넣음으로써 각 컷의 퀄리티를 지키고, 작업의 효율화를 도모할 수 있다. 타카하타 작품에선 미야자키 하야오나 모모세 요시유키 등 실력 있는 스태프가 담당한다. 레이아웃 시스템은 타카하타가 『알프스 소녀 하이디』에서 본격적으로 도입했고, 그 후에 일본 애니메이션 제작의 표준이 되었다.

● 원화
레이아웃을 바탕으로 주로 캐릭터 등의 키가 되는 움직임이나 포즈를 연필이나 색연필로 그린 것을 '원화'라고 한다. 그 원화의 선을 클린업하고 원화와 원화 사이를 잇는 그림을 '동화'라고 한다. 원화와 동화가 세트가 돼서 하나의 움직임이 만들어진다.

● 미술 보드
실제 배경화를 그리기 전의 준비 단계 그림을 미술 보드라고 한다. 주로 미술 감독이 배경 미술의 방향성을 정하거나, 배경화를 그리는 스태프 사이에서 색채를 통일하기 위해 만드는 일이 많다. 『가구야공주 이야기』에서 미술 감독을 맡은 오가 가즈오가 그린 것은 배경만이 아니라 화면 전체의 구성을 만들기 위한 것이었기 때문에 심플하게 '보드'라고 칭했다.

● 배경화
캐릭터나 사물의 배경을 그린 그림. 작품의 무대가 되는 풍경이나 정경, 건물 등을 포스터컬러나 수채화로 그린다. 실제로 애니메이션에서는 대부분, '셀화'로 그린 캐릭터가 위에 올라가서 한 장면이 완성된다. 이번 전시에서 그 양쪽이 세트가 된 경우는 '셀화+배경화'라고 칭했다.

● 셀북/북
배경의 일부를 셀화나 종이에 그리고 배경화나 인물 셀화 등과 조합해서 입체적인 표현을 만들 수 있다. 그 소재를 셀북, 또는 북이라고 한다.

● 셀화
애니메이션의 여명기에는 셀룰로이드 판에 동화를 전사(轉寫)하고, 그 위에 셀 물감으로 착색하는 마무리 공정을 거쳐서 애니메이션 캐릭터의 그림을 만들었다. 1950년대에 들어오면서 난연성 트리아세테이트 필름을 사용하게 되었다. 1990년대 중반부터 서서히 셀화를 사용하지 않게 되고, 디지털 마무리로 이행해서 현재는 작품 제작에 셀화를 쓰는 일이 없어졌다. 애니메이션 제작 환경에서는 편의상, 현재도 디지털 마무리된 캐릭터를 '셀'이라고 부르는 일이 많다. 타카하타 작품에서는 1999년 개봉한 『이웃집 야마다군』 이후, 풀 디지털이 되어서, 본편을 제작할 때는 셀화를 쓰지 않는다.

● 색 지정
셀화에 색을 칠할 때 캐릭터의 머리칼이나 피부, 복장 등의 색을 정할 필요가 있다. 색채설계 담당자가 감독과 상의하면서 기본색을 정한다. 또한 작품에 따라서는 시각이나 날씨 변화에 따라 다른 색 지정 패턴을 정한다. 타카하타 작품에서는 『반딧불이의 묘』나 『추억은 방울방울』을 비롯해 많은 작품에서 야스다 미치요가 담당했다.

제1장

출발점

애니메이션 영화에 대한 열정

Chapter 1
Starting Out

A Passion for Animated Films

타카하타 이사오는 1959년에 도에이동화(현 도에이 애니메이션)에 입사하여 애니메이션 연출가를 목표로 합니다. 연출조수 시절에 맡았던 『안쥬와 즈시오마루』(1961)에서는, 새로 발견한 그림 콘티를 바탕으로 젊은 날의 타카하타가 창조한 장면을 분석합니다. 신인이라고 할 수 없는 그 기술과 감각은 TV 시리즈 『늑대소년 켄』(1963~1965)에서도 유감없이 발휘되었습니다. 첫 극장용 장편감독을 맡았던 『태양의 왕자 호루스의 대모험』(1968)에서는, 동료와 함께 시도해 본 집단 제작 방법과, 복잡한 작품 세계를 구축해 가는 과정을 조명해서, 왜 이 작품이 일본 애니메이션 역사에서 획기적인 작품이었는지를 밝힙니다.

In 1959, Takahata Isao joined Toei Doga (now Toei Animation) with the aim of becoming an animation director. In this section, we analyze the scenes the young Takahata made with the newly discovered storyboard for *The Orphan Brother* (1961), for which he served as assistant director. His technique and sensibility, developed far beyond his years, were also amply displayed in the TV series *KEN, THE WILD BOY* (1963-1965). Takahata's first full-length theatrical film, *Little Norse Prince Valiant* (1968), sheds light on the group production approach adopted by the director and his colleagues, and the process they used to create a complex animated world. This clearly conveys why the film is an epochal work in the history of Japanese animation.

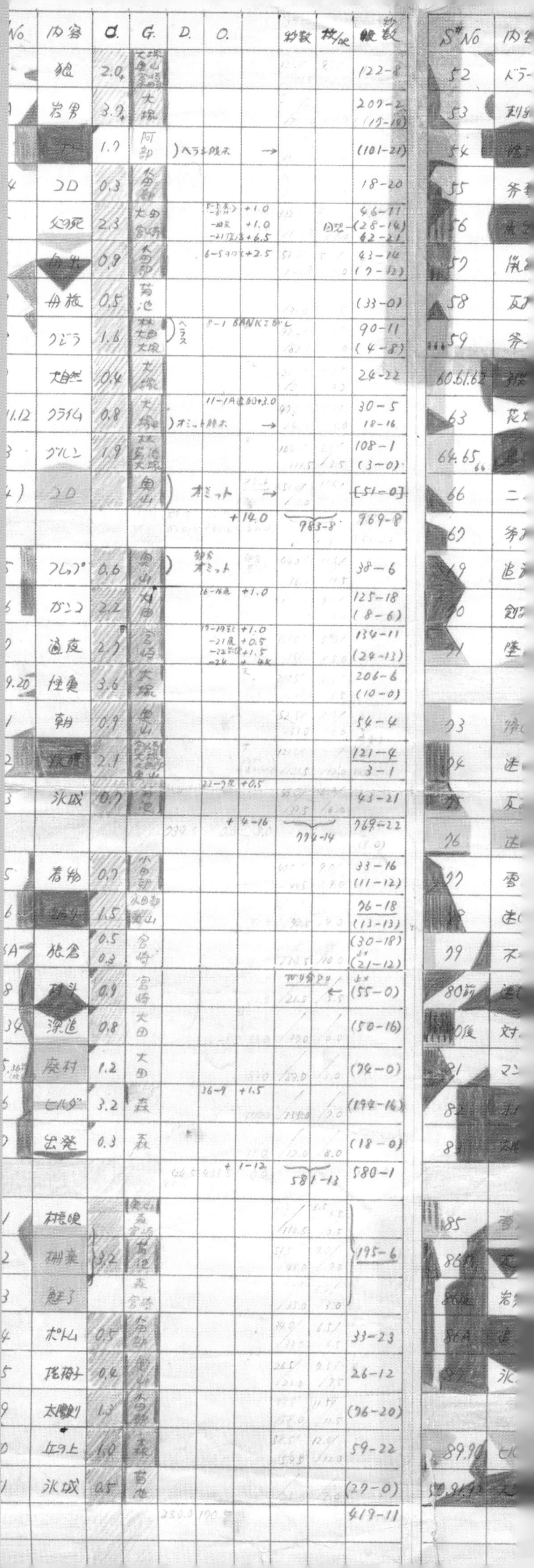

오/『태양의 왕자 호루스의 대모험』 제작을 위해서 만든 작화 담당표(부분)

만화 영화의 틀을 뛰어넘은 심리적 연기의 추구

가노 세이지 (영상 연구가 · 아시아 대학 강사)

2018년에 타카하타 이사오의 유품 속에서 새롭게 방대한 자료를 발견했다. 이 글은 그것을 검증한 결과를 토대로 한 작품 해설이다.

젊은 타카하타 이사오의 출발점
『우리의 가구야공주』(1960년 전후)

타카하타 이사오는 『가구야공주 이야기』(2013년)의 홍보용 포스터에 다음과 같이 썼다.

「머나먼 옛날, 지금으로부터 55년쯤 전, 도에이동화라는 회사에서 당시 대감독인 우치다 도무 씨를 내세워 『대나무꾼 이야기』의 만화영화화를 기획했습니다. 결국 실현되지는 않았지만 감독의 의향도 있어서, 전 사원에 각색 플롯 안을 제출하라는 획기적인 시도가 이루어졌습니다. 그때 채택된 몇 가지 기획은 팸플릿으로 만들어졌습니다.
당시에 나는 응모하지 않았습니다. 연출 · 기획을 지망하는 신참들은 일단 기획안을 제출해야 했지만, 내 기획은 애초에 휴지통에 들어갔기 때문입니다.」 타카하타 이사오 「반세기를 거쳐서」(2013년)

「우리의 가구야공주」라는 제목이 붙은 메모(p.23)는, 채택되지 않았던 타카하타 기획안 중 일부인 듯하다. 메모에는 "『대나무꾼 이야기』는 불완전하며, 원래 이야기를 모방한 것 같다" "가구야공주는 마지막에 '옛날 약속' 때문에 달에서 지구로 왔다고 말하는데, 그 내용이 명확하지 않다"는 전제로 시작해서, 그걸 보완하는 프롤로그를 앞부분에 삽입해 "원래(우르)=대나무꾼 이야기로의 복귀를 노린다"라고 적혀 있다.

지구에 사는 사람들과 동물, 아름다운 자연에 매료되어서 달의 소녀(가구야공주)는 달의 선인에게 지구에 가고 싶다고 부탁한다. 선인은 "달의 옷을 벗고 지구로 내려가면 마음도 기억도 잃게 된다. 지구인은 부정하다. 가서는 안 된다"라고 타이르지만, 공주의 뜻은 확고해서 어쩔 수 없이 지구로 보낸다. 가구야공주는 대나무꾼 노인과 살게 되지만, 인간에게 습격당했을 때 달의 선인이 나타나 공주를 순식간에 그림자로 바꿔서 도망치게 한다. 그 순간에 공주에게 달의 기억이 돌아온다. 마지막에서 가구야공주는 달로 떠나지만 아이들의 마음속에 계속 살아간다. "아이들이 순수한 놀이에 열중할 때, 자신도 모르는 사이에 가구야공주와 같이 노는 것이다(즉, 그 순간에 그녀는 달에서 돌아온다)"라는 해석도 덧붙였다.

또한 "에마키모노(일본의 두루마리 그림)를 잘 연구해서 그 화법을 살릴 것, 특히 트레이스 선을 활용한다" "음악극으로 만든다" "주관적 시점이 아니라 객관적 시점으로 그린다" 등, 표현 기법도 쇄신하겠다고 야심을 드러냈다.

타카하타는 "『대나무꾼 이야기』를 어떻게 구성할 것인가?"란 구성안을 적은 미완성 장문도 남겼다. 그곳에는 "냉담한 공주가 진정한 사랑을 알기까지의 이야기" "노인이 공주를 살해하고 영원히 자기 것으로 만든다" 같은 결말도 적혀 있다. 25세의 젊은이답지 않은 논리적 분석과 대담한 각색안들은 회사 측이 바라는 내용과는 조금도 타협할 수 없었으리라.

타카하타 이사오는 커리어의 시작부터 남다른 능력이 있는 사람이었다. 타카하타의 애니메이션 연출가로서의 생애는 「우리의 가구야공주」에서 『가구야공주 이야기』에 다다르기까지의 궤적이라고 할 수 있다.

또 하나의 가구야공주
『안쥬와 즈시오마루』(1961년)

도에이동화의 네 번째 장편 작품인 『안쥬와 즈시오마루』는 타카하타에게 사실상 원점이라고 할 수 있는 작품이다. 같은 헤이안 시대가 무대인 「우리의 가구야공주」의 변주형, 즉, 「또 하나의 가구야공주」를 그린 작품이었다.

연출은 야부시타 다이지와 신참인 세리카와 유고의 2인 체제였지만, 그림 콘티와 작화부터 라이브액션 촬영까지 대부분의 지휘를 세리카와가 맡았다. 타카하타는 첫 연출 조수를 맡아서(논 크레딧) 세리카와를 보조했다.

타카하타는 이 작품에서 구체적으로 어떤 일을 했는지, 생전에 말하지 않았다. 그런데 유품인 그림 콘티를 검증한 결과, 일부 장면의 설계에 깊이 관여했던 것이 밝혀졌다.

보통 그림 콘티는 스태프 사이에서 돌려보기 위해 복사(당시는 듀플로카피)판을 사용하지만, 보관된 그림 콘티 몇몇 장면에 자필 그림과 카메라워크, 연기 타이밍, 대사, 음악 등의 지정을 적은 별지가 위에 붙어 있었다. 글씨는 누가 보더라도 타카하타의 글씨였고, 그림은 밑그림 위에 숙달된 화가가 깨끗하게 옮겨 그린 듯 치밀했다. 과거의 도에이동화 장편에 이렇게까지 세부 사항을 지정했던 그림 콘티는 존재하지 않는다. 철저하게 그린 일본 특유의, 가장 오래된 그림 콘티일 것이다.

타카하타가 원고를 고친 곳은 본편과 일치하고 중요한 장면이 많다. 안쥬, 즈시오마루와 엄마와의 생이별, 안쥬의 입수 자살이란 다이쿠하라 아키라의 원화 담당 장면, 안쥬가 거문고를 연주하는 라이브액션 장면, 안쥬의 물 긷기나 사부로와의 대화, 촌코(쥐), 모쿠(곰), 란마루(개)가 활약하는 모리 야스지의 원화 담당 장면 등이다. 이 장면들의 설계에서는 훗날의 타카하타 작품의 특징을 볼 수 있다.

안쥬의 입수 전후는 특히 특징적이다. 절망한 안쥬는 물가의 수련을 보면서 엄마와 남동생을 생각하고 눈물을 흘린다. 당시는 코의 입체감을 선으로 그리기 어려워서, 미남미녀의 정면 클로즈업은 피했는데, 타카하타는 '정면'의 화각으로 몇 번이나 수정한다. 감정이 극에 달해 눈물이 차오르는 과정을 연속적인 표정 변화로 잡은 전례도 거의 없다. 입수 컷은 직후부터 일정한 점에서 롱 테이크로 잡았는데 이것도 획기적이다.

이런 연출에서는 동일 원작을 미조구치 겐지가 감독한 영화 『산쇼다유』(1954년)의 영향이 느껴진다. 입수, 배 위에서의 이별, 산쇼다유의 저택을 짐수레가 지나가는 장면 등 두 작품에는 비슷한 컷이 많다. 다만 안쥬가 백조로 환생하고, 짐수레가 지나가면 다른 무대로 전환되는 식으로 애니메이션에서만 할 수 있는 표현을 높였다. 미조구치가 롱 테이크를 많이 사용하며 추구하던 연기의 연속성과 현장감, 여성의 정념과 그녀를 둘러싼 부조리한 환경 같은 주제에서 많은 자극을 받은 것이 아닐까? 마찬가지로 미조구치의 작품 『오하루의 일생(원제 : 서학일대녀)』(1952년)과 비슷한 컷도 있지만, 같은 작품을 제작했던 신 도호는 세리카와의 옛 직장이고, 세리카와 · 타카하타는 실사적 기교를 받아들임으로써 만화 영화의 표현 영역을 확장하려고 했을 가능성이 있다.

하지만 안타깝게도 안쥬의 작화는 라이브액션에 얽매인 딱딱함이 없어지지 않고, 의욕이 지나치고 힘이 부족하단 인상으로 끝났다. 살아갈 희망이 사라져서 죽

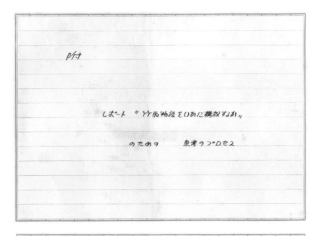

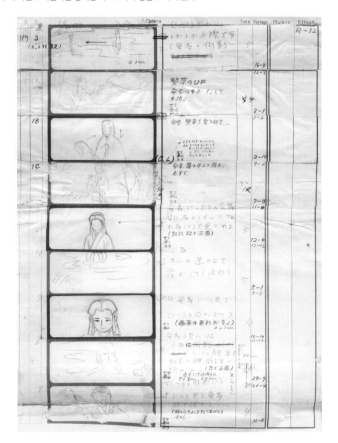

「리포트 "대나무꾼 이야기를 어떻게 구축할 것인가"」를 위한 사고 프로세스. 12장에 걸친 미완의 리포트. 노인이 가구야공주를 영원히 자기 것으로 만들기 위해 칼로 찔러 죽이고, 승천하는 모습을 바라본 후에 자신도 죽는다는 장대한 라스트의 구성안도 적혀 있다.

안쥬가 수면에 떠 있는 연꽃에 부모와 남동생의 얼굴을 겹쳐 보는 장면의 그림 콘티. 처음에는 왼쪽을 보는 얼굴이 그려져 있지만, 타카하타는 예외적으로 '정면'을 몇 번이나 지정하고 그림도 전부 수정한다. 본편에서는 눈물도 글썽이는데, 작화 단계에서 더욱 수정된 것 같다. 미조구치 겐지 감독 『오하루의 일생』(1952) 서두에, 오하루(다나카 기누요)가 오백나한상에 죽은 연인(미후네 도시로)을 겹쳐 보는 장면과 유사하다. 원화는 다이쿠하라 아키라, 동화는 오쿠야마 레이코, 이쿠노 데쓰타.

어 가는 여주인공, 그 근원인 사회적 억압을 그려내기 위해서 애니메이션은 무엇을 해야 하는가. 타카하타는 이후에도 계속 이 난제와 마주하게 된다.

새로운 작화 양식에 도전 ─────
『장난꾸러기 왕자의 오로치 퇴치』(1963)

『장난꾸러기 왕자의 오로치 퇴치(원제/무지개다리)』는 철저한 리얼리즘이었던 『안쥬와 즈시오마루』와는 정반대로, 옛날 진흙 조각상이나 동탁(銅鐸) 회화를 모델로 한 간소하고 선이 적은 캐릭터와 독특한 그래픽 스타일을 구사한 혁신적인 작품이었다. 타카하타는 『안쥬』에 이어 연출인 세리카와 유고와 콤비를 이루어 연출조수로서 참여했다.

준비 중에 세리카와 · 타카하타 · 모리 야스지(원화 감독) · 고야마 레이지(미술) 네 명은 이세 신궁을 취재한다. 애니메이션 제작에서 로케이션 헌팅의 선구자라고 할 수 있다. 또한, 아마노이와토 앞에서 아메노우즈메와 남자들이 춤추는 장면은 이지마 다카시 프로듀서(각본 정리도 담당)와 세리카와 · 타카하타, 음악의 이후쿠베 아키라와 안무가, 작화의 나가사와 마코토, 히코네 노리오 등으로 라이브액션을 두 번 촬영했고, 그 영상을 활용했다.

이 작품에서 타카하타의 공헌은 상당해서, 제작 초기에 쓴 이케다 이치로의 각본 제2고(1961년 7월)와 제3고(1961년 12월)에 몇 개의 대담한 수정안을 내놓았다. 타카하타는 주로 네 가지 점을 제기했다.

① 스사노오는 죽은 엄마 이자나미를 찾아서 '엄마의 나라에 간다'는 것이 여행의 주 목적인데, 요루노오스쿠니나 다카마가하라에 도착한 후에도 일일이 그걸 말로 하며 '빨리 엄마의 나라에'라며 설명하는 대사가 많다. 이것들을 삭제하고 각지에서 각각의 목적을 달성하는 설정으로 해야 한다.

② 다카마가하라에서의 스사노오를 단지 무례한 사람으로 다루지 말아야 한다. 권력자를 따르는 보수적인 신들이 자신의 힘으로 생각하고 노동하는 혁신적이고 새로운 신의 등장을 받아들이지 못한다는 세대교체의 대립축으로 포착해야 한다.

③ 오로치 퇴치를 끝낸 스사노오는 쿠시나다를 남겨 놓고 '엄마의 나라'로 떠나는데, 따라오는 쿠시나다를 쫓아내는 장면이 있다. 엄마를 닮은 소녀에게 하기엔 모순되는 행동이니 삭제해야 한다.

④ 타이탄보는 '미미나가'로 등장하는데, 귀가 긴 종잡을 수 없는 캐릭터로 설정되어 있다. 토끼인 아카하나와 설정이 겹치니까 손발이 긴 다른 이름의 캐릭터로 바꿔야 한다.

①의 관점은 13년 후의 『엄마 찾아 삼만리』에서 결실을 본다. ②는 명료하지 않지만 ③, ④는 채택되었다. 타카하타는 이 시점에서 『태양의 왕자 호루스의 대모험』으로 이어지는 계급 투쟁적 시점과 조연까지 살피는 철저한 세계관, 주체적인 의지로 행동하는 주인공과 여주인공의 바람직한 자세 같은 기본자세를 이미 확립했다고 여겨진다.

타카하타는 시나리오 제2고의 뒤표지에 "붉은 구슬은 실에 꿰면 그 실마저 빛나는 것 같습니다. 그건 아름답지만 멋지게 차려입은 당신을 비유하자면 흰 구슬, 진주 같습니다. 그런 당신의 모습은 얼마나 신성했는지"라고 『고사기』에 적혀 있는 도요

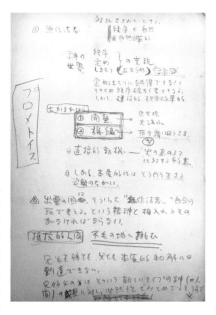

타마히메의 노래(남편'아마쓰가미'에게 보내는 연서)를 적어 놓았는데, 아마 스사노오와 쿠시나다의 사랑을 명확히 그려야 한다고 생각했던 듯하다. 오로치 퇴치 전에 스사노오와 쿠시나다가 바위산에서 하는 데이트와 오로치 퇴치의 상세한 내용은 제3고까지 적혀 있지 않았고, 제4고나 그림 콘티 단계에서 창작되었다. 타카하타는 데이트 장면의 쿠시나다의 포즈나 스사노오가 서 있는 위치 등 그림 콘티를 많이 수정했다. 이 장면의 설계는 모리 야스지, 원화는 고타베 요이치. 고타베에 따르면 설계 단계부터 격렬한 토론이 있었다고 한다. 마지막에 무지개를 향해 달리는 일행의 장면도 타카하타와 모리 야스지가 그림 콘티를 수정했고, 쿠시나다의 클로즈업이 들어갔다. 타카하타는 동화 체크에도 참여했고, 애니메이터에게 다양한 제안을 했다.

타카하타는 세리카와와 약 3년간 콤비를 이루어 대조적인 스타일의 장편 두 작품을 연출했다. 리얼리즘과 새로운 양식을 개척한 경험은 분명히 훗날의 초석이 되었을 것이고, 타카하타는 훗날에 "나의 연출 스승은 세리카와 씨"라고 말했다.

TV 시리즈의 실천과 경험
『늑대소년 켄』(1963~1965)

이 작품은 CD(치프 디렉터) 없이 각 화수의 연출이 나란히 있는 체제로 제작되었다. 게다가 분업이 발달하지 않았고, 신입 연출이라도 촬영 · 녹음 · 선곡 등 모든 공정의 지휘를 맡았다. 작화는 극단적으로 제한됐고 컷의 연결도 분단되기 일쑤였지만, 수련하기엔 최적의 환경이었다.

타카하타의 단독 연출 데뷔작이 된 제14화『정글 최대의 작전』의 작화감독은 오쓰카 야스오였다. 오쓰카는 지도나 지형을 활용한 타카하타의 연출에 감탄했다고 한다. 크레딧에는 올라가지 않았지만 오쓰카는 타카하타의 부탁을 받고 제24화『상아의 호수』의 그림 콘티와 원화도 담당했다. 같은 화에서는 거대한 매머드가 등장한다.

그 외에도 제32화『아마존에서 온 콘도르』의 고저 차를 살린 무대 설계와 쥐 때, 제45화『인간과 늑대들』의 늑대 족에게 비난을 받으며 쫓기는 켄, 각 화수에 등장하는 늑대 떼 등, 『태양의 왕자 호루스의 대모험』의 바탕이 된 듯한 아이디어와 그림이 여기저기서 보인다.

당시부터 음악에 대한 고집도 강해서 제66화『북쪽나라에서 온 늑대』에서는 북쪽나라 늑대들의 가혹한 여행길을, 그 장면만을 위해 만든 삽입곡(원화는 하야시 세이이치)으로 이야기하는 이례적인 시도를 한다. 앞부분에서 숨이 끊어지는 전령인 젊은 늑대 '셴'은 설정에서는 '파쿠'(타카하타의 애칭)라고 적혀 있었다.

제72화『긍지 높은 고릴라』(작화감독/히코네 노리오)는 타카하타가 "『켄』중에서 제일 좋아한다"라고 말한 작품이다. 평소에는 적인 고릴라 족이 결속해서 켄을 비롯한 늑대 족에게 싸움을 건다. 정의의 영웅이 약자를 괴롭히는 아이로 보이는 상황의 역전, 몇 번을 도전해도 실패하는 고릴라들의 우스꽝스러운 모습, 해설을 많이 사용한 객관적인 말투나 씁쓸한 결말 등, 훗날의『폼포코 너구리 대작전』의 원천으로 보인다.

『무지개다리(제3고)』에 적혀 있는 타카하타의 메모. 다카마가하라에서 '무례한 사람'으로 취급당하는 스사노오를 '새로운 타입의 신(=인간)'이니까 옛날 신들인 아버지 이자나기, 누나 아마테라스, 형 츠쿠요미와는 화해할 수 없다는 방향성을 세우고, 인류에게 신의 불을 전해 준 그리스 신화의 신 '프로메테우스(프로메테우스=그리스어로 선견지명을 가진 자)'에 비유하였다.

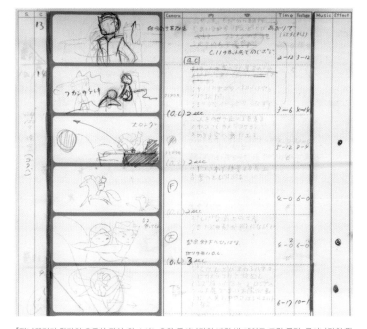

『장난꾸러기 왕자의 오로치 퇴치』의 스사노오와 쿠시나다의 바위 밭 데이트 그림 콘티. 쿠시나다의 팔꿈치를 댄 포즈, 스사노오의 몸의 방향(C-12와 13 사이의 위치 역전을 수정)이나 액션의 연결 등, 세부에 걸쳐 타카하타가 가필하고 수정했다. 각 컷의 초+칸수와 카메라워크도 수정되었으며, 연출과 설계에 깊이 관여했음을 알 수 있다.

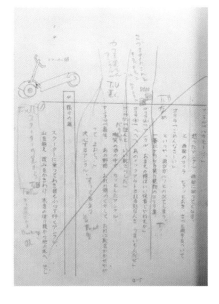

왼/『늑대소년 켄 제72화 긍지 높은 고릴라』시나리오. 장면 이미지와 카메라워크 등이 빼곡하게 적혀 있고, 그림 콘티의 설계, 지시나 대사의 재검토 등을 한 것 같다. TV 시리즈는 생략된 작화에 짧은 컷을 늘어놓기 때문에, 장편과는 다른 연출 방식이 필요하다. 이후에도 각 작품의 제본 시나리오 윗부분의 공백이나 여백에 이런 메모와 러프 스케치가 적혀 있다.

훗날 타카하타는 "나에게 굉장히 중요한 작품입니다. 시작부터 원안자인 쓰키오카 사다오 씨를 도왔던 것. 이 일로 처음 연출을 하게 된 것, 그리고 무엇보다 캐릭터의 앙상블만 지키면 무엇을 어떻게 다뤄도 괜찮았기 때문에 웃긴 것부터 심각한 것까지 다양한 걸 시도할 수 있어서 굉장히 많이 배운 것, 그 전부에 감사하고 있습니다"[1]말했다.

(1) 이토 아키오 『늑대소년 켄』 특별기고(2004년/만화 숍)

모든 상식을 뒤집은 혁신적 장편 ──────
『태양의 왕자 호루스의 대모험』(1968년)

1965년 3월, 도에이동화 10번째 작품인 장편 작화감독의 제안을 받은 오쓰카 야스오는 "기획은 『용의 아이 타로』, 연출은 타카하타 이사오"라는 조건으로 회사 측을 설득해서 준비 작업이 시작되었다. 타카하타 첫 장편 연출(감독) 작품의 시동이다. 오쓰카 · 타카하타는 『늑대소년 켄』의 작업과 병행하며 의논을 거듭했고, 일찌감치 『용의 아이 타로』 기획을 폐기했다. 타카하타는 기획 검토 노트에 "타로는 노동의 괴로움과 아픔 속에서 생각하고 행동한다. 그걸 상징적이고 객관적인 시각이 아니라, 현실적인 무게를 가지고 그린다는 어려운 문제를 해결할 필요가 있다(요지)"라고 적혀 있고, 화면의 여기저기에 다른 시간에 일하는 모습을 카메라워크로, 이시동도(異時同圖. 시간과 공간을 초월하여 한 화면에 그려내는 미술용어)로 보여준다, 노래를 효과적으로 사용한다 – 라는 복안도 쓰여 있다. 『장난꾸러기 왕자』의 다카마가하라 장면을 둘러싼 문제에서 더욱 진화한 내용인 것 같지만, 실현하지는 못했다.

이걸 대신할 원작으로 대두된 것이 아이누 민족의 서사시(유카르)를 소재로 한 인형극 『당느릅나무 위에 태양』이었다. 설화 「오키키리무이의 아이가 춤추면서 부른 신요(神謠)」[1]는 다음과 같은 내용이다.

어느 날 영웅 오키키리무이는 아름다운 검은 옷을 입은 악마의 아이를 만나 "놀자"라는 유혹을 받는다. 악마의 아이는 호두의 독화살로 연어와 사슴을 멸종시키려고 하지만, 오키키리무이는 은의 화살로 그걸 저지한다. 오키키리무이는 화난 악마의 아이와 격투한 끝에 이기고 자연도 회복한다.

이걸 후카자와 가즈오가 완전히 각색해서 다음과 같은 작품으로 완성했다.

미청년 악마 모시로아시타(늑대의 화신)는 호숫가에 있는 아이누의 코탄(마을)을 멸망시키고, 그 땅을 자기 것으로 삼으려고 계획한다. 악마는 여동생인 치키사니(사슴의 화신)를 코탄에 보내서, 소년 오키쿠루미(아이누의 영웅신)를 마을 사람들로부터 고립시켜서 죽이려고 일을 꾸민다. 마력으로 재앙을 일으키는 치키사니의 암약으로, 오키쿠루미에 대한 의심이 생기고, 마을은 장로를 비롯한 옹호파와 추장을 비롯한 회의파로 분열한다. 한편 치키사니는 소녀 프렙과의 교류로 아이누의 풍요로운 삶을 알게 된다. 치키사니는 오키쿠루미의 말과 행동에 마음이 끌리지만, 마지막에는 오빠의 검은 화살을 맞고 죽게 된다. 모시로아시타는 정체를 드러내고 마을을 침공하지만, 반격하러 모인 마을 사람들에게 검의 빛을 받고, 오키쿠루미에게 찔려 목숨을 잃는다.

『당느릅나무 위에 태양』은 1959년 7월에 인형극단에서 단기 공연된 후에 흥행한 작품으로, 오쓰카 · 타카하타가 둘 다 감상했던 작품이라서 채택되었다. 타카하타는 아이누 민족에게 옛날부터 전해 오는 '우포포(노래)'와 '리무세(춤)'에 주목했다. 그것은 자연에 감사함을 담은 수렵과 농경에 밀착한 풍습이었다. 타카하타는 토착 노동요와 춤에 의한 군집 장면을 만듦으로써 난제 해결의 방향성을 모색한 것 같다.

처음에 타카하타는 원고용지 140장에 달하는 '시나리오 시험 원고'를 썼다. 본격적인 자신의 첫 장편 각본에 대한 도전이며, 장면의 곳곳에 신요의 후렴이 삽입된 흥행 성공을 기대할 수 없다"라는 회사 측의 판단이 내려지고, 타이틀부터 기본 설정까지 대폭 변경할 수밖에 없게 되었다.

후카자와는 구상도 새로 해서 「태양의 왕자」로 이름을 바꾼 '검토 대본(초고)'을 새로 쓰게 되었다. 타카하타는 후카자와의 집에서 숙박하면서 원고 수정을 도왔다.

오키쿠루미는 호루스로, 치키사니는 힐다로, 모시로아시타는 그룬왈드로 슬라브 신화와 독일 신화 풍의 이름으로 바꾸고, 무대도 북유럽 풍의 가공의 땅인 '동쪽 마을'로 변경했다. 추장은 장로로, 장로는 간코 할아버지로, 프렙은 소년으로 바뀌었고, 장로의 아들 포톰, 어린 여자아이 마우니가 추가되었다. '만화 영화답게'라는 후카자와의 제안으로 호루스의 친구인 곰 코로, 힐다 곁에 있는 흰 올빼미 토토, 아기 다람쥐 치로 같은 동물 캐릭터가 추가되었다. 특히 토토와 치로는 선악에 흔들리는 힐다의 심리를 대변하는 캐릭터로서 훌륭한 아이디어였다.

초고는 유성이 떨어지는 불길한 밤에 간코가 아기를 줍는 장면으로 시작한다. 키우겠다는 간코의 말에 장로는 맹렬히 반대한다. 아기는 단검(아이누의 마키리/마키리는 아이누의 전통 칼)과 함께 강에 떠내려가고, 산의 신이 주워서 호루스로 키운다. 호루스가 성장한 후에 산의 신은 "너는 하늘에서 보낸 태양의 왕자다. 인간에게 웃음과 풍요를 가져다주기 위한 여행을 떠나라"라고 말한다. 여행 도중에 그룬왈드를 만나고, 장검의 습격을 당해 쓰러지면서 겨우 마을에 도착한다 – 이하 줄거리는 완성형과 거의 다르지 않지만, 중반 이후의 장면에 다른 점이 보인다. 호루스는 늑대 떼가 습격한 후에 바위 거인을 만나 검을 받는다. 이어서 힐다를 만나 작은 배로 호수를 건너서 마을로 돌아온다. 힐다는 호루스에게서 빼앗은, 간코의 이름이 새겨진 단검을 증거로 마을 사람들을 선동하고, 추방당한 호루스는 '마의 숲'을 헤매다가 거목의 습격을 당하지만 잘라서 쓰러뜨린 뒤 힐다와 결투를 벌인다. 프렙은 사슴을 타고 호루스를 수색하고, 힐다는 목걸이를 맡기고 목숨을 잃는다. 호루스는 하늘을 나는 사슴을 탄 채 그룬왈드와 싸워서 물리친다 – 라는 줄거리다.

「태양의 왕자」제작팀은 오쓰카 · 타카하타 이하 도에이동화 노동조합의 중심 멤버가 다수를 차지했고 예전에 없던 민주적인 제작 체제가 모색되었다. 각본은 메인부터 말단에 이르기까지 모든 스태프를 불러서 다 같이 읽어보았고, 직위나 영역을 뛰어넘은 의견과 감상, 요청 등 활발한 토의가 이루어졌다. 동시에 각본에서 환기된 다양한 캐릭터와 장면의 이미지나 아이디어도 공모했고, 벽 한 면에 붙여 두고 검토했다.

이 시기에 어떤 신입 동화가 수많은 아이디어를 내놓아서 두각을 드러낸다. 미야자키 하야오다. 미야자키는 마을의 지형과 주변 부감도, 건물과 도구, 빙상선부터 대지를 체현하는 거인 '바위 거인 모그'의 디자인 · 실정까지 작품 세계를 크게 좌우하는 그림과 글을 계속 내놓았다. 놀랍게도 호루스를 파즈로, 힐다를 시타로 바

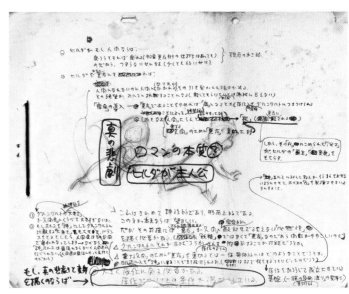

꾸는 개명안과 "숲의 정령들과 개척하는 인간들의 투쟁으로 바꿔야 한다"란 테마 개혁안까지 제기했는데, 훗날 『천공의 성 라퓨타』 『모노노케 히메』의 원형이 된 아이디어가 뇌리에 떠오른 것 같다.

의견과 요청사항을 받아들인 제2고도 후카자와가 정리했다. 여기에서 장로를 꼬드기는 심복 드라고가 등장한다. 호루스의 무기는 단검에서 도끼로, 마을 사람들의 환영의 춤, 울타리를 만들 것을 진언하는 호루스, 힐다의 노래에 푹 빠진 마을 사람들, 빙하로 마을을 습격하는 그룬왈드 같은 장면이 초고에서 추가되었다. 손이 많이 가는 군중의 구별에 의한 '노래와 춤'은 '지켜야 할 마을'의 표현으로 굳어져 간다.

이 사이에 미야자키 하야오가 그룬왈드의 부하 '얼음 매머드'를 고안한다. 평소에는 실재하는 코끼리와 다르지 않은 크기이지만, 마지막에 합체해서 거대화한다는 기발한 아이디어도 있었다. 또한 미야자키는 "바위 거인은 웅대한 자연 그 자체다. 만남은 처음에 있어야 한다"라고 주장한다. 이 새로운 안을 고려한 실질적인 각본이 된 제3고는 타카하타가 직접 새로 썼다.

제3고는 처음부터 늑대 떼와 호루스의 전쟁으로 개막하는데, 바위 거인을 만나 검을 받고 아버지와 사별해서 여행을 떠난다는 급전개가 되었다. 한편 유성이 떨어지고 산의 신이 「태양의 왕자」라고 말하기까지의 '신화적 전개'는 통째로 삭제되고, 호루스=신(혹은 태양의 왕자)과 그룬왈드=악마라는 '숙명의 대결' 구도가 사라졌다. 그 때문에 악마가 평범한 소년인 호루스를 두려워하는 이유, 호루스가 악마를 타도할 수 있게 각성하는 근거가 불명확해졌다. 그 타개책으로 추가된 장면이 「마의 숲(미혹의 숲)」이다.

타카하타는 제2고의 '습격하는 거목'이란 구체적인 설정을 폐기하고, 호루스의 심리적 갈등을 그린 추상적, 정신적인 미궁으로 만들었다. 주인공의 고뇌와 모순의 깊이를 비현실적이며 시사적인 비주얼로 보여주고, 자문자답을 통해 해결한다는 전대미문의 시도다. 이 장면의 설계와 대사는 첫 번째 과제가 되었고 방대한 퇴고 메모가 남아 있다.

한편 "힐다를 어떻게 그릴까?"는 「미혹의 숲」과 어깨를 나란히 하는 과제였다. 힐다=사슴의 화신이란 설정도 사라졌고, 마지막에 부활하는 근거가 애매했다. 제3고에서는 호루스가 시체가 된 힐다에게 목걸이(생명의 구슬)를 돌려주고, 그곳에 태양의 검의 끝이 닿자 보석이 빛나고 힐다가 되살아난다는 설명적 '의식'을 추가하는 것으로 해결을 시도한다. 그 외에 힐다의 노래로 쥐 떼가 떠나고 호루스를 대신해 마을의 신뢰를 얻는 장면도 적혀 있었지만 이건 (OP.없음)고에서 삭제되었다. 타카하타는 '힐다가 주인공 '죽음에 담긴 『깊이』가 『부활』『변신』을 가져온다'고 적었으며, 힐다의 심리적 갈등을 섬세한 연기로 표현할 수 있다면 관객은 그 억압의 멍에로부터 해방=인간으로서의 부활을 수용할 것이라고 생각했다. 그건 안이한 부활에 의해 죽음을 미화한 『안쥬와 즈시오마루』의 실패를 극복하는 것이기도 하다.

후카자와·타카하타가 정리한 제4고의 최대의 변화는 루산과 필리아의 결혼식을 추가한 것이다. 환희에 들끓는 민중과 그것을 부수는 힐다의 고뇌의 대조~고군분투하는 호루스~참화에서 다시 일어나는 씩씩한 필리아 등이 단시간에 극적이고 동시다발적으로 진행되고, 순식간에 마지막으로 밀려나온다. 시나리오는 거의 완성형이 되었고, 실질적인 최종고는 타카하타·오쓰카의 그림 콘티 만들기와 작화 작업과의 관계에서 첨삭하기로 했다.

위/ 『태양의 왕자 호루스의 대모험』 제3고 뒤표지에 적혀 있는 타카하타의 메모. 힐다를 고뇌하는 인간으로 그려야 할지, 신이 쓰러뜨려야 할 악마로 그려야 할지, 부활을 어떻게 그려야 할지 등이 시나리오 구축의 최대 난관이었다는 사실을 알 수 있다. '로망의 본질'은 "힐다가 드라고에게 호루스의 도끼를 직접 건네준다"라고 되어 있던 각본에 타카하타가 변경을 요구했을 때 후카자와 가즈오가 반대하며 한 말이다. 구체성이 부족했기 때문에 '?'가 붙어 있다. 왼/동, 미야자키 하야오의 '메모'. '시타(힐다)', '호루스(파즈)'라고 이름을 멋대로 바꿔 부르며 힐다의 생명의 구슬을 '하늘을 나는 힘을 가진 보석'으로 표현하는 등, 훗날 미야자키 작품의 원점을 엿볼 수 있다.

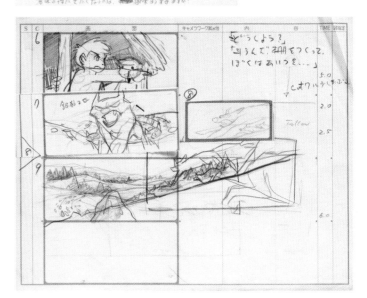

위/ 동, 오쓰카 야스오·타카하타 이사오가 잘라 낸 '신 26'의 그림 콘티 밑그림. 호루스와 포톰은 망루 위에서 마을로 몰려가는 늑대 떼를 발견한다. 호루스는 "싸워야 해. 울타리를 만들어"라고 지시하고, 늑대 떼의 방향을 바꾸기 위해 혼자 맞선다. 완성된 영화에서는 이 장면이 잘린 데다 갑자기 정지 그림이 되고, 촌장의 창고가 부서져서 포톰이 울타리를 만들도록 지시하는 걸로 되었다.

이 작품의 장면 설계는 시공간을 생략하지 않는 다큐멘터리 풍 카메라워크와 컷 연결이 참신한데, 그림 콘티 단계에서의 시행착오도 난항을 거듭했다. 원화는 오쓰카 야스오가 괴어 퇴치와 미혹의 숲, 고타베 요이치가 여행을 떠나는 장면과 혼례의 노래와 춤, 오쿠야마 레이코가 드라고의 암약, 호루스 아버지의 죽음을 오타 아케미, 그리고 늑대와 쥐 습격의 정지 그림과 바위 거인 대 얼음 매머드를 미야자키 하야오가 담당했다.

타카하타는 장면 설계부터 소도구와 의상 디자인까지 담당했던 미야자키의 공헌을 인정하여 '장면 설계'라는 새로운 직함을 준비했다. 한편 미야자키 본인은 후에 "힐다라는 갈기갈기 찢긴 소녀를 그리기 위한 영화였다"[2]라고 시사회의 충격을 토로했다.

그 힐다의 작화는 베테랑 모리 야스지만 담당할 수 있었다. 언뜻 보면 순진무구하고 무표정해 보이지만, 감춰 둔 내면의 고뇌를 가끔 엿볼 수 있다. 냉담한 조소와 고뇌에 찬 미소가 같이 존재한다. 이 복잡한 캐릭터의 연기가 성립되지 않았으면, 작품은 파탄 났을 것이다. 모리는 타카하타의 요구에 대응해, 힐다가 등장하는 대부분의 장면을 그리거나 수정했다. 그리고 힐다의 머리띠(마탄푸시)나 류트 연주, 마을 노래의 후렴은 아이누 설정의 흔적인 듯하다.

또 다른 난제인 「미혹의 숲」의 구축을 지탱한 것이 미술의 우라타 마타지와 배경의 이오카 마사히로·쓰치다 이사무였다. 타카하타는 히가시야마 가이이의 《영상》(1962년)《프레덴스보의 숲》(1963년)에서 착상을 얻어 북유럽풍의 스타일리시한 숲과 나무뿌리를 고안한다. 이오카 일행이 마무리한 붉은 절벽과 미혹의 숲은 체관과 고뇌를 띤 소름 끼치는 표정의 힐다와 이시동도풍으로 증식하는 힐다와의 상승 효과로 기이하고 환상적인 것이 되었다.

그 외에도 이 작품에서는 마무리와 촬영에 이르기까지 수많은 신기술이 도입되었다. 눈동자 안의 하이라이트를 흔드는 촉촉한 눈, 셀에 직접 선화를 전사하는 제록스(그때까지는 펜으로 전사하는 핸드 트레이스), 셀에 바늘로 흠집을 내서 화면에 합성하는 리얼한 비, 날씨 변화에 따라 같은 배경을 구분해서 그리기, 햇빛의 정면 촬영의 투과광 등, 너무 많아서 일일이 열거할 수 없다. 이러한 창작적인 실험, 특히 애니메이터의 선을 그대로 활용하고 싶다는 바람은 나중까지 타카하타의 테마가 되었다.

음악은 애니메이션 영화에 처음 참여한 마미야 미치오로, 극중곡부터 배경 음악까지 폭넓은 음악을 제공한다. 이후 타카하타와는 『첼로 켜는 고슈』『야나가와 수로 이야기』『반딧불이의 묘』에서 네 번 콤비를 이루게 된다.

목소리 출연은 도에이와 인연이 깊은 배우 극단이 메인 캐스트를 차지했다. 힐다를 연기한 이치하라 에쓰코는 데뷔작품도 도에이의 『영리한 신부』(1957년)이며, 같은 작품에서는 도노 에이지로(간코 할아버지), 히라 미키지로(그룬왈드), 요코모리 히사시(호루스의 아버지)가 출연했다. 한편 호루스는 작화도 오카타 히사코(당시는 배우 극단의 연구생)의 목소리 연기도 둘 다 어설프다는 걸 부정할 수 없지만, 그곳에는 세상 물정 모르는 정의의 사도란 연출 의도도 있었다. 대사 일부는 작화 전에 선녹음을 했지만, 대부분은 후시녹음이다.

이 작품에서 스태프 전원의 의도를 받아들인 작품 만들기는 난항을 겪었다. 제작은 일시적으로 중단되고, 완성에는 3년의 세월이 걸렸다. 회사 측에서는 오쓰카·타

카하타에게 여러 차례 생략화를 권했고, 몇몇 장면에 그것이 반영되었다. 흥행 면에서는 부진으로 끝났고 타카하타를 비롯한 스태프는 강등 처분을 받는다.

나중에 타카하타는 "테마는 '결속' '단결'말고는 생각할 수 없었습니다. 제가 하고 싶은 것은 달리 있었습니다" "『호루스』는 도식적이고 노골적인 메시지성이 넘치고, 관념적이고 어설픈 작품입니다. (중략) 하지만, 젊은 객기라고 생각하지는 않습니다. 각 스태프가 역량을 발휘한 장면은 음악 장면을 포함에 몇 군데나 있습니다"[3]라고 말했다.

이 작품은 타카하타 자신의 '시험 원고'로부터 우여곡절을 거쳐 생각지도 못한 지점으로 착지했다. 하지만 복잡하기 짝이 없는 요소를 82분으로 정리한 타카하타의 끈기와 연출력은 감탄사를 불러일으킨다.

(1) 타카하타는 자신의 저서 『『호루스』의 영상 표현』(1983년)에, 치리 마시호·오다 구니오 저서『유카르 감상 아이누 민족의 서사시』(1968년 초분샤신쇼)를 출발점으로 해서 이 이야기를 실었다. 이 이야기는 치리 유키에 번역 『아이누 신요집』(1978년 이와나미분코)에 '작은 오키키리무이'가 스스로 부른 노래 「이 모래 붉디붉다」로 재수록되어 있다. 1992년 1월, 타카하타가 이 이와나미분코판 아이누 신요 4편을 통합해서 15분짜리 단편 애니메이션으로 만드는 기획 「아시아의 옛날이야기에 의한 애니메이션 시리즈 일본편(아이누 민족) 오키키리무이의 수훈담」을 입안하고, 아이누의 조형과 문양을 수용한 스타일을 구축하기 위해 조사와 취재를 했다. 타카하타는 2000년대까지 이 기획을 실현할 방법을 찾고 있었다. 아마 초기의 뜻을 매듭짓고 싶었겠지만 실현되지는 않았다.
(2) DVD「오쓰카 야스오의 움직이는 기쁨」(2004년 브에나비스타 홈 엔터테인먼트)에서.
(3) 「타카하타 이사오 감독 특별 강의 『태양의 왕자 호루스의 대모험』에 대해서」 2009년 7월 17일 도쿄조형대학(채록/필자)에서.

우리의 가구야공주

(기획, 미발표)

타카하타가 도에이동화에 입사한 지 얼마 되지 않아서, 우치다 도무 감독의 『대나무꾼 이야기』 만화영화화 기획안이 나왔다. 그때 사내에서 각본 플롯 안을 모집했고, 타카하타는 응모하지 않았지만 「우리의 가구야공주」라고 메모를 쓰고, "『대나무꾼 이야기』를 어떻게 구성할까"라고 노트에 썼다. 그 이후 반세기 넘게 지나서 드디어 타카하타 자신이 『가구야공주 이야기』를 제작하고, 그것이 마지막 작품이 되었다.

1. 『리포트 "대나무꾼 이야기를 어떻게 구축할 것인가"를 위한 사고 프로세스』 메모의 일부
2.-4. 「우리의 가구야공주」라고 적혀 있는 메모의 일부. 『대나무꾼 이야기』의 애니메이션화를 위해 적은 것 같지만 자세한 내용과 경위 등은 불분명.

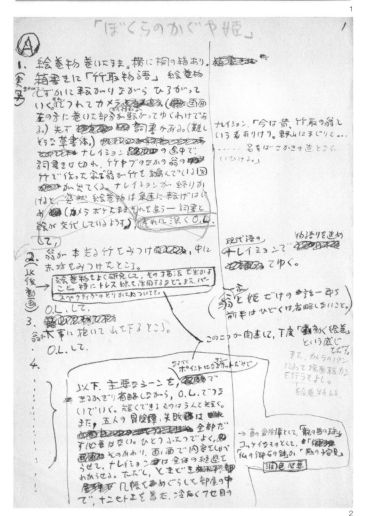

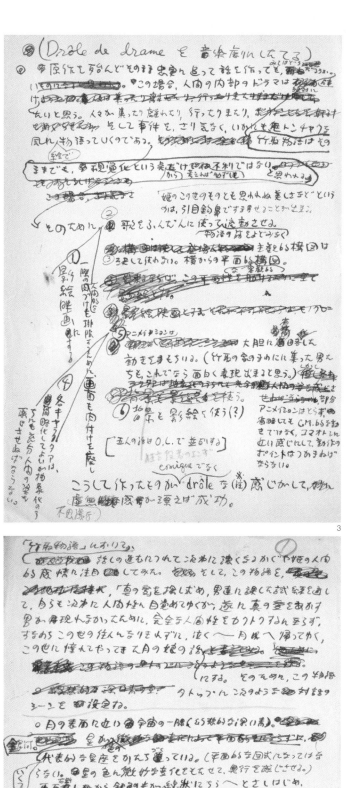

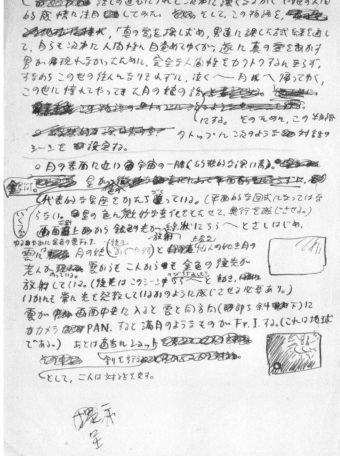

19

1961년
안쥬와 즈시오마루
The Orphan Brother

(연출조수)

영화/1961년 7월 19일 극장 개봉/83분 각본/다나카 스미에 연출/야부시타 다이지, 세리카와 유고 연출조수/타카하타 이사오 동화감수/야마모토 사나에 원화/다이쿠하라 아키라, 모리 야스지, 오쓰카 야스오 외 음악/기노시타 츄지 색채설계/고야마 레이지 제작/도에이

　헤이안 시대, 고귀한 신분인 안쥬와 즈시오마루 남매가 탐욕스러운 영주인 산쇼 다유에게 팔려 간다. 매일 힘든 노동을 하는 와중에, 누나는 남동생을 도망치게 하고 자신은 목숨을 끊는다....... 당시 애니메이션으로서는 드물게 비극을 소재로 한 이야기로, 작화 참고용 실사 촬영(라이브액션)을 도입하는 등 리얼리즘을 바탕으로 제작했다. 타카하타는 세리카와 유고 밑에서 연출조수로 일했으며, 몇몇 장면에서 연출과 작화에 대해 중요한 제안을 했다.

1.-2. 『안쥬와 즈시오마루』 그림 콘티의 일부.
3. 동, 콘티 오른쪽에 있는 것은 타카하타가 쓴 해당 장면의 영상 설계. 페이드인, 페이드 아웃 등 주로 노출에 대한 지시가 자세하게 적혀 있다.
4.-8. 동, 셀화
9.-10. 동, 사쿠마 요시코의 실사 촬영 모습. <9>의 오른쪽은 작화 담당 다이쿠하라 아키라.

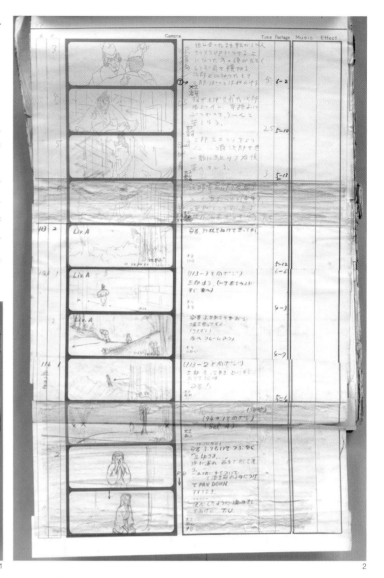

1

2

3

연출가를 향한 첫 걸음

지금까지 연출조수로 참여했을 때 타카하타가 한 일은 명확하지 않았지만, 유품 속에서 발견된 그림 콘티에 있는 자필 지시서에 의해, 몇몇 중요한 장면의 설계에 깊이 관여했던 것을 알 수 있다.

4

5-7-81

5

149 — 28 — A29 B

6

152 — 274 — 37

7

8

9

10

타카하타 이사오의 말

「안쥬와 즈시오마루」가 시작되고 나는 처음으로 장편의 스태프로 투입되었고, 세리카와 유고 씨 밑에서 수습 조수로 일할 수 있었다. 이 작품에서 배운 것은 산더미처럼 많아서 나에겐 잊을 수 없는 작품이지만, 유감스럽게도 내용에는 전혀 공감할 수 없었다.

[「작화가 모리 야스지 씨」/『두더지의 노래』(도쿠마쇼텐)/1984년]

라이브액션의 실천

안쥬의 모델로 여배우 사쿠마 요시코를 기용했고, 캐릭터 만들기를 진행함과 동시에 일부 장면은 동화에 참고하기 위해 라이브액션으로서 실사 촬영했다. (9, 10)

1963년—

장난꾸러기 왕자의 오로치 퇴치

Little Prince And Eight Headed Dragon

(연출조수)

영화/1963년 3월 24일 개봉/86분 각본/이케다 이치로, 이지마 다카시 연출/세리카와 유고 연출조수/타카하타 이사오, 야부키 기미오 동화감수/야마모토 사나에 원화감독/모리 야스지 원화/후루사와 히데오. 구마카와 마사오, 오쓰카 야스오 외 음악/이후쿠베 아키라 미술/고야마 레이지 색채설계/요코이 사부로 제작/도에이

고사기를 비롯해 일본 신화를 소재로 엄마 잃은 소년 스사노오가 '황천의 나라'로 모험을 떠나는 이야기. 캐릭터는 리얼리즘보다 형태의 재미를 추구하며 설계했고, 스토리는 장면마다 담당 애니메이터의 아이디어가 가득 담겨 있다. 일본 애니메이션에서는 처음으로 '작화감독(크레딧은 원화 감독) 시스템'을 도입했다. 모리 야스지가 그 임무를 맡아서 그림의 기조를 통일했다. 타카하타 이사오는 「안쥬와 즈시오마루」에 이어 세리카와 유고 밑에서 연출조수 맡았다.

2

3

1.-4. 『장난꾸러기 왕자의 오로치 퇴치』 그림 콘티. 이 작품은 개봉 직전까지 『무지개 다리』라는 제목으로 제작이 진행되었다.
2. 동, 셀화+배경화(본편에는 저녁 풍경)
3. 동, 준비고 시나리오

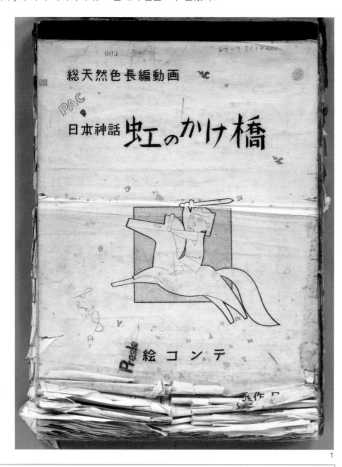

1

타카하타 이사오의 말

제일 인상 깊었던 것은 스사노오가 동물들의 배웅을 받으며 출항할 때의 음악입니다. 어딘가 소탈하고 익살스러운 느낌도 드는 행진곡조의 명곡인데, 감독인 세리카와 씨가 생각했던 것은 더욱 씩씩한 음악이었습니다. 그래서 세리카와 씨는 용기를 내서 그것을 (이후쿠베 아키라) 선생님에게 말했고, 메인 테마였는지 뭐였는지 잊어버렸지만, 다른 곳에서 사용한 음악을 여기에도 도입할 것을 제안했습니다. 그때 선생님은 실로 부드럽다고 할까 정중하다고 할까, 왜 이런 음악으로 만들었는지를 조용하게 설명했습니다. 요컨대 스사노오 본인에게는 주관적으로 '씩씩한 출발'일지라도 이건 어딘가 어린애다운 경쾌한 모험의 출항이라서 "그 기분을 표현했답니다. 이쪽이 좋은 것 같아요"라고 설득했습니다. 그리고 세리카와 씨는 그것을 받아들였습니다.

물론 결과는 굉장히 좋았다고 생각합니다.

[『장난꾸러기 왕자의 오로치 퇴치』 오리지널 사운드트랙(일본 컬럼비아)]

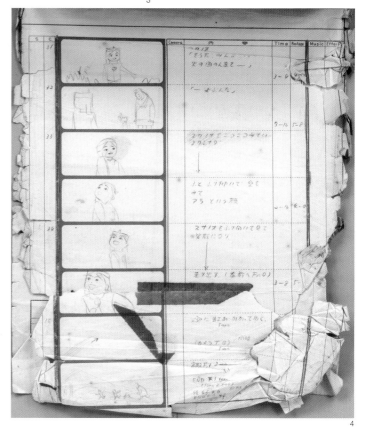

4

연출에 대한 고집

감독인 세리카와 유고는 타카하타가 이 작품에 얼마나 공헌했는지 이렇게 말했다. "나는 작화 협의와 원화 체크밖에 안 했다. 그는 그 이후, 가장 중요한 동화 체크를 모든 컷에서 다 해주었다." 이 외에도 유품 속에 있던 여러 각본에는 타카하타가 수정안을 적어 놓아서, 시나리오의 수정 과정에도 깊이 관여했다는 것을 알 수 있다. 그림 콘티에도 포즈나 위치를 세세하게 수정하는 등 이미 연출에 대해 고집을 발휘하고 있다.

늑대소년 켄

KEN, THE WILD BOY

(연출)

TV 시리즈/1963년 11월 25일~1965년 8월 16일 방송 원작/오노 히로오 각본/이지마 다카시, 세리카와 유고 외 연출/쓰키오카 사다오, 타카하타 이사오 외 작화감독/기다 마사타케 외 캐릭터 설계/쓰키오카 사다오 음악/고바야시 아세이 미술/고다마 다카오, 누마이 하지메, 요코이 사부로 외 제작/도에이동화

　도에이 애니메이션 TV 시리즈 제1작. 인간인 켄이 늑대 족의 일원으로서 정글의 평화를 지키기 위해 활약하는 모습을 그린 작품. 타카하타는 제24화 「상아의 호수」, 제32화 「아마존에서 온 콘도르」, 제66화 「북쪽나라에서 온 늑대」, 제72화 「긍지 높은 고릴라」등을 연출했다. 한 화마다 이야기가 완결되기 때문에, 웃긴 이야기부터 심각한 이야기까지 다양한 연출 방법을 시도할 수 있었다고, 타카하타는 나중에 그때를 되돌아보며 말했다.

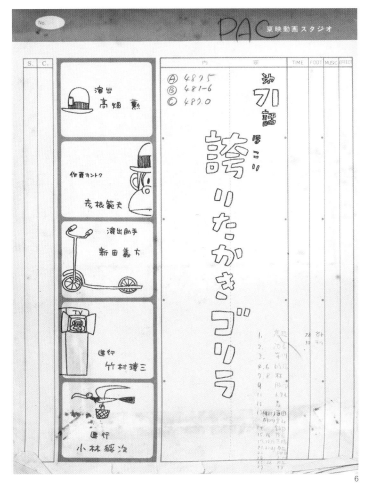

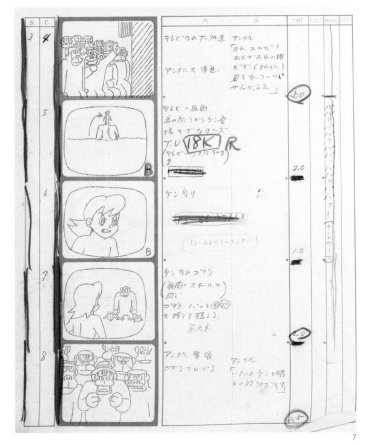

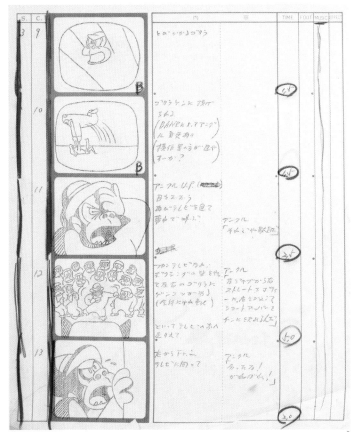

타카하타의 첫 연출 작품

제72화 「긍지 높은 고릴라」는 평소에는 정글을 무대로 펼쳐지는 고릴라와 켄의 싸움이, 이 작품에서는 고릴라가 자기들과 켄의 싸움을 TV로 감상한다는 구성이다. TV 속의 세계와 TV 밖의 세계가 연결되는 재미와 함께, 픽션의 약속을 따지는 타카하타의 여유로운 마음이 넘쳐난다.

5. 셀화＋배경화 6.-8.. 「긍지 높은 고릴라」 타카하타의 설계, 히코네 노리오가 그린 그림 콘티의 일부.

태양의 왕자 호루스의 대모험

Little Norse Prince Valiant

(연출[감독])

영화/1968년 7월 21일 개봉/82분 각본/후카자와 가즈오 연출/타카하타 이사오 작화감독/오쓰카 야스오 장면 설계/미야자키 하야오 원화/모리 야스지, 오쿠야마 레이코, 고타베 요이치, 미야자키 하야오, 오타 아케미, 기쿠치 다카오, 기다 마사타케 음악/마미야 미치오 미술/우라타 마타지 채색/기시모토 히로코, 미야모토 게이코 제작/도에이

타카하타의 첫 감독 작품. 아이누 민족 서사시를 모티브로 후카자와 가즈오가 인형극을 위해 썼던 각본인 「당느릅나무 위에 태양」을 근간으로, 주인공 호루스가 마을 사람들과 단결해서 악마를 쓰러뜨릴 때까지를 그린 장대한 이야기다. 스케줄은 지연되고 일시적으로 제작이 중단되기도 했지만, 약 3년의 세월을 들여서 완성했다. 괴어 퇴치 장면을 직접 담당하고 삭화감녹노 했던 오쓰카 야스오, 여주인공 힐다를 혼신의 힘으로 그렸던 모리 야스지, 원화뿐 아니라 장면 설계도 맡았던 미야자키 하야오, 출항과 혼례 장면을 그렸던 고타베 요이치, 후에 타카하타 작품에 관여하게 되는 많은 스태프가 참여했다.

2

S49-12
(土)

3

A 24

타카하타 이사오의 말

도에이동화에서 일시적으로 중지했던 극장용 장편 제작을 재개하면서, 그 두 번째 작품이 될 예정이었던 것이 이 「호루스」입니다. 기획이 정해지지 않았을 때부터 먼저 작화감독에 오쓰카 (야스오) 씨가 지명되었고, 오쓰카 씨가 저를 추천해 주었습니다.

오쓰카 씨도 장편 작화감독은 처음이었고, 저도 물론 신입이었습니다. 오쓰카 씨는 작화 스태프에게는 선배라고는 하지만, 도에이동화에서 밑바닥부터 커 온 동료의 대표라는 느낌이 있었습니다. 노동조합을 통한 연대 의식도 컸지만, 오히려 스태프가 잘 뭉쳐야 힘을 발휘하지 않을까 하는 기대도 있어서, 저를 추천했다고 생각합니다. 죄송하게도 스케줄에 관해서는 완전히 기대를 배신하게 되지만요.

당시에 작화스태프 중에서는 메인 스태프뿐 아니라, 스태프 전원이 되도록 작품 내용에 관여하고 싶다, 그러기 위해 스태프 안에서 널리 의견과 창의성을 구하고, 받아들일 기회를 만들어야 한다는 강한 요구가 있었습니다. 이것을 '작품 참여'라고 합니다.

오쓰카 씨도 그렇고 저도 그렇고, 물론 다 같이 창의성을 내놓는 것에 찬성했습니다. 제안을 중심으로 한 재미있는 애니메이션을 집단으로 만들어 가는 이상, 버라이어티의 관점에서도 봐도 그것은 중요하고, 과거의 도에이동화 작품에서도 '작품 참여'라고 말하지 않았어도 그런 집단 창작적인 성향이 강했습니다.

[「넘쳐흐를 것 같은 에너지와 재기」/『아니메주』(도쿠마쇼텐)/1981년]

1. 애니메이터 모리 야스지가 그린 색종이.
영화 완성 후의 사내 옥션에서 타카하타 부부가 낙찰 받았다.

2. 원화 3. 셀화+배경화 4. 셀화

4

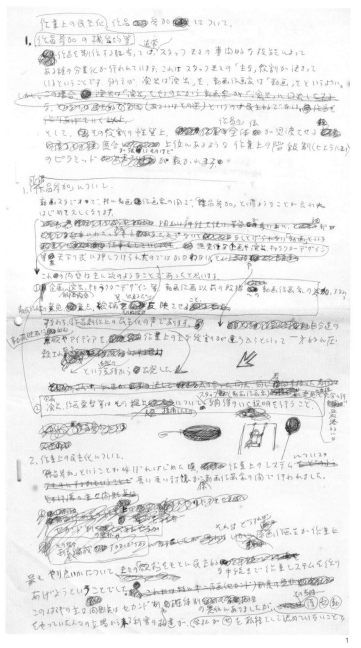

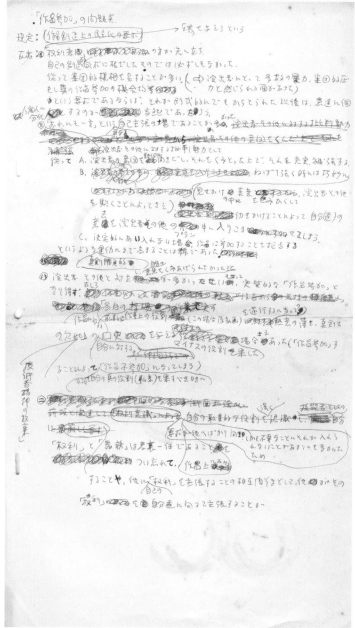

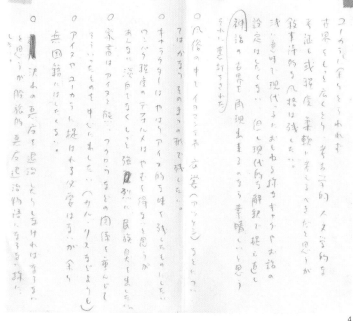

1.-2. '스태프의 작품 참여'에 대해 타카하타의 생각을 정리한 메모의 초고. 3.-4. 고타베 요이치와 오쿠야마 레이코가 적은 「당느릅나무 위에 태양」의 기획에 대한 의견과 제안, 무대에 대한 아이디어 스케치.

10作『チキサニ』への 提案 ー宮崎ー

5.-7. 미야자키 하야오가 쓴 「당느릅나무 위에 태양」의 기획에 대한 의견과 제안, 바위 거인에 대한 아이디어.

村の生活について 及び 村人の構成

狩猟民族ですが、相当高等な文化を持つのですから、かなりの複雑さが必要だし、それがないと、深みがないと思います。

大家さんの話だと、実在村落に刃と思ひとの事ですが、絶対反対です。村は、なんというか、大海に浮ぶ舟のように把え描くべきです。舟の連中が、まとまって力を合わせ、和せば舟はうまく進み、大浪をのりこえる事が出来るが、内部がまとまらなければ、たちまち波にのまれてしまうわけです。

ホルスが、人間（パイニ一人のように全体に対してだけではなく、村人全体に）に対して献身して、和せば仲間を得るように、……村人が一つの……に対してまとまって行く過程が、ロ作の主要なテーマになるべきです。
ホルス自身、苦と一緒に戦う……事を知って行くわけです。ですから、自然の原野に浮ぶ一つの舟……人間の村という形象すべきでしょう。その点に、村は、まとまった一つの舟の中にあった方が良いと思います。

・まず、映像的な立場で、建造物の大きさ（高さ）を出せる可能性は実在集落にあります。（責任を持って）
・それに……建築物の多様性を生かせます。 ドラマ進行の上で
・第二に、村の内部を、……チッチに設計して面白が出せるという利点があり、村は地下にも、……屋上にも、ひろげられます。
・第三に、グルンワルドの決戦の時、みんなは氷牛との戦いの時、村が砦になれる事。戦斗シーンの構成が非常に有利です。実在する集落は、原則に平和な感じがしすぎます。
・第四に、あの絶望的な……を、実在村落を描くため、生活のにおいを ……など、……プン、溝渠等の全体にある……をかけこむ事。だから、設計図をつくりつけて、これをどうやって、……とやっと、かいてしまう事に、絶対にあると思うのです。

▷ 神経にならないで、苦心しているのですが、ボクは物語全体は……な化物で神話の世界にしたくて、村はやはり生活のにおいの村にしたい、すばらしと信じます。たしかに設定すれば、村の生活は、物語の中で浮き上るおそれはあります。が、とにかく、物語に深みを加えてくれるはずです。さもないと、……な人々が……するはずです。さもないと、「キレイに苦しむ村人」というのが……

シーンは、説得力のあるものに、なれません。悪役の意味は、深みをもてなくなり、物語は全面弱点です。

▷ 村の具体的な構成。（試案）
野獣が多いようです。人間は集団で身を守るわけです。

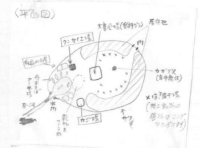

（平面図）
右図

居住区は、各家族独立した家尾で、天井から薫蔵合体（魚の干物、クンセイ、肉のクンセイ、……原物のかざりつけする）。あ、ところです。ユート・野生のニンニクのタベとり、乾燥……果をつるしても、いいです。……

そして、村があるいは、その家族が……を持っている、……かわかります。……な天井、豊かな天井の村に対しては、一目で判ります。
食生活は、大ナベで、なんでも……ブツブツにもなる、あとは……に焼きます。（パンも出来れば……焼きもあるでしょう。……）、米の実は、そのまま、かじる事にします。（……）

……の家の……は、……の仕事で、初歩的な農耕が……ていれば、いいと思います。
○ 酒を出したいと思います。コケモモの実から造る酒、この製造法は、てんだが、村に持てる……のです。……が、飲料の為にアルコールを持てるのは、第一の手段です。（コケモモの実って、どんなか、実ばかりわかりません）

各の家に、干物とクンセイを送りますが、適当な分業を通じて、松家さん（……の狩の手伝い）が家臣にします。松家さんは、村の有名な狩人を……モデルにしたい。

その為に、どうしても 村の生活 → 特に……があがって また……ての……の描写が必要になります。井屏に、多様性を持たせる必要がでてきます。
労働のシークエンスが、重みを持っていいではありませんか、労力って美しいですよ（特に狩りより、機漁は）
……の村を……悪な……とは、どうしても……という事が出てきます。誰かが納得します。

……ところを見せた……果、嵐にかぶらせてしまうのと、……がかぶられたとだけ……わせるのとは　全然、説得力がちがいます。

それから、隠鉄は、新しい智恵の結晶 → シンボルとして、……は新しい生産手段のシンボルとして、グルンワルドの……事件の部分に痛烈を……るわけです。（……事件はてんだですから）

以上、……底型は覚性のよで。（……一番いいけど）
ボクは、村の生活の描写を再度、強力に主張してやみません。

A 覚え書

僕なりに考えて、こんな風に書いて見ました。村の階級分配で……づまり、また中盤以降は、まとまりません。が、……先生との話に、進みすぎると、こまると思ってとり、えず、これだけ読んで下さい。結論は何日にでも。

▷ ボクの考え
○ 初稿の、ホルスの納得しない……は、ホルスを都合的なひろいに……にする。……をホルスがオルガナイザーになる……必然性がない。単に……れた……では、王政……では、ありまいし、困る。

○ ホルスは、あくまでも人間でいい。
ボクの文章では、表現されていないけど、初稿は野……思っていい。……とのつながりも、ワンパク王子、金太郎的なスモー……ではなく、もっと……で、茶々しく、……ままなものです。
コロ（熊）は、ニャックの……に、……どうでもしょう……ながら、文句書いて、いつのまにか……が、ソーになったり、タイゴンになったりして、困ってしょう。

○ テーマは、
「人間を探す」事。
仲間を探すこと、……とか、連帯とか……
つまり、意に引れないけど
生きのには仲間が必要であるという事かな

○ 氷牛（形は マンモスよりナウマン象に近く、半透明の氷で出来ている）を、北方からグルンワルドが連れて来た権兵とします。
この神は、岩男の村決と、ヒータ（ヒルダ）の……心がわりに、……にもあります。グルンワルドは見す……る。

・群猿も、鉛徳がやられてから（氷牛の後に、群猿と……バンダが同時に村を……）は、グルンワルドの元を去る。

민주적인 집단 제작 방법

타카하타는 분업을 피할 수 없는 애니메이션 제작 환경에서 작업 전체를 바라보는 사람과 그렇지 않은 사람과의 서열이 생기는 것을 문제시했고, 모두 평등하게 작품에 참여할 수 있는 시스템을 구축하려고 했다. 기획, 각본, 연출, 캐릭터 디자인 등에 스태프의 의견이나 그림세가 반영될 수 있는 장치를 만들고 싶다는 메모가 남아 있다. 작화감독을 맡았던 오쓰카 야스오에 따르면 "우리 스태프도 같이 생각할 수 있도록 극명한 인간관계의 도식과 창작 노트를 배포해서, 완성도 높은 드라마를 목표로 악전고투했다"고 한다. 스태프의 의견을 모아서 의논을 거듭했던 과정은 미야자키 하야오, 고타베 요이치, 오쿠야마 레이코, 요시다 시게쓰구의 메모에서도 엿볼 수 있다.

1.-3. 미야자키 하야오가 쓴 '지켜야 할 마을'에 대한 제안과 의견
4. 미야자키 하야오가 쓴 등장 캐릭터에 대한 제안과 의견

氷象

動かすの綵 大変だと、早ガテン しないで下さい。

氷象は、普通は半透明的な状態で活動します。大きさも普通の象位。二氷等な群に分れたり、
一列縦隊
単一の大きな象になったりできます。そに、野を氷にとざす時は、車になって疾走します。
しかし、村をおしつぶす時は、集合し、そに動かなくなり、巨大な氷のカタマリになります。

この絵は、そうなった時の様子です。一日に動いた行進しません(氷河のように)、ですから画面で動かす必要は
ありません。高さは岩男の何5倍大です。野が氷にとざされた恐れ本人は、目の前に巨大な氷の象を見出すのです。

5. 미야자키 하야오가 쓴 얼음 매머드에 대한 아이디어와 스케치

미야자키 하야오의 공헌

풍부한 아이디어와 이미지를 잇달아 제공하며 타카하타를 지탱했고 「태양의 왕자」의 작품 세계의 창출에 크게 공헌한 사람이, 당시 아직 젊은 미야자키 하야오였다. 미야자키가 쓴 메모에는 노동 장면 등 마을 생활을 꼼꼼하게 묘사하는 것이 이야기에 리얼리티를 부여하는 데 필요하다는 주장이 들어 있어서, 시나리오 구축에도 적극적으로 발언했다는 것을 알 수 있다. 또한 이 작품의 액션 장면을 담당하는 중요한 캐릭터인 바위 거인과 얼음 매머드의 이미지를 제공한 것도 미야자키였다.

1.-2. 미야자키 하야오가 그린 이미지 보드

3.-5. 오쓰카 야스오가 그린 이미지 보드

キャラクター比較表

ホルス（1）

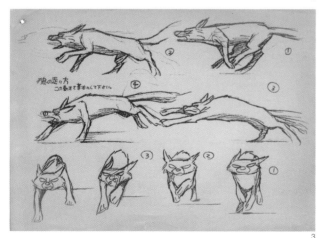

マウニちゃん

フレップ

6

9

POTOM

7

MAUNI

10

TOTO (1)

8

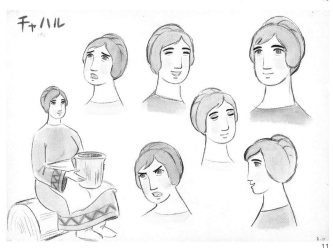

チャハル (A)

11

ワシ

12

1. 오쓰카 야스오가 그린 캐릭터 비교표
2.-5. 동일, 캐릭터 설정화 (참고 도판)
6.-7. 고타베 요이치가 그린 캐릭터 스케치
8. 동(참고 도판)
9.-11. 오쿠야마 레이코가 그린 캐릭터 스케치
12. 설정화+셀화

ヒルダ A

ヒルダ D

マントのヒルダ

ヒルダ B

1.-4. 오쿠야마 레이코가 그린 캐릭터 스케치 5. 고타베 요이치가 그린 캐릭터 스케치

6.-11. 「태양의 왕자 호루스의 대모험」에 사용된 그림 콘티 일부. 타카하타의 설계를 바탕으로 오쓰카 야스오가 그림 콘티로 그렸다. 청자색 선은 '듀프로'라고 하는 제작 당시의 인쇄 시스템으로 만든 복제 모사

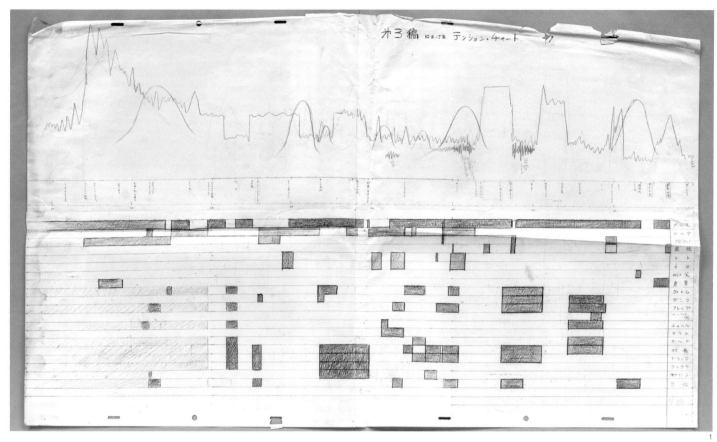

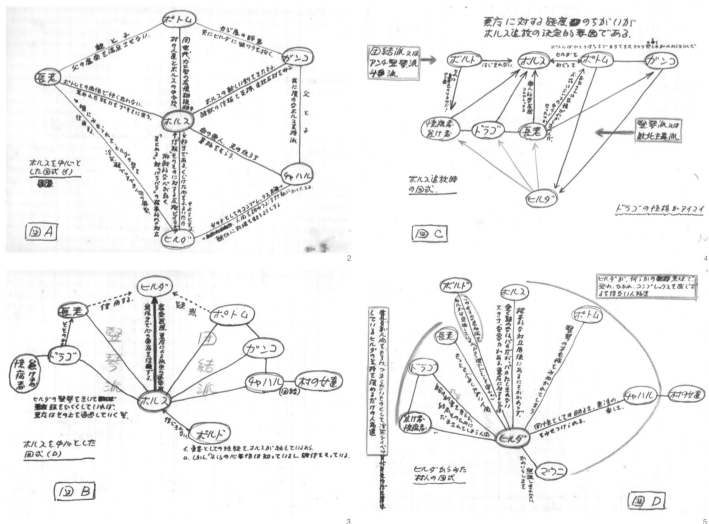

이야기 속 인간관계를 이해하기 위해서

타카하타는 「태양의 왕자」의 작품 세계를 구축하기 위해서 등장인물의 복잡한 인간관계와 심리 상황을 나타낸 그림을 만들어서 스태프와 공유했다.
시간축에 따라서 감정의 기복을 시각화하는 텐션 차트와, 호루스와 힐다를 주축으로 등장인물의 관계를 나타낸 도표 등 몇 가지 제작 자료를 만들었다.

1. 타카하타가 만든 등장인물의 '텐션 차트'. 위의 절반은 이야기의 추이에 따라 드라마의 텐션이 어떻게 위아래로 움직이는지를 그림으로 나타낸 것. 밑의 절반은 등장인물의 스케줄 표다.

2.-5. 동, 등장인물들의 관계성을 그림으로 나타낸 것

6. 동, 등장인물의 신분과 성격 일람표

7. 동, 영화의 앞부분부터 내용, 텐션, 음악 등의 추이를 정리한 표

8. 동, 각 장면마다의 작화 담당표

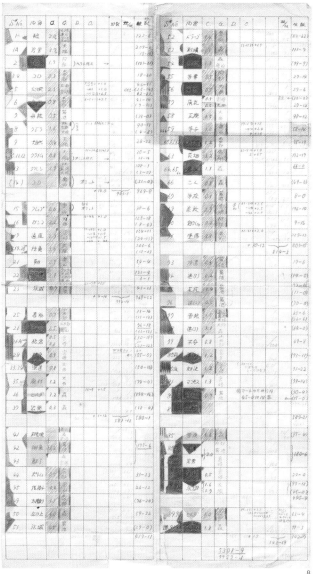

東 映 株 式 会 社

1.-7. 고타베 요이치가 그린 호루스의 출항 장면 원화

8.-11. 미야자키 하야오가 그린 바위 거인 모그와 얼음 매머드가 싸우는 장면의 원화

1.-8. 마우니가 힐다의 손을 잡아끄는 장면의 원화 및 수정. 왼쪽(1.-4.)이 고타베 요이치가 그린 원화이고, 오른쪽(5.-8.)이 모리 야스지가 수정한 원화. 슬퍼 보이는 힐다의 얼굴에 복잡한 표정을 덧붙였다
9.-10. 모리 야스지가 그린 수정 원화 (확대)

9

타카하타 이사오의 말

　「새끼 고양이의 낙서」「새끼 고양이의 스튜디오」의 작가이자 「장난꾸러기 왕자의 오로치 퇴치」의 작화감독으로서 도에이동화를 이끌어 왔던 모리 (야스지) 씨는 특히 사랑스러운 소녀와 작은 동물을 따뜻하고 유머러스하게 그리는 1인자로 정평이 나 있었다. 「소년 사루토비 사스케」의 인술로 공중에 뜬 사스케가 바위벽에 부딪히는 것을 "너무 애처로워서 도저히 볼 수 없다"라고 말했던 모리 씨. 「안쥬와 즈시오마루」의 노예 우두머리인 곤로쿠도 전혀 무섭게 그리지 않았던 모리 씨. 그런 모리 씨가, 힐다가 토토를 베고 은빛 늑대의 습격을 당해서 쓰러지는 모습을 누구보다 날카롭고 비정하게 그려서, 긴장된 애절함과 비장미를 이 작품에 부여해 줬다. 모리 씨는 이 장면에 필요한 것을 완전히 이해했고, 또한 그것을 표현하는 힘을 가지고 있었다. 힐다가 하늘로 사라지는 프렙과 코로를 배웅하고 머리칼을 쓸어 올리며 한순간 보여주는 미소를 나는 결코 잊을 수 없을 것이다.

[「모리 씨가 작화를 맡았던 은빛 늑대 장면」/『호루스의 영상표현』(도쿠마 쇼텐)/1983년]

10

1.-2. 배경화

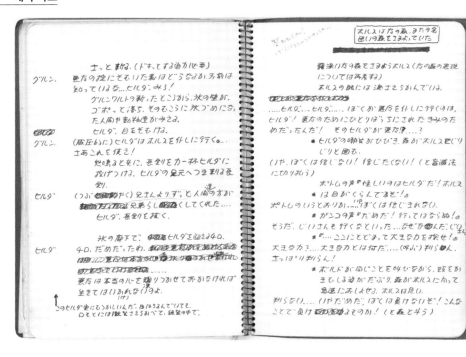

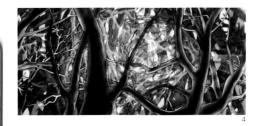

「미혹의 숲」의 조형

호루스가 힐다에 의해 떨어지고, 그곳에서 탈출하려고 발버둥 치며 괴로워하는 「미혹의 숲」은 서로 뒤얽힌 나무뿌리가 만들어 내는 그물망 형태의 공간으로 만들어졌다. 이 환상적인 풍경을 창조하면서 타카하타는 일본 화가인 히가시야마 가이이가 북유럽을 그린 회화를 참고했다. 기괴한 나무뿌리에서 삶과 죽음의 양면을 가진 대지의 영력을 발견하고, 호루스가 통과해야 하는 시련을 상징적으로 그려냈다. 관념의 세계를 표현하려고 했던 실험적인 장면.

3. 타카하타가 쓴 「미혹의 숲」의 장면 구성안(오른쪽 페이지)
4.-6. 「미혹의 숲」 장면의 장면 사진.
7.-8. 타카하타가 쓴 「미혹의 숲」 장면의 대사와 음향 효과를 정리한 메모

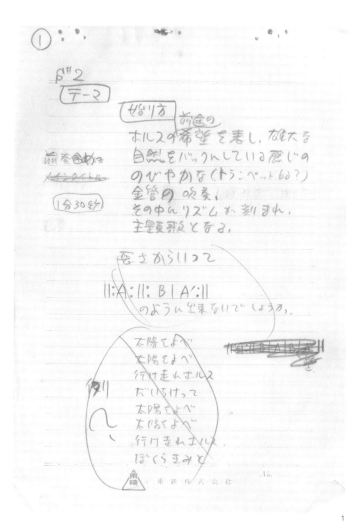

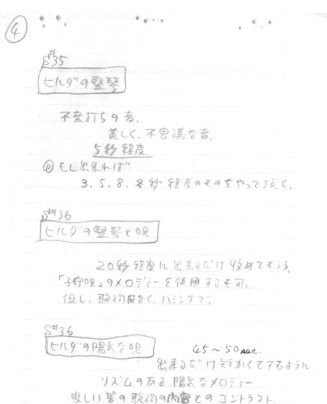

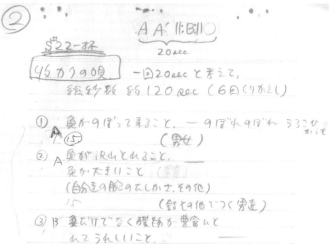

'지켜야 할 마을'의 표현. 노래와 춤의 뮤지컬 장면

'힘을 합쳐 악마로부터 마을을 지키는 것'이 주제인 「태양의 왕자」에서 지켜야 할 가치가 있는 공동체의 모습을 어떻게 표현할 것인가가 과제가 되었다. 타카하타는 '마을과 마을 사람들의 모습을 '케'(일상)가 아니라 '하레'(축제 등) 상태에서 극적 상징적으로 인식할 것'을 선택했다. 「수확의 노래」「마을 사람들의 춤」「혼례의 노래」라는 군중의 움직임과 음악에 맞춘 생명력 넘치는 장면이 이렇게 해서 탄생했다. 춤에 대해서는 댄서와 오리지널 안무를 모색한 기록 사진도 남아 있다.

1.-3. 본편 음악 발주를 위한 타카하타의 메모
4.-5. 본편에 그려진 뮤지컬 장면을 연출하기 위해서 촬영한 사진

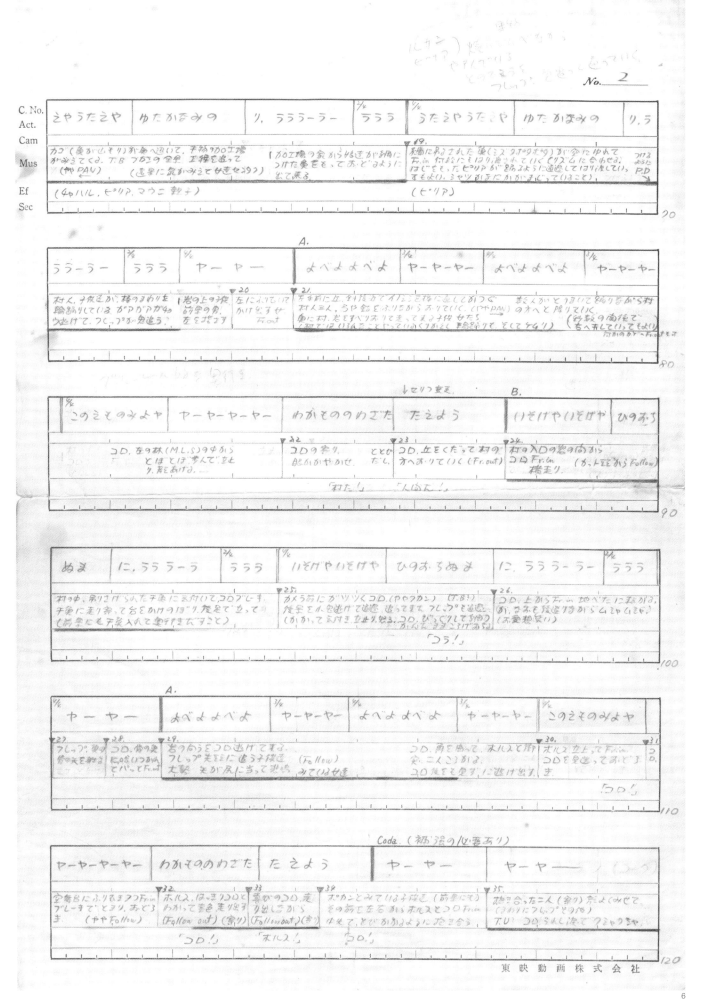

セレナの歌 1

さえずり小鳥
さえずり小鳥
鳴かなくなったさえずり小鳥

つばさを切られ
つばさを切られ
飛べなくなったさえずり小鳥

梢にヨリ

梢にとり
みえなくなったさえずり小鳥

聞えるの
聞えるの
耳でけ聞えるさえずり小鳥

遠い声
遠い声だ
どこからかきこえるの

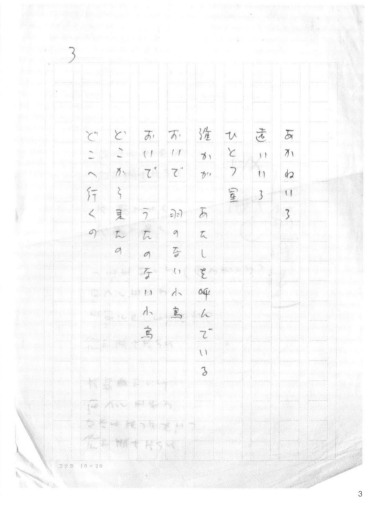

あかねいろ
遠いいろ
ひとつ星
誰かがあたしを呼んでいる

おいで的のないい小鳥
おいでうたないい小鳥

どこからくるまえの
どこへ行くの

収獲の唄

のぼれ のぼれ　うろこひからせ
かわも　うめつくして

いそげや いそげ
ひのおちぬまに
ひのおちぬまに

まをえ まをえ　ぎんいろのもり
かわかぜ　そで ほるみ

いそげや いそげ
ひのおちぬまに
ひのおちぬまに

よべよ よべよ　こうえそのみよ
わかもうのわざ たたえ

うたえや うたえ
ゆたかるみのり
ゆたかみのり

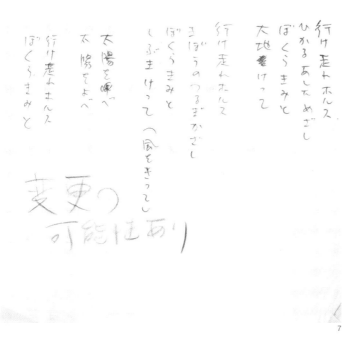

1.-3. 타카하타가 쓴 「힐다의 노래(1)」로 생각했던 시
4. 동, 「수확의 노래」의 가사
5. 동, 「혼례의 노래」의 악보에 맞춰 장면 구성을 생각한 것
6. 동, 음악을 담당한 마미야 미치오가 쓴 「힐다의 노래(3)」의 악보
7. 동, 영화의 앞부분에 흐르는 주제가의 가사

타카하타 이사오와 자크 프레베르의 시

프랑스의 국민 시인인 자크 프레베르(1900-1977)라면 일본에서도 『안개 낀 부두』(1938), 『천국의 아이들』(1945) 등의 명 각본가로, 또한 「고엽」으로 대표되는 샹송의 작사가로 알려져 있다. 1946년, 파리 해방 직후에 출간된 첫 번째 시집 『Paroles(말)』은 경이적인 판매량을 보였고, 현재까지 500쇄가 넘게 증쇄를 거듭해 많은 사람이 읽고 있다. 그의 시의 정신은 시집과 영화, 샹송을 통해 지금도 계속 전 세계 사람들에게 용기를 주고 있다. 일본에서는 1956년에 오가사와라 도요키가 번역해서 간행된 『프레베르 시집』 이후, 다양한 사화집(詞華集)이 편찬되어 팬이 더욱 늘었지만, 대표작 『말』의 완역은 존재하지 않았다. 이런 상황을 감안해서, 타카하타 이사오는 2004년에 상세한 주석과 해설을 별책으로 첨부한 『말』의 완역판을 출판했다. 번역을 통해 프레베르의 언어유희를 이해하고, 시의 힘에 다가가기 위해 타카하타가 선택한 방식이었다.

이 위업을 뒷받침한 정열은 어디에서 나왔을까? 도쿄대학 불문학과에서 공부한 타카하타가 졸업 논문으로 프레베르를 선택한 것을 보면 그 영향은 학생 시절로 거슬러 올라갈 수 있다. 덧붙여서 타카하타가 애니메이션 세계에 진출하는 계기가 된 영화 『왕과 새』의 각본가 또한 프레베르다. 프레베르의 시는 타카하타가 표현자의 길을 걸어가는 데 정신적인 지주가 됐을 것이다. 타카하타는 다음과 같이 프레베르에 대해 경애의 마음을 표했지만, 그 말을 그대로 타카하타 애니메이션에 대해서도 할 수 있다. "프레베르는 일단 무엇보다도 자유와 우애의, 그리고 철저한 반권위 · 반권력 시인이었다. 그는 온갖 지배와 억압과 차별을 반대했고 전쟁과 식민지 지배를 증오했으며, 인간성의 해방과 자유를 옹호했고 억압된 자들에 대한 우정과 연대를 노래했다."[1] 또한 "일찌감치 태양과 달과 대지와 바다에 대한 경애와, 초목과 동물들과의 연대와 자유의사 존중을, 어린아이의 마음과 유머로 노래했다"[2]라고 했다. 자신의 원점으로 되돌아오는 『말』을 완역하는 일을 통해, 타카하타는 시의 다의성이 가진 풍부함과 비평 정신을 21세기의 독자들을 향해 새롭게 해방한 것이다.

그 과정에서 타카하타 이사오와 나라 요시토모라는, 다른 장르에서 창작을 계속해 온 아티스트가 만난 것은, 지금 돌이켜보면 필연처럼 느껴진다. 계기는 프레베르가 작사한 샹송 CD(『나는 나, 이대로인 걸~프레베르의 노래』를 준비하던 타카하타가 그 재킷 사진에 나라의 '어린아이' 그림을 선택한 것이다. "나라 씨의 어린아이들이 단순히 어린아이만을 의미하지 않는 것처럼, 밤거리의 어둠속에서 포옹하는 연인들도, 싸구려 입석에서 울고 웃으며 박수를 보내는 관객도, 프레베르에 따르면 모두 어린아이들입니다"라고 타카하타는 말한다.[3] 두 사람의 마음속에 있는 공통적인 '어린아이'란 "커다란 눈망울로 이 세계의 슬픔을 바라보며, 거기에 저항하고 삶의 기쁨과 우애와 자유를 온 힘을 다해 노래하는" 정신의 상징임이 틀림없다.[4] 그 영리한 눈빛이 프레베르, 타카하타, 나라라는 세 사람의 표현을 관통하고, 그것을 읽고 보는 우리들의 눈빛마저도 떨리게 한다.

이렇게 타카하타가 편역한 프레베르의 시에 우선 타카하타가 나라의 그림을 선택해서 시화집에 올렸고, 거기에 나라가 새로 드로잉을 하는 타카하타와 나라와의 자극적인 대화와 합작에 의해, 프레베르의 이미지를 현대로 확장한 『새에게 보내는 인사』라는 희귀한 시화집이 탄생한 것이다.

(스즈키 가쓰오)

주
(1) 타카하타 이사오 : 해설과 주해 『말』(피아), 2004년 8페이지.
(2) 상동, 90페이지
(3) 타카하타 이사오 「후기」, 자크 프레베르 : 저, 타카하타 이사오 편역, 나라 요시토모 : 그림 『새에게 보내는 인사』(피아), 2006년, 페이지 번호 없음
(4) 상동, 페이지 번호 없음

자크 프레베르 : 저, 타카하타 이사오 : 번역 · 주해 『말』(피아), 2004년

자크 프레베르 : 저, 타카하타 이사오 : 편역, 나라 요시토모 : 그림 『새에게 보내는 인사』(피아), 2006년

夜のパリ
PARIS AT NIGHT

三本のマッチ　一本一本点ける　夜のなか
一本目は　きみの顔全体を見るため
二本目は　きみの眼を見るため
最後の一本は　きみの口を見るため
そして真っ暗闇は　それをみんな思い返すため
きみを腕に抱き締めながら。

밤의 파리

성냥 세 개를 하나씩 하나씩 켠다 깊은 밤 속에서
하나는 네 얼굴 전체를 보기 위해
또 하나는 네 눈을 보기 위해
마지막 하나는 네 입을 보기 위해
그리고 캄캄한 어둠은 그것을 모두 다시 생각하기 위해
너를 두 팔에 꼭 안으면서.

『ことばたち』所収。

067

1

2

3

4

5

6

1.-6. 나라 요시토모《새에게 보내는 인사》2006년 (부분)
[시화집에 드로잉을 더한 오리지널 작품]

제2장
일상생활의 기쁨
애니메이션의 새로운 표현 영역을 개척

Chapter 2
Everyday Pleasures
Developing New Fields of Animated Expression

도에이동화를 떠난 타카하타는 『알프스 소녀 하이디』(1974)를 시작으로 『엄마 찾아 삼만리』(1976), 『빨강머리 앤』(1979)이라는 TV 세계명작극장에서 새로운 경지를 개척합니다. 매주 1화를 완성해야 하는 시간적 제약에도 불구하고 표현을 연구하고, 의식주나 자연과의 관계라는 일상생활을 꼼꼼하게 묘사해서, 1년간 52화로 달성할 수 있는 생동감 넘치는 인간 드라마를 창조했습니다. 미야자키 하야오, 고타베 요이치, 곤도 요시후미, 이오카 마사히로, 무쿠오 다카무라와의 팀워크를 그림 콘티, 레이아웃, 배경화 등으로 검증하면서 타카하타 연출의 비밀에 다가갑니다.

Following his work with Toei Doga, Takahata explored new frontiers in a number of TV series including *Heidi, Girl of the Alps* (1974), *From The Apennines to The Andes (Marco)* (1976), and *Anne of Green Gables* (1979). Despite the time constraints involved in having to complete an episode every week, Takahata created lively human dramas, which unfolded in a total of 52 stories per year, by devising ingenious artistic expressions and carefully depicting aspects of everyday life such as food, clothing, shelter, and nature. The storyboards, layouts, and backgrounds, made with a team that consisted of Miyazaki Hayao, Kotabe Yoichi, Kondo Yoshifumi, Ioka Masahiro, and Mukuo Takamura, provide us with important insights into Takahata's directorial approach.

오른쪽 : 『알프스 소녀 하이디』셀화+배경화(부분)

일상의 재발견과 객관주의 확립

가노 세이지(영상 연구가·아시아 대학 강사)

아이들을 위한 발견과 해방의 판타지
『판다코판다』

1971년 타카하타는 아스트리드 린드그렌 원작『말괄량이 삐삐』를 제작하기 위해 고타베 요이치와 미야자키 하야오를 설득해서 도에이동화를 퇴사한다. 3명은 A프로덕션으로 이적해서 준비에 몰두했다. 당시에는 극화(劇畫) 형식의 캐릭터가 치열한 시합이나 투쟁을 펼치는 스포츠 근성물에 인기가 집중되었다. 하지만 타카하타는 강한 자극이나 강박적인 긴장으로 아이들의 감정을 흔드는 것이 아니라, 주인공과 함께 일상의 의식주나 생활의 미세한 움직임을 발견해 나가는 것으로 마음을 풀어 주는 새로운 노선을 개척하고 싶었다. 그것은『태양의 왕자 호루스의 대모험』에서 이상으로 내건 '지켜야 하는 마을'을, 자신의 아이를 키우는 현실 속에서 다시 꺼내든 테마이기도 했다.

타카하타는 어른의 시선에서 이상적인 아이의 모습으로 이끌려고 하는 고전적인 '동심 주의'가 아닌, 20세기 이후에 외국에서 제기한 '에브리데이 매직'으로 분류되는 새로운 판타지에서 활로를 찾아냈다. 린드그렌의『삐삐』는 마법을 그리고 있지는 않지만, 자유분방한 아이들의 시선으로 일상을 재발견하고 모험화하는 것에 성공한 걸작이었기에, 시리즈화는 굉장히 바라던 기획이었다. 타카하타는 원작의 행간을 메우는 이미지를 다듬어서 시나리오를 발주했다. 미야자키는 로케이션 헌팅으로 스웨덴을 방문해서 이미지 보드를 양산하고 무대 설정이나 소도구 디자인을 그렸으며, 고타베는 캐릭터 디자인을 담당했다. 하지만 원작자가 허락해 주지 않아서 기획은 좌절된다. 3명은 제각각『루팡 3세』(타카하타·미야자키),『아카도 스즈노스케』(타카하타·고타베·미야자키) 등의 시리즈 스태프로서 일하면서 다음 작품의 기회를 엿보고 있었다.

타카하타는 이전부터 구상하던 판다가 등장하는 기획을 미야자키에게 제안한다. 미야자키는 타카하타의 초안을 하룻밤에 정리해서 도쿄 무비에 기획서를 제출했지만, 몇 달간 회답이 없었다. 이 기간에 그린 것으로 보이는 '중국에서 온 소녀와 판다 가족'이라는 설정의 이미지 보드가 남아 있다. 그런데 중일 국교 회복으로 중국에서 판다를 보냈다는 소식이 전해지며 상황이 완전히 바뀌어서 갑자기 영화화가 결정되었다. 미야자키의 초기 안은 모 각본가에 의해『판다코판다』라는 제목으로 완성되었다. 동물원에서 집에 가는 판다를 목격한 소년이 뒤따라갔다 미미코와 판다 가족을 만난다. 다음날 학부모 참관수업 때 급식실에서 코판다가 소동을 일으키고, 미미코에게 혼이 난 판다 부자는 집을 나간다는 내용이었다. 하지만 외재적이고 몰입감이 떨어지는 전개 때문인지 시나리오는 채택되지 않았다.

최종 각본은 미야자키가, 그림 콘티는 미야자키와 타카하타가 공동으로 작업했다. 미미코를 따라가는 시점으로 요리와 청소, 빨래 등이 느린 템포로 진행되고, 마지막은 사건 해결로 깔끔하게 끝나는 내용이 되었다. 미야자키의 화면설정은 다채롭고 거대한 파판다와 작은 미미코, 코판다를 동시에 화면에 담아낸 롱 숏(연못가·줄넘기 언덕), 미미코의 집안일을 구체적으로 보여주는 미디엄 숏, 수문을 바로 위에서 내려다보는 세로 구도 등이 절묘하게 혼재되어 있다. 무대는 옛날 일본의 교외[(1)]이지만 굴뚝과 오븐 같은 일본처럼 보이지 않는 서양식 가옥은『삐삐』의 로케이션 헌팅의 부산물이다. 캐릭터 디자인은 고타베 요이치가『삐삐』의 한

가지 아이디어를 뽑아서 미미코로 완성했고(빨간 머리·땋은 머리·웃는 얼굴 등이 공통), 판다 부자의 디자인은 오쓰카 야스오가 담당했다. 오쓰카·고타베는 작화감독도 맡았다. 연못의 반사 영상이나 수중의 투명함을 셀의 그림자 색으로 표현하는 등, 야마우라 히로코의 색채설계에서도 새로운 시도를 엿볼 수 있다.

경쾌한 음악은 재즈 뮤지션인 사토 마사히코, 주제가 작사는 사나다 이와오(나카야마 치나쓰의 펜네임), 노래는 미즈모리 아도가 맡았다. 타카하타는 주제가에 대해서 '아이들이 부를 수 있는 노래'를 목표로 해서『비 오는 날의 아기 곰』(쓰루미 마사오 작사),「배가 고파지는 노래」(사카타 히로오 작사) 등을 예로 들었다.

포용력이 있고 어마어마하게 거대한 판다와 어떤 상황에서도 '멋있다'고 하면서 발견의 기쁨을 물구나무서기로 표현하는 밝은 미미코를 아이들이 좋아해서, 극장에서는 주제가를 합창하는 일이 벌어졌다. "우리의 의도가 아이들에게 전해졌다"라는 확실한 반응에 힘을 얻은 타카하타는 새로운 무대로 걸음을 옮기게 된다.

(1) 영화의 앞부분에는 미야자키의 자택 근처인 사이타마현 도코로자와시 기타아키쓰로 보이는 가공의 '기타아키쓰역'이 그려졌다. 하지만 미야자키의 말에 따르면 "간다강이 흐르던 때의 내 어린 시절 그 자체"(킹레코드『판다코판다 오리지널 사운드 트랙』1982년)라고 한다.

세대를 가리지 않는 보편적인 반복
『판다코판다 빗속의 서커스 편』

전작의 호평으로 제작된 속편으로 연출/타카하타, 미술설정·화면구성/미야자키, 작화감독/오쓰카·고타베와 메인 스태프를 그대로 가져와서 제작했다.

미야자키가 쓴「홍수 편」이라는 제목의 미완성 시나리오는 다음과 같은 내용이었다.[(1)] 미미코의 집에 도둑이 침입하지만 거대한 식기 등에 놀라서 재빨리 도망친다. 다음날부터 동물원이 개축 공사로 문을 닫아서 미미코와 코판다는 물건을 사러 가는데, 마을에서 서커스단을 보게 된 두 사람은 서커스단에서 동물들과 교류한다. 밤부터 많은 비가 내려서 마을에 홍수가 나고, 미미코는 비상식량으로 쿠키를 굽고 파판다는 포도로 주스를 만든다. 서커스단에서 도움을 요청하는 공이 떠내려 와서, 그들은 침대 배를 타고 가서 쿠키와 주스를 전달한다. 물이 빠진 서커스단에서 파판다와 코판다는 동물들과 친해져서 입단을 권유받고, 미미코는 둘이 서커스단과 함께 마을을 떠나는 건 아닌가 걱정하게 된다(이후는 검토 필요).

이것을 중심으로 전반부는 서커스단의 아기호랑이의 미아 소동, 후반부는 기관차 폭주 장면이 추가되어서 시나리오가 완성되었다. 서커스 단장과 단원이 커다란 칫솔과 의자, 접시를 보고 깜짝 놀라는 장면, 코판다가 자신의 카레와 수건, 나팔을 확인하는 장면은 동화『곰 세 마리』[(2)]의 영향을 엿볼 수 있다. 반복의 변화로 보는 사람의 상상력을 자극하는 고전적인 시나리오여서 세대를 가리지 않는 보편적인 재미를 느낄 수 있다.

미야자키의 담당은 '미술설정'이 추가되어서 한층 배경 묘사에 깊이 관여했다는 것을 엿볼 수 있다. 물속에서 올려다본 침대 배의 궤적을 투명한 물 너머로 파광(波光)이나 파문(波紋)만으로 그린다는 표현은, 구도도 설계도 혁신적이었다. 강한 대비로 명도가 높은 고바야시 시치로의 미술과 셀의 인물은 매우 친숙하고, 상승효과에 의해 상쾌한 화면이 구축되었다. 또한 위에서 내려다보고(세탁물, 드

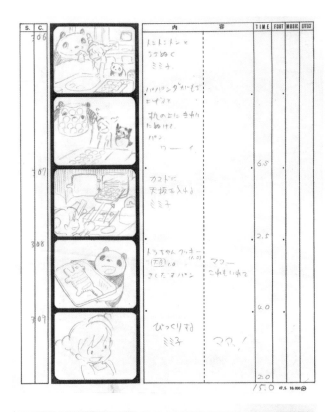

『빗속의 서커스 편』에서 삭제된 장면의 타카하타/지시문과 대사·미야자키/그림에 의한 그림 콘티. 아기호랑이의 쿠키는 코판다가 손으로 만든 것, 포도 주스는 파판다의 역작이었음을 알 수 있다.

타카하타가 쓴 가사. 미미코가 코판다에게 말하거나 파판다가 말하는 등 다양한 패턴을 검토했다.

럼통 욕조, 지붕 위에서의 부감), 아래에서 올려다보는(물속) 세로 구도, 정면 안쪽의 중층적인 배치(기관차의 기관실, 시청 앞)와 같은 입체적인 구도가 이전 작품보다 더 많이 사용되었다. 한편 정점 관측적 고정카메라(Fix)의 설계도 많고 생활 연기를 더 차분하게 보여주는 연출 방향도 안정된 느낌이다.

또한 타카하타·미야자키 공동 작업의 그림 콘티에는 삭제된 장면이 몇 군데 있다. 미미코와 코판다의 쿠키 만들기, 파판다의 포도 주스 만들기, 서커스단 안에서 역기 드는 남자의 등장이나 코끼리와의 교류, 길을 잃은 코판다와 아기호랑이를 찾는 미미코를, 식료품 가게의 트럭이 마을까지 데려다 주는 장면 등이다. 특히 요리 장면은 미야자키의 초안부터 있었는데 삭제되어서 아쉽다.

이 시리즈 두 작품은 성공했는데도 불구하고 세 번째 작품도 동일 노선의 후속작[3]도 실현되지 못했고, 타카하타는 『사무라이 자이언츠』나 『공수 바보 일대』의 연출 임무를 강요받아서 이윽고 A프로덕션을 퇴사하게 된다. 이런 '일본을 무대로 한 발견과 해방 판타지' 노선은 미야자키 감독의 『이웃집 토토로』(1988년)로 이어지게 된다.

(1) 홍수로 물에 잠긴 풍경이나 피난민을 구하러 가는 설정은 『무민』 시리즈에도 나온다.(토베·얀손 원작 제1권 『작은 무민 가족과 큰 홍수』 1945년, TV시리즈 『제3화 비다! 비바람이다!! 홍수다!!!』1969년)

(2) 『곰 세 마리』의 영향은 이전 작품의 미미코와 판다 부자의 만남 장면에서도 볼 수 있다. 타카하타는 톨스토이의 그림책 버전 『곰 세 마리』(1961년)의 재미에 대해서 "대중소 세 사람이 연달아 세 번이나 '누구냐!'를 반복하는데 그게 정말 재미있습니다"라고 했다. 「미타카의 숲 지브리 미술관 기획전시 『곰 세 마리』 영화로 만들 수 없어서 간직해 둔 이야기」 팸플릿(2007년)

(3) 『판다코판다』 제1작의 기획과 거의 같은 시기에 미야자키의 원안, 타카하타의 연출로 난쟁이 남매와 소년, 소녀의 교류를 그린 『머리 위의 칫카와 봇카(가제)』라는 오리지널 TV시리즈 기획을 검토하고 그림 콘티까지 진행했지만 좌절되었다. 기획은 후지코·F·후지오에게 맡겨서 전혀 다른 만화 『정글 쿠로베』로 연재되었고, 동시에 TV시리즈로 나왔다. 이 작품은 「도호 챔피언 축제」에 편성되어서 「빗속의 서커스 편」과 동시에 상영되었다.

인물의 실재감과 무대의 현장감
『알프스 소녀 하이디』

즈이요 영상의 다카하시 시게루 사장으로부터 『알프스 소녀 하이디』의 연출을 제안받은 타카하타는 3개월간 고민했다고 한다.[1] 요한나 슈피리의 원작에는 애착이 있었지만, '당연한 어린이상'으로 이끄는 '동심주의'의 고전이고, 기독교 포교·교화의 의도도 강했다. 그리고 애니메이션의 주특기인 다른 세계를 무대로 하는 판타지 요소, 비약이나 과장의 여지가 없고, 실재하는 외국을 무대로 한 작품을 풍토도 언어도 다른 일본인이 만들 수 있을까. 이것을 실현하려면 방대한 재능과 노동력이 필요한데, 일본 TV 시리즈의 예산과 제작 기간으로는 매우 어렵다고 판단할 수밖에 없었다. 하지만 한편으로는 자연 찬가와 인간 찬가의 이야기는 매력적이었고, 공해 문제에 흔들리는 고도 경제 성장기 이후의 일본이 바라는 테마를 내포하고 있다는 예감도 들었다. 다카하시 사장은 일본 TV 애니메이션에서 처음으로 본격적인 로케이션 헌팅을 약속했고, 타카하타는 무모한 도전이란 것을 알면서 받아들이기로 했다. 그리고 고타베 요이치와 미야자키 하야오를 데리고 즈이요 영상으로 이적한다. 핵심 인물 3명이 결속하면

실현할 수 있다고 생각했기 때문이다.

1973년 7월 타카하타, 고타베, 미야자키, 프로듀서인 나카지마 준조는 로케이션 헌팅을 떠났다. 스위스의 마이엔펠트와 델프리 마을, 독일의 프랑크푸르트 등을 방문했다(음악을 맡은 와타나베 다케오도 별도로 로케이션 헌팅을 감행). 그 체험을 캐릭터 설계부터 무대설계까지 다양한 형태로 살렸다. 하지만 준비기간에 충분한 양을 제작하지 못해서 곧바로 일주일에 1화를 제작해야 했다. 스튜디오에 상주하는 사람은 타카하타, 미야자키, 고타베, 미술의 이오카 마사히로, 동화 확인의 시노하라 마사코, 마무리 검사의 고야마 아키코 등 거의 각 섹션의 치프뿐이었다. 중간 공정은 전부 외주라서, 스튜디오에 모인 각 소재를 메인 스태프가 확인·수정하기 때문에 한 명이라도 아파서 못 나오면 제대로 돌아가지 않는다. 스태프들은 방송일인 일요일 이외에는 제대로 집에도 가지 못하고 1년 넘게 스튜디오에 틀어박혀서 계속 작업했다.

타카하타는 각본·그림 콘티 회의와 발주·리테이크, 레이아웃·원화·배경 확인, 후시녹음 편집에 참석해서 여러 화 분량의 전 중간 과정을 동시에 병행했다. 미야자키는 마르타·프파넨슈미트가 그린 원작 삽화나 로케이션 헌팅 때의 경험을 토대로 풍경·건물·소도구를 설계했고, 매주 약 300컷의 레이아웃(외주 콘티 수정을 겸한다)을 그렸으며 카메라 작업부터 연기 설계까지 치밀하게 구축했다. 고타베는 현지 데생을 바탕으로 모든 캐릭터 디자인을 맡았고 작화감독(원화 수정)을 겸임했다.[2] 고타베는 하이디 눈의 양쪽 끝에 약간의 곡선을 추가해서 평면이 아닌 볼륨감을 표현했고, 프랑크푸르트에서 종종 우울해하는 하이디의 눈썹 밑에 그림자를 넣는다는 아이디어로 섬세한 표정을 만들었다. 이오카는 직접 그린 배경과 외주 배경을 가필해서 요점이 되는 부위를 집중적으로 그렸고, 알프스 산지를 풍부한 색채와 유채화풍 터치로 그려냈다. 어느 부서도 전대미문의 중노동이었다.

또한 타카하타는 미야자키와 함께 시리즈를 하면서 수많은 레이아웃이나 촬영기법을 개발했다. 카메라는 Fix(고정)를 기본으로 하고 작동할 때는 철저하게 느린 속도를 유지했다. 특히 등산 장면에서는 풍경을 여러 층으로 나누고 각각을 촬영대의 최소단위로 1프레임(1/24초)씩 이동 폭을 바꿔서 슬라이드(예를 들면 먼 풍경 0.25밀리, 중 풍경 0.5밀리, 가까운 풍경 1.25밀리라고 지정한다)함으로써, 카메라맨이 같이 올라가면서 이동촬영을 하는 것 같은 입체적인 현장감을 만들어 내는 데 성공했다. 그때까지 타카하타·미야자키가 추구해 온 '세로 구도' '정면 깊이의 구축'의 하나의 도달점이라고 할 수 있다.

전체 구성과 각 시나리오도 획기적이었다. 타카하타는 1년을 전반부=알름, 중반부=프랑크푸르트, 후반부=다시 알름으로 거의 3분할했고, 특히 전반부는 원작을 몇 배로 부풀려서, 하이디와 알름 할아버지가 오두막에서 지낸 소중한 생활을 사계절을 통해 꼼꼼하게 그렸다. 가을의 머루 따기(제8화)는 이오카 마사히로의 제안을 채택한 것이다. 작은 새인 피치와의 만남과 이별(제4화~8화), 비바람에 나무로 모여드는 동물들(제9화), 눈썰매 경주(제39화)는 시인 셀리나·쇤츠의 이야기에 알로이스·카리지에가 삽화를 담당한 스위스 그림책 『여름 산 아이 플루리나』(1952년), 『눈보라 치던 날』(1955년)에서 구상해서 삽입한 듯하다.

또한 타카하타는 하이디의 감정 변화를 계단식으로 상정하고 미묘하게 변하는 표정을 구분함으로써 판타지적인 비약을 가능하게 했다. 제1화에서 옷을 껴입은 하이디는 등산 도중에 동물들을 만나서 서서히 웃음을 되찾고, 차례로 옷을 벗어던지더니 마침내 팬티만 입고 뛰기 시작한다. 그때 염소들이 뛰어오르면서 하이디를 환영한다. 산길은 실제로는 올라갈 수 없을 만큼 가파른 각도로 그려져 있고 하이디의 환희에 염소들이 동조하는 전개는 확실히 비약이지만, 그 전에 하이디의 감정 변화를 함께 느낌으로써 충분한 설득력이 있기 때문에 오히려 공감을 불러일으킨다.[3] 그것은 『판다코판다』에서 시도했던 해방적 비약(수문에서 구조에 성공한 후에 모두가 물에 뛰어드는 것 등)을 발전시킨 연출법이라고 할 수 있다. 이 장면은 원작에도 각본에도 '옷을 벗어 던진다'라고 쓰여 있지 않는데, 그림 콘티에서 타카하타·미야자키가 추가한 것이다.

원작을 바꾸거나 추가한 부분은 후반부에도 있다. 원작에서 클라라의 가정교사인 로텐마이어를 경직된 도시인으로 다루어서, 프랑크푸르트를 떠나지도 않는데 후반부에는 등장하지 않는다. 타카하타는 로텐마이어를 클라라의 알름 행에 동행하게 해서 좋아하지 않는 산 생활에 고군분투하는 모습을 유머러스하게 그린다(42화~47화). 이 추가 장면에 의해 로텐마이어는 분별 있는 보호자라는 성격을 얻어서 단순히 미움 받는 역할에서 벗어날 수 있었다.

원작의 페터는 클라라가 하이디를 독차지하는 게 화가 나서 휠체어를 언덕에서 밀어 망가뜨린다. 그 이후에는 페타의 죄의식과 종교적 면죄에 대해 이야기하는데 타카하타는 이것을 통째로 삭제하고, 페타를 클라라를 목장까지 업고 올라가는 듬직한 소년(제45화)으로 만든다. 휠체어는 클라라가 "의지하지 않겠다"라고 결심해서 창고에 넣어 두는데, 혼자 창고에서 끌고 나오려다가 망가뜨린다(제51화). 클라라는 힘든 재활 치료에서 도망치려고 했던 자신을 부끄러워하고 자신의 의지로 걷고 싶고, 달리고 싶다고 결심한다. 원작에서는 보행 훈련 때 클라라의 능동적인 의지가 느껴지지 않고 할아버지의 전쟁터에서의 간호 경험이 설명식으로 나오는데, 이것도 삭제되었다. 그 밖에도 원작에서는 클라라의 주치의가 할아버지의 '겨울의 집'을 사서 하이디의 후견인을 자청하는 내용이 있는데, 이것도 삭제되었다.

또한 타카하타는 원작에는 쓰여 있지 않은 동식물의 생태계와 인간 생활과의 관계에 대해서도 사전에 독자적으로 조사했다. 예를 들면 '염소, 스위스 남서부 원산의 자넨종. 우유는 1일 3~5kg, 버터는 하얗고 별로 좋지 않음, 치즈는 고급'이라서 알름 할아버지는 매일 치즈를 만든다 등, 자세한 메모가 남아 있다.

타카하타는 일상 연기의 리얼리즘을 기조로 하면서 꿈이나 이미지에 의한 절묘한 과장(염소로 둔갑하는 알파벳부터 다리가 완쾌되어 달리는 클라라까지)을 넣어서 '발견과 해방의 기쁨'을 판타지로 그리는 방향으로 이 작품을 완성했다. 그것은 모든 스태프가 똘똘 뭉쳐서 한계와 싸우고 현실감을 동반한 인물들의 행동을 공간과 함께 그린 결과이기도 하다. 『하이디』의 등장은 일본 애니메이션을 새로운 단계로 올렸다고 할 수 있다.

(1) 타카하타는 판단을 보류한 3개월간, 이런저런 리서치와 모리 야스지와의 공동 작업으로 파일럿 버전 그림 콘티를 그리면서 시간을 보냈다. 파일럿 버전은 이야기의 요약으로 구성되어 있고 전체를 파악하는 데 큰 역할을 한 것으로 보인다. 모리는 『하이디』제작에 의욕적이었지만 타카하타는 그를 스태프 편성에 넣지 않아서 오프닝 작화를 도와주기만 했다.

위/요시다 요시아키의 제1화 각본. "하이디, 옷을 서둘러 개서 쌓아 놓는다"라고 쓰여 있다. 중앙에 있는 그림은 타카하타가 그린 이미지. 왼쪽 위에 가파른 언덕을 뛰어 올라가는 하이디를 돌리(이동 촬영용 대차)를 타고 정면에서 촬영하는 카메라맨 등이 그려져 있다.

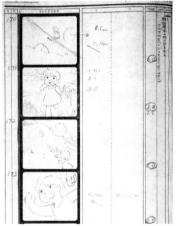

왼/위의 각본과 같은 장면의 타카하타의 지시문과 대사 · 미야자키의 제1화 그림 콘티(수정 버전). 배경을 1프레임에 0.5밀리(C-170), 1.25밀리(C-173) 슬라이드해서 하이디가 재빨리 뛰어 올라가고 풍경이 멀어지는 현장감을 만들어 내고 있다. 오른쪽 위에 '해방감이 한껏 펼쳐지는 상쾌함(리듬은 그렇게 빠르지 않음)'라고 쓰여 있는 것은 음악 지정.

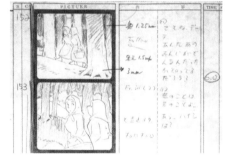

오/똑같이 제1화 그림 콘티에서 등산 중인 데터와 마을 사람인 바르벨의 대화. 바로 앞에 있는 나무는 3mm, 발밑의 땅은 1.5mm, 안쪽의 숲은 1.25mm로 1프레임씩 오른쪽 아래로 슬라이드한다는 복잡한 설계의 예. 등산 장면에서는 인물이 멈추지 않는 한 이처럼 배경의 이동 폭을 지정해야 한다.

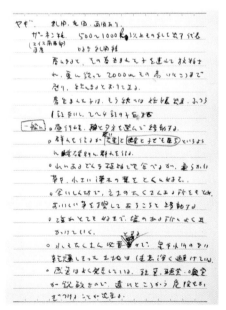

다가하다가 쓴 염소에 관한 조사 메모. 똑같이 소나 세인트 버나드(요제프)의 생태와 특징, 화초의 품종에 대해서도 쓰여 있다.

(2) '캐릭터 디자인' '레이아웃(장면설계 · 장면구성)'에 해당하는 일은 예전부터 있었고 작화감독이나 원화 담당이 이것을 담당했는데, 『하이디』에서 크레딧에 표기함으로써 중요한 별도 공정으로 인식하게 되었다.

(3) 타카하타는 산기슭의 델프리 마을→중간 지점에 있는 페터의 집→고지대의 할아버지 집→목장 · 산 정상이라는 무대의 배치에 대해서 "상하관계는 배경색을 만들 때 재미있어요" "물건을 사러 가려면 아래로 내려간다. 올라가는 건 집에 가는 길이라는 게 확실합니다. 혹은 염소를 데리고 가는 곳은 산 위라는, 인간의 행동이 구체적인 형태로 나타납니다"라고 말했다. (1996년 3월 11일 「도쿄도 도시미 심포지엄」)

아이와 어른을 둘러싼 사회 현실을 그린다 ──
『엄마 찾아 삼만리』

1975년 즈이요 제작부가 조직 개편으로 독립함해서 타카하타는 닛폰 애니메이션의 직원이 되었다. 이 작품의 원작은 에드몬도 데 아미치스 작 『사랑의 학교』(1886년)에서 '이 달의 이야기' 중 한 편(5월) 「아페니니 산맥에서 안데스산맥까지」로, 19세기 이탈리아 통일에서 기대되는 소년상으로 교화할 목적으로 쓴 교훈적인 단편이다. 애니메이션 기획으로 어울릴 것 같지 않았지만 선택의 여지가 없었다.

『하이디』에 이어서 모든 화수의 연출/타카하타, 장면설계 · 레이아웃/미야자키, 작화감독/고타베, 프로듀서/나카지마 준조에 미술감독/무쿠오 다카무라를 더한 견고한 포진이었다. 원작이 단편이라서 시나리오는 대폭적으로 새로 만들어야 했다. 『하이디』의 각본은 3명이 돌아가면서 썼는데 타카하타는 세계관과 인물상의 일관성을 추구하기 위해서 각본을 『태양의 왕자 호루스의 대모험』의 후카사와 가즈오에게 의뢰했다. 후카사와는 흔쾌히 승낙했고 주제가 · 삽입곡의 가사도 담당했다. 향수를 불러일으키는 음악은 사카타 고이치가 만들었는데 중남미의 민족음악(포크로어)을 의식한 곡이 많이 사용되었고 민족악기인 케나 차랑고 등이 사용되었다.

1975년 6월부터 7월에 열린 로케이션 헌팅에는 타카하타, 미야자키, 후카사와, 무쿠오 등 네 명이 참가했다. 고타베는 『하이디』의 격무로 인해 요통을 앓았고, 나카지마는 예산 사정으로 참가할 수 없었다. 이야기와는 반대로 아르헨티나에서 마르코의 여행길을 따라갔는데 원작에 있는 안데스산맥은 종착지인 투쿠만보다 더 북쪽으로 올라가야만 시야에 들어오고, 현지는 평원이 펼쳐져 있을 뿐이었다. 원작이 현지를 취재하지 않고 썼다는 것이 분명해서 풍경 묘사는 대폭적으로 수정해야 한다는 것을 알게 되었다. 평평한 땅에 낮은 사각형 건물이 늘어선 바둑판의 칸 같은 마을 풍경은 그림으로서 볼거리를 만들 수 없었기에 일동은 망연자실했다. 다음으로 찾아간 이탈리아 제노바는 대조적으로 높낮이가 다른 언덕길이나 골목길을 따라 돌로 만든 중층 주택들이 밀집한 항구마을이라서 입체적인 재미를 만끽할 수 있다. 일동은 사흘간 돌아다녀도 질리지 않았다고 한다.

하지만 집 내부 견학은 허락되지 않아서 외관에서 100년 전 서민들의 생활을 상상으로 채울 수밖에 없었다.

타카하타는 평소에, 장편에 적합한 골격을 가지고 있지 않은 시리즈를 성립시키는 방법은 두 가지가 있다고 말했다. 하나는 씩씩한 주인공이 각지를 돌아다니며 하룻밤 신세 진 은혜를 일해서 갚는 '유랑물'이고, 또 하나는 잇달아 불행이 덮치는 불쌍한 주인공을 따라가면서 여행의 세세한 것은 생략하는 '신파형'이다. 타카하타는 어느 쪽도 부정하고 이탈리아에서 제2차 세계대전 후에 융성한 네오레알리스모의 영화들을 목표로 했다.[1] 그것은 주인공을 둘러싼 사회를 전부 받아들여서 통째로 객관적으로 그린다는 것이다.

원작의 마르코는 각지에서 절망하고 슬퍼하며 어른들에게 도움을 청하지만 타카하타는 쉽게 어른들을 의지하지 않는 귀여운 구석이 없는 소년으로 바꿨다. 그것은 어른들의 이상을 구현한 하이디 같은 착한 아이를 부정하고 일반적인 소년상을 추구하는 것이었다. 마르코는 무지하고 힘이 약하다는 이유로 자존심을 짓밟히고 기어가다시피 나아갈 수밖에 없다. 마르코가 만나는 사람들도 똑같이 사정이 있는 약자들이다. 마르코는 다양한 계층의 사람들을 만나고 인연을 맺으면서 괴로운 사회적 현실을 공유하고 씩씩하게 살아가는 방식을 배운다.

원작에서는 마르코의 어머니가 아르헨티나에 돈을 벌러 간 이유도 밝혀지지 않았다. 타카하타와 후카사와는 빈민층을 위해 자금난에 시달리면서도 무료 진료소의 사무장으로 일하는 아버지, 그를 지원하기 위해 아르헨티나로 돈을 벌러 간 어머니, 기관사가 되기 위해 철도학교에 다니는 형이라는 가족 설정을 만들어 마르코와 함께 여행할 수 없는 이유를 보충했다. 준비기간에는 네오레알리스모의 대표작인 비토리오 데 시카 감독의 『자전거 도둑』(1948년)을 참고했다. 마르코의 아버지인 피에트로의 이름은 『철도원』(1956년)에서 주연과 감독을 맡은 피에트로 제르미에서 유래했고 외모도 참고했다.

타카하타는 『하이디』처럼 앞부분을 늘려서 마르코와 그 주변 인물, 제노바에서의 일상생활을 꼼꼼하게 그렸다. 미야자키의 레이아웃은 위아래 공간과 교차하는 건물과 그곳에 사는 사람들의 생활 냄새까지 재현했다. 로케이션 헌팅에서 확인한 '세로 공간과 안쪽의 깊이'는 더욱 진화했다. 미야자키는 이민선이나 포르고레호의 설정, 세밀한 전계도 등을 그려서 세부의 리얼리즘을 뒷받침했지만, 비약이나 액션이 부족한 이 작품에 대해서 "이 일을 할 때는 오직 괴롭기만 했다"라고 말했다.[2]

무쿠오의 미술은 "건물이 만들어 내는 복잡한 음영 공간과 바위의 표면에 남겨진 시간조차도 그려내려고 했다(타카하타)"[3]라는 말처럼 회화적 품격으로 완성되었다. 소녀 피오리나가 인형을 움직여서 보여주는 붉은 벽, 지붕 사이로 보이는 작은 바다 등 제네바의 풍경이 특히 인상 깊다.

마르코 여행의 큰 줄거리는 원작을 답습하고 있지만, 유쾌한 펩피노 극단, 제노바의 친한 친구 에밀리오, 선원인 록키와 요리장 레오나르도, 코르도바의 가난한 인디오 소년 파블로와 여동생 파오나, 가우초의 노인이나 짐마차 일행, 노쇠한 당나귀 등 사랑할 수밖에 없는 서브 캐릭터들과 그들의 이야기도 전부 타카하타와 후카사와의 창작이다. 펩피노 극단은 에토르 지아니니 감독의 『나폴리탄 캐러셀』(1954년)에 등장하는, 손으로 돌리는 오르골로 음악과 그림을 보여주고 악보를 팔면서 다니는 가족에게서 힌트를 얻었다고 한다. 주인공을 연기한 파올로 스토파가 펩피노의 모델이고 클레리아 마타냐가 연기한 여주인공의 배역 이름인 콘체타가 펩피노의 누나의 이름이 되었으며, 디자인은 독일의 화집을 참고했다. 피오리나는 이탈리아어로 예쁜 꽃을 의미하는데 꽃을 주면서 마르코를 응원한다는 후카사와의 의견에 따라서 붙여진 이름이다.[4] 후카사와가 참여했던 인형극단의 경험도 더해졌다. 이런 방대한 서브 캐릭터들의 설계, 마르코의 괴로움을 견디는 것

에 한계를 느낀 고타베는 아내인 오쿠야마 레이코를 작화감독보조로 불렀다(제22화부터). 오쿠야마는 수녀 시프리아나, 파오나와 옥수수 인형의 디자인도 담당하면서 작품을 지원했다.

또한, 타카하타는 원작에서 반복되는 마르코의 악몽이나 백일몽을 특이한 비주얼로 연출했다. 모리츠 에셔 풍의 뒤틀린 공간에 서 있는 마르코[5], 초현실주의 화가인 르네 마그리트 『골콘다』(1953년)풍의 어머니 장례식, 마그리트 『사람의 아들』(1964년)과 닮은 아버지(제21화), 하이 콘트라스트로 뒤틀린 풍경, 조르조 데 키리코풍의 골목길(제40화) 등, 다양한 회화의 디자인을 참고한 듯한 기이한 묘사가 들어가 있다. 이것들은 바다 위나 평평한 아르헨티나 풍경의 악센트이고 동시에 "나는 뭔가의 저주를 받았어"(제34화)라고 소리치는 마르코의 병적 망상=가까이 다가오는 죽음의 생생한 심리적 갈등을 느끼게 한다. 그것은 『하이디』에서 그린 즐거운 이미지나 공상의 반대편이라고 할 수 있는 것으로 『태양의 왕자 호루스의 대모험』의 '미혹의 숲'의 발전형이라고도 생각된다.

원작은 병상에 누워 있는 어머니의 회복으로 깔끔하게 막을 내리는데, 타카하타는 마르코와 어머니가 집으로 돌아가는 길에 도움 받은 사람들을 찾아다니는 후일담을 추가했다. 제노바로 돌아온 마르코는 "내 여행은 정말 멋있었어!"라고 말한다. 인간에 대한 신뢰가 뒷받침된 훌륭한 엔딩이었다.

타카하타의 지향점은 이 작품으로 '해방과 발견의 판타지'에서 멀어지고 일상을 객관적으로 그리는 방향이 강해졌다고 할 수 있다. 제각각 다른 방향으로 나아가기 시작한 타카하타·미야자키·고타베의 앙상블은 이 작품이 마지막이 되었다.

(1) 타카하타 이사오「주인공 자격이 없는 마르코」/LD『엄마 찾아 삼만리 메모리얼박스 PART.1』북클릿(1997년 반다이 비주얼)
(2) 미야자키 하야오 인터뷰『아니메주 특별편집 바람 계곡의 나우시카 GUIDE BOOK』(1984년 도쿠마쇼텐)
(3) 「무쿠오 다카무라 애니메이션 미술전」(1995년 4월 도쿄도 마치다시 국제 판화 미술관)에 보낸 타카하타 이사오의 메시지.
(4) 후카사와 가즈오「나의 그리운 마르코 소년」(『월간 그림책 별책 애니메이션 1979년 3월호』스바루쇼보)
(5) 타카하타는 로케이션 헌팅의 이탈리아 체험에 대해서 "알프스 북쪽의 유럽 사람들에게도 이탈리아 체험은 엄청난 일이라서, 에셔의 신기한 입체 그림은 그 영향으로 만들어졌습니다"[(1)과 같음]라고 말했는데 그 영향의 일부분이 나타난 것 같다. 타카하타뿐 아니라 미야자키에게도 이탈리아의 로케이션 헌팅은 그 이후에 '세로 구도'를 살린 무대설계에 막대한 영향을 주었다.

객관주의의 유머와 성장하는 소녀 ———
『빨강머리 앤』

타카하타는 연출을 제안받기 전까지 루시 모드 몽고메리의 소설 『빨강머리 앤』을 읽어 본 적이 없었다고 한다. 처음 읽었을 때 "사춘기 수다쟁이 소녀의 일상을 그린 매력적인 소설이지만, 대사가 많고 극적 전개와 비약이 없어서 애니메이션 기획에는 적합하지 않다"라고 생각했다고 한다. 하지만 이번에도 타카하타에게 거부권은 없었다.

타카하타는 이 원작을 '세대마다 다른 입장에서 즐길 수 있는 유머 소설'이라고 분석했다. 앤 같은 세대의 소녀들에게 외모나 옷에 대한 자의식은 절실한 문제지만, 마릴라 같은 부모 세대들에게는 이해할 수는 있어도 어처구니없는 통과점일 뿐이다. 타카하타는 이런 복잡한 캐릭터의 다른 시점을 교차해서 그리면 대화에 간극이나 유머가 생겨서 새로운 객관적인 애니메이션이 성립할 것 같았다. 그것은 앤과 나이대가 비슷한 딸을 둔 타카하타가 실감한 것이기도 했다. 또한 원작을 존중하면서 비판적으로 보완·수정해 온 타카하타에게는 냉정하게 거리를 유지하면서 그대로 살린다는 새로운 연출법의 개척이기도 했다.[1]

『빨강머리 앤』은 무라오카 하나코 번역(1952년 미카사쇼보)을 필두로 수많은 번역서가 존재하는데, 타카하타는 종반부의 생략이 적은 가미야마 다에코 번역(1973년 오분샤)을 원본으로 선택했다. 타카하타는 준비 단계에서 원서에서 중요한 영어단어나 문장을 대량으로 옮겨 적고, 각화마다 정리한 단어로 영일사전처럼 번역 노트를 작성했다. 그리고 원작 에피소드의 날짜를 추측해서 정리한 달력을 만들어 순서를 정리하기도 했다.

타카하타는 주인공에게 밀착한 감정이입형 카메라 앵글을 피하고, 조금 떨어진 화면으로 전체 상황에서 재미와 친근함이 배어 나오는 연출을 채택했다. 서서 이야기하는 장면에서는 카메라를 Fix(고정)해 피사체와 마주보게 해서 화면에 안정감을 주었다. 캐릭터를 아르누보 풍 액자에 넣고 남성 해설(하자마 미치오)에게 실황 중계처럼 이야기하게 하는 아이디어를 내서, 시청자가 일정한 거리를 유지하면서 감상할 수 있도록 신경을 썼다.

시나리오는 원작의 대사를 철저하게 중시했고, 끝없이 이어지는 앤의 수다는 하나도 생략하지 않고 오히려 추가했다. 제1화에서 앤이 브라이트리버역에 내리고 나서 그린 게이블에서 살기로 정할 때까지 겨우 이틀간의 이야기를 6화(약 120분)에 담고 다큐멘터리식 구성을 유지했다. 이 작품은 여러 번 영화와 뮤지컬로 나왔지만, 이것만큼 아주 느린 템포로 대화를 들려주는 연출은 아마도 유례가 없을 것이다.

메인 스태프는 모든 화 연출/타카하타, 레이아웃·장면구성(제15화까지)/미야자키, 프로듀서/나카지마 준조의 트리오에 더해 작화감독에 신예 곤도 요시후미, 미술감독에 『하이디』의 이오카 마사히로, 마무리 검사/야스다 미치요라는 멤버로 구성되었고, 곤도와 이오카는 원작의 열렬한 팬이었다.

나카지마의 추천으로 현대음악에서 널리 알려진 미요시 아키라가 주제가와 삽입곡 4곡을 작곡했다. 미요시의 곡은 전부 농밀한 구성으로 타카하타가 시리즈 전반부에 삽입곡으로 많이 사용했다. 또한 주제가인 「사라지지 않는 꿈」은 "음악으로서 밀도가 높고 중간부가 극적이라서 어설픈 그림은 없는 게 낫다"라고 판단해서, 이 곡이 흐르는 엔딩은 액자 장식으로만 되어 있다.[2] 미요시는 건강이 좋지 않아서 음악에 모리 구로도를 추천했다. 모리는 바로크 음악을 기조로 한 다채로운 악곡과 가곡을 만들었고 작품 속 음악이 풍부해졌다.

1978년 7월 타카하타·곤도·나카지마 3명은 캐나다의 프린스에드워드섬을 찾아가 로케이션 헌팅을 했다. 미야자키는 『미래소년 코난』, 이오카는 『페린느 이야기』를 제작 중이었기에 참여할 수 없었다. '그린 게이블'은 박물관이 되었고 주변도 관광지로 변했지만 옛 생활을 관리하고 보존하고 있는 야외 박물관인 '오웰 코너 역사 마을'을 찾아가서 가옥이나 도구를 견학했던 것이 참고가 되었다고 한다.[3]

타카하타는 곤도를 자기 집에서 머물게 하면서, 이인삼각으로 앤의 캐릭터 디자인을 만들었다. 곤도는 당시 앤을 미소녀 풍으로 그렸는데, 타카하타는 '눈만 크고 해골처럼 야위어서 이마가 튀어나온, 언뜻 보기에 예쁘지 않은 소녀', '머지않아 미소녀가 될 골격을 가지고 있는 얼굴'이라는 어려운 과제를 주고 여배우인 미아 패로를 예로 들었다.[4] 곤도가 그린 앤은 요구대로 골격이 느껴지는 입체적인 얼굴이었다. 곤도는 앤의 눈과 콧날 사이의 깊은 윤곽을 나타내는 삼각형의 그림자를 넣고 마릴라의 광대뼈나 입꼬리의 주름을 물결선으로 그리는 등 획기적인 시도를 많이 했고 매우 복잡한 표정을 그렸다. 그 덕분에 후반부에서 아름답게 성장한 앤과 늙은 마릴라를 나이에 어울리는 표정과 행동을 갖춘 캐릭터로 그리는 데 성공했다.

이오카는 붉은 흙의 마찻길이나 사과나무 길이 아름다운 아본리의 풍경을 다채로운 색으로 구분해서 칠하고, 거친 터치의 인상파풍으로 그렸다. 이오카는 서서 하는 대화가 중심인 화면에 소녀의 심상을 표현하는 장식성을 주기 위해 복잡한 벽지 문양을 단순하게 그리기로 했다. 정면으로 마주하는 형태인 '전개도 식' 레이아웃은 평면적이지만 벽의 문양이 잘 보이기 때문에 일석이조였다.[5]

하지만 주특기인 세로 공간 설계를 할 수 없게 된 감정이입형의 미야자키와 객관주의를 관철하는 타카하타의 지향점은 서로 맞물리지 않아서 미야자키의 불만은 점점 커져갔다. 미야자키는 제15화를 끝으로 닛폰 애니메이션을 퇴사하고, 곧바로 텔레콤 애니메이션 필름으로 이적해서 『루팡 3세 : 칼리오스트로의 성』(1979년)의 감독을 맡는다.[6] 원화가들도 잇달아 미야자키와 함께 텔레콤으로 이적했다. 레이아웃 일을 넘겨받은 사쿠라이 미치요와 곤도의 부담은 더욱 커졌고, 원래 스케줄이 늦어진 것도 있어서 타카하타는 과거 최악의 제작 환경에서 궁지에 몰렸다. 각본 담당자가 9명이나 되었기에 통일하기도 쉽지 않았다. 전 50화 중 1화분은 타카하타가 단독으로, 35화분은 타카하타가 공동으로 집필하며 대량의 대사를 수정하고 추가한 것으로 보인다. 전반부는 앤의 공상 장면에 여러 가지 이미지를 넣은 비약이 들어갔는데, 후반부는 그럴 여유가 없어서 결과적으로 다큐멘터리적 묘사에 치우쳤다. 제작 후반부에 곤도는 과로와 지병인 폐질환으로 쓰러졌지만, 입원 치료를 거부하고 침 치료로 극복하면서 최종화까지 연필을 놓지 않았다.

종반부에는 앤이 가장 사랑하는 의붓아버지인 매튜 커스버트의 장례식이 나온다. 시청자는 1년치 에피소드의 무게를 가슴에 안고, 관에 누워 있는 매튜의 죽은 얼굴과 울고 싶어도 울지 못하는 앤의 애절한 슬픔을 지켜본다. 마릴라나 다이애

나를 포함한 여러 사람의 시점에서 상황 전체가 담담하게 진행되기에, 시청자들은 앤에게 동화되어 주관적인 감동에 사로잡힐 뿐만 아니라 각각의 입장에서 가까운 사람을 잃은 동정과 슬픔을 느끼게 된다.

타카하타의 절제된 연출에 관찰과 집념이 가득한 곤도의 작화로 이 작품은 시간의 흐름이나 애도의 감정까지 공유하게 하는 현실감에 도달했다. 그것은 애니메이션의 새로운 표현 영역의 개척이었다.

(1) 「스태프·인터뷰 타카하타 이사오」(『뉴타입 일러스트레이티드·컬렉션 빨강머리 앤』 1992년 가도카와쇼텐)

(2) 「스태프·인터뷰 타카하타 이사오」(『세계명작극장 빨강머리 앤 메모리얼 앨범』 2005년 가와데쇼보신샤)

(3) 「원작의 땅을 찾아서 현지 로케이션 헌팅기」(『월간 그림책 별책 애니메이션 1979년 1월호』 스바루쇼보)

(4) 타카하타는 미국의 TV 시리즈 『페이튼 플레이스』로 갓 데뷔한 미아 페로를 예로 들었는데, 당시에는 비디오가 존재하지 않아서 곤도는 사진집 등을 참고로 디자인했다. 「타카하타 이사오·곤도 요시후미·나카지마 주조 좌담회」(LD『빨강머리 앤 메모리얼박스 PART.2』 북클릿 1993년 반다이 비주얼)

(5) 타카하타는 카메라에 정면으로 마주 보는 위치에 있는 레이아웃을 오즈 야스지로 감독 작품에, 평면적인 장식성을 알폰스 무하의 작품에 비유했다.(1·2와 똑같은 출전)

(6) 미야자키 하야오에 따르면 『빨강머리 앤』에서 하차한 후, 오쓰카 야스오에게 연락이 와서 『칼리오스트로의 성』의 감독으로 취임했다고 한다. 『칼리오스트로의 성』은 밀실의 세로 공간인 성을 충분히 활용한 작품이다.(미야자키 하야오 인터뷰 「끊어지지 않는 통속문화의 큰 흐름」, 『열풍』 2015년 7월호)

타카하타의 『빨강머리 앤 제2화 마릴라 아주머니와의 만남』 준비 노트에서. 특징적인 영어단어와 그 일본어 번역 일람. 아래는 매튜가 앤을 마차에 태우고 달린 브라이트리버역에서 집에 가는 길의 지도와 거리.

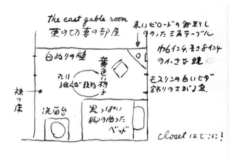

타카하타의 『빨강머리 앤 제3화 초록지붕집의 아침』 준비 노트에서. 앤이 사는 '동쪽 출창 방'의 재현도. 미야자키 하야오 설계의 밑바탕이 된 것으로 보인다. 옷장의 위치는 불분명하지만 실제로 작품 안에서는 하얀 벽 끝에 놓여 있다.

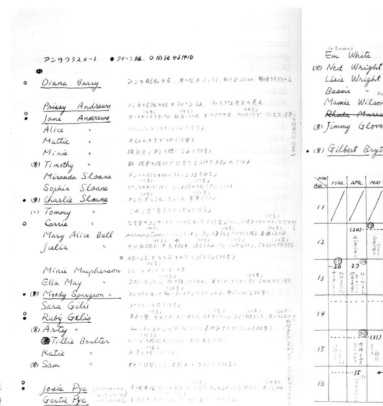

타카하타의 『빨강머리 앤』 준비 노트에서. 시리즈 후반부의 에피소드 연간 달력.

판다코판다

The Adventure of Panda and Friends

(연출[감독])

영화/1972년 12월 17일 개봉/33분 원안·각본·화면설정/미야자키 하야오 연출/타카하타 이사오
작화감독/오쓰카 야스오, 고타베 요이치 미술감독/후쿠다 히사오 마무리 감독/야마우라 히로코
음악/사토 마사히코 제작/도쿄 무비

당시 기획한 TV 시리즈「말괄량이 삐삐」가 원작자인 아스트리드 린드그렌의 허락
을 받지 못해 제작할 수 없게 된 후, 당시 인기가 있던 판다를 주인공으로 하는 애니
메이션 기획이 떠올랐다. 혼자 집을 지키고 있는 미미코에게 동물원에서 탈출한 판
다 부자가 찾아와서 셋이 가족처럼 살기 시작한다는 마음이 따뜻해지는 판타지로
완성되었다. 타카하타, 미야자키 하야오, 고타베 요이치 등「삐삐」의 메인 스태프가
그대로 참여해서 제작했다.

터닝 포인트가 된「말괄량이 삐삐」

「태양의 왕자 호루스의 대모험」을 개봉하고 몇 년
후, 타카하타는 아스트리드 린드그렌 원작의「말괄
량이 삐삐」의 애니메이션화 기획을 제안받고, 이것
을 계기로 미야자키 하야오, 고타베 요이치와 함께
도에이동화에서 A프로덕션으로 이적한다. '아이들
의 마음을 해방해서 생생하게 만들 수 있는 본격적
인 애니메이션 시리즈'를 목표로, 일상을 꼼꼼히 묘
사해서 주인공의 생활에 관객을 끌어들이는 새로운
연출 방법을 개척하려고 했다. 하지만 안타깝게도
원작자의 허락을 받지 못해 이 기획은 좌절되었다.

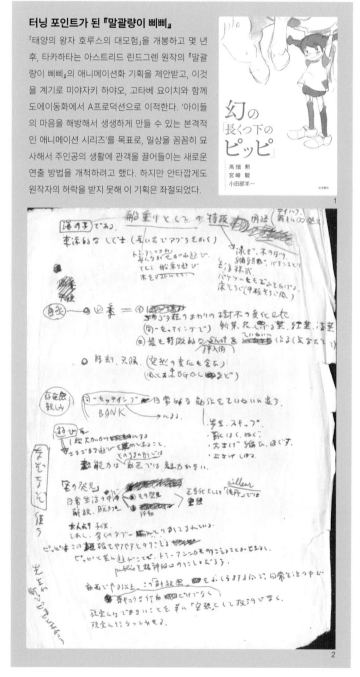

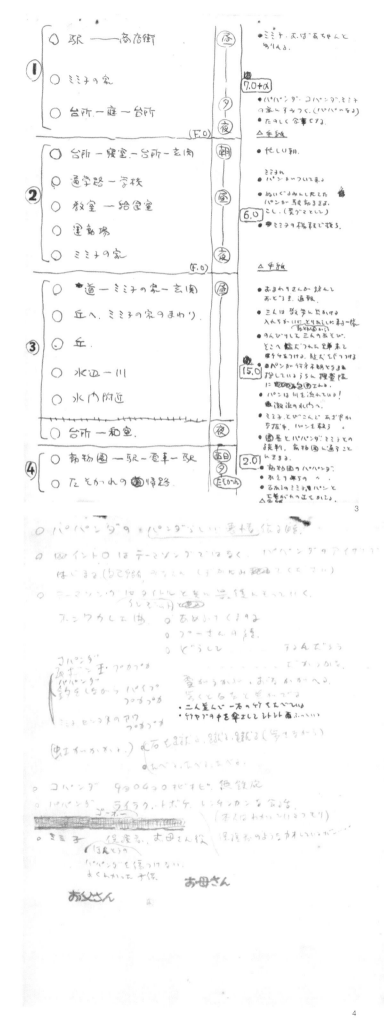

1. 서적「환상의「말괄량이 삐삐」(이와나미쇼텐), 타카하타 이사오·미야자키 하야오·고타베 요이치 저, 2014년
2. 타카하타가 쓴「말괄량이 삐삐」의 구성 메모 3. 동,「판다코판다」의 구성안 4. 동, 구성 메모

에브리데이 매직을 그리다

『말괄량이 삐삐』를 준비하면서 생각했던 활발한 여자아이가 일상생활을 보내는 이미지는 모습을 바꿔서 「판다코판다」에도 활용되었다. 미야자키 하야오의 각본이나 원안을 바탕으로 타카하타가 가필·수정했는데, 연출상의 메모를 적은 자료가 다수 남아 있다. 두 사람이 어떻게 이야기를 만들었고, 일상생활에 판다가 찾아오는 '에브리데이 매직'의 두근거림을 그려 나갔는지를 알 수 있다.

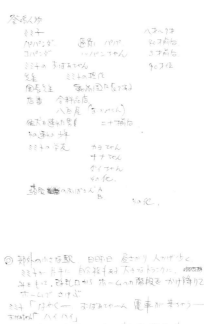

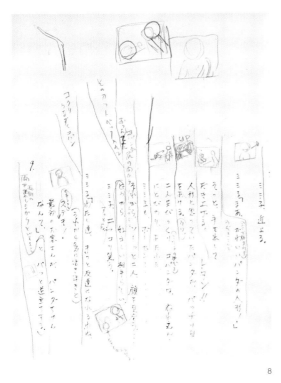

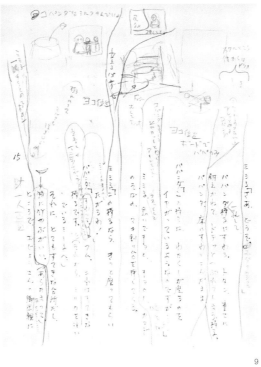

5.-7. 미야자키 하야오가 쓴 각본의 초고
8.-9. 미야자키가 쓴 각본에 타카하타가 화면구성 등을 써넣은 것
10. 타카하타 소유의 녹음 대본(참고)

타카하타 이사오의 말

영화관에 갔을 때 굉장히 기뻤던 것은 아이들이 정말 집중해서 본다는 점이었습니다. 게다가 웃긴 부분은 크게 웃었고, 끝났을 때 「판다코판다」를 한 번 더 보러 오자고 하는 아이도 있었지요. 다른 작품은 난투 장면이 나오면 집중하지만, 다른 장면에선 영화관 안을 돌아다니거든요. 그런데 시종일관 집중해서 보고 즐거워해서 그때 처음으로 이 작품을 만들기를 정말 잘했다고 생각했습니다. 그 무렵의 일본 애니메이션은 템포가 엄청 빠르고 아이들의 집중력은 오래 가지 못하니까 다들 둥둥 소리도 내고 격렬하고 세세하게 해야 한다고 했지요. 그래서 이렇게 느리고 차분하면서 느긋한 작품을 내놓으면 아이들이 힘들어하는 게 아닐까, 다들 걱정했기에 영화관의 아이들을 보고 정말 기뻤습니다. (담화)

[「미미코에서 하이디로 판판다에서 토토로로 타카하타 이사오·미야자키 하야오의 출발점」/ DVD「판다코판다」영상 특전(월트 디즈니 재팬)/2001년]

판다코판다 빗속의 서커스 편

The Adventure of Panda and Friends, The Rainy-Day Circus

(연출[감독])

영화/1973년 3월 17일 개봉/38분 각본·미술설정·화면구성/미야자키 하야오 연출/타카하타 이사오 작화감독/오쓰카 야스오, 고타베 요이치 미술감독/고바야시 시치로 마무리 감독/야마우라 히로코 음악/사토 마사히코 제작/도쿄 무비

『판다코판다』의 속편. 미미코와 판다 부자가 사는 마을에 큰비가 내려서 마을 전체가 물에 잠긴다. 마을을 찾아온 서커스단의 동물들이 도움을 청하고 있다는 사실을 알게 된 미미코와 판다 부자가 침대 배를 타고 구하러 간다는 이야기. 일상 안에서 일어나는 신기한 일들을 중심으로 등장인물들이 생생하게 움직인다는 미야자키 하야오의 아이디어를 바탕으로, 연출을 맡은 다카하타 이사오가 어른이 모두 즐길 수 있는 작품으로 완성했다.

203	202	201	200	199	198	197	196	195	194	193	192B	192	191	190
て来た人ボールに体当りからFr・inのまわりをまわって右	パン右から左へ通過わっと追いかけるサーカスの人々	テント内気付いてアッとなる	サーカスの舞台を奥から来て通過するパン	手前より転がっていってキャタツに当りペンキがパッと散る	奥から来て間を通りぬけるパン二人でピン投げやっているところへ	Fr・inしハシゴをかけのぼソ左へFr・out	着地するパンバウンドして来た玉の上にトンと	空中をとぶパン	バン胴料のタルへオイスとぶつかってはねるタル崩れる	玉にくっついたまま転がるパン	バウンドして来たパンとばされる	タタタッと走り寄りえ、がボワンとはずみFr・oする玉をつかまて来たパンと玉	Fr・inしてピョンと玉にとびのり 又失敗	フィムと感心しやってみようと立上り 玉の方へ走っていくパン
団長「アッ あのパンダだ!」	サーカスの人々「パンダだ!つかまえろ!」ワーッ」	サーカスの人々「アアッ! パンダだ!」												

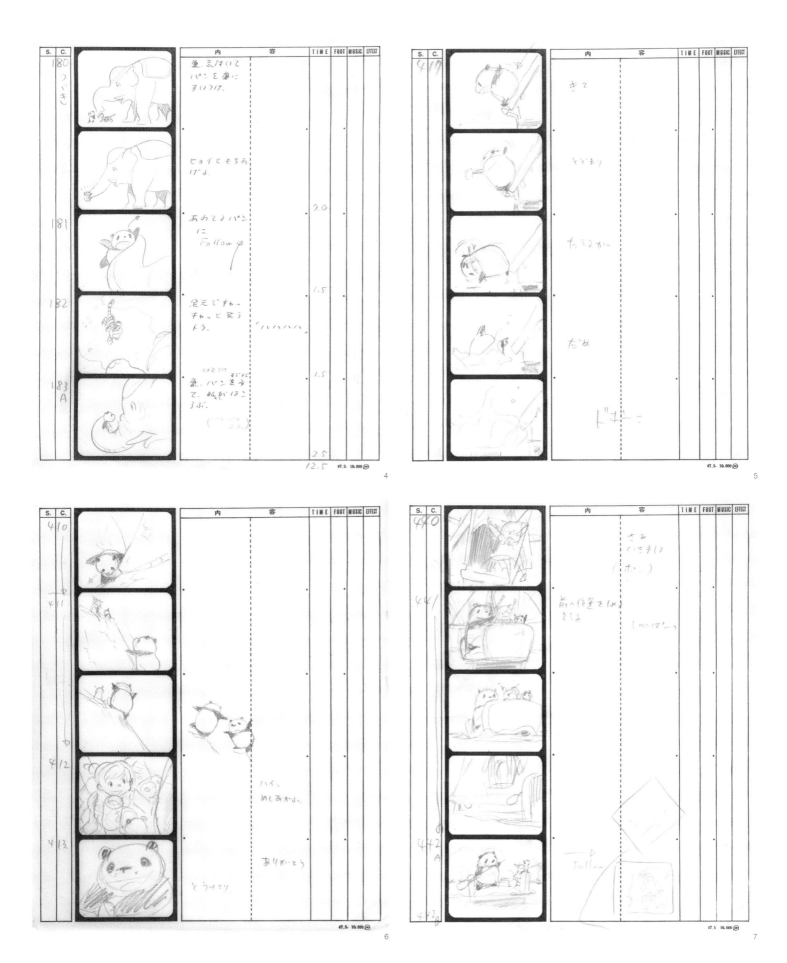

1.-2. 미야자키 하야오가 쓴 『판다코판다』 제2화 시놉시스
3. 타카하타 소유의 후시녹음 대본. 위쪽에 효과음이나 음악을 위한 메모가 쓰여 있다(참고)
4.-7. 타카하타, 미야자키 하야오, 오쓰카 야스오가 그린 『빗속의 서커스 편』 그림 콘티

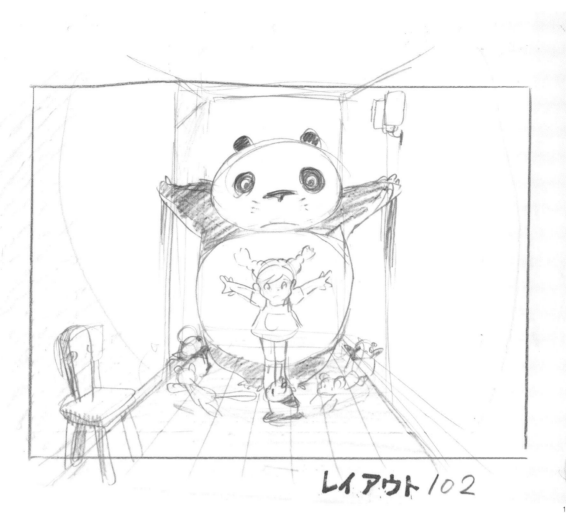

レイアウト102

レイアウト

レイアウト404

1.-4. 미야자키 하야오가 그린 레이아웃

レイアウト441

3

レイアウト663

4

알프스 소녀 하이디

Heidi a girl of the Alps

(연출)

TV 시리즈/1974년 1월6일~12월 29일 방영 원작/요한나 슈피리 각본/요시다 요시아키, 오카와 히사오, 사사키 마모루 연출/타카하타 이사오 장면설정·화면구성/미야자키 하야오 캐릭터 디자인·작화감독/고타베 요이치 미술감독/이오카 마사히로 음악/와타나베 다케오 제작/즈이요 영상

알름 산과 프랑크푸르트를 무대로 하이디와 할아버지, 그리고 클라라, 페터가 만드는 일상생활의 기쁨이나 슬픔을 1년에 걸쳐 그린 TV 시리즈. 연출의 타카하타, 화면구성(레이아웃)의 미야자키 하야오, 작화감독의 고타베 요이치가 모든 화에 관여해서 작품의 질을 관리했다. 특히 타카하타가 생각하고 미야자키가 실행한 「레이아웃 시스템」은 연출 의도를 효율적으로 완성 하면에 반영시키는 획기적인 시도로, 나중에 애니메이션 제작 현장에 큰 영향을 미쳤다.

1.-2. 셀화+배경화
3.-4. 타카하타가 쓴 시리즈 구성을 위한 메모 5. 동, 세인트 버나드 견 연구를 위한 메모

타카하타 이사오의 말

1970년대에 들어서면서, 사람들은 전대미문의 물질적인 번영을 누리는 대신에, 돌이킬 수 없을 지경까지 진행된 자연 파괴, 빈약한 주거 환경, 교통 지옥을 겪으며 진정으로 여유로운 생활이 무엇인지를 생각하기 시작하면서, 자연과 과거와 고향을 동경하고 꿈을 꾸게 된다. 마이홈, 디스커버 재팬, 먼 곳으로 가고 싶다, 일본항공 패키지 투어, 해외 로케이션 CF 등등. 「산다람쥐 로키 처크」의 뒤를 이어 「알프스 소녀 하이디」를 시작한 것은, 이와 같은 사회적 배경이 바탕이 되었다. 일본인이 동경하는 영세 중립국 스위스, 한없이 푸르고 깨끗한 하늘에 우뚝 솟아 있는 은백색 산들, 메아리치는 요들송, 산양이 뛰어노는 푸른 목장, 전나무 밑에 있는 할아버지의 오두막에서 쑥쑥 자라는 하이디, 가난하지만 만족스러운 생활, 대도시에서의 향수병, 마지막에는 클라라의 불편했던 다리마저 낫게 하는 산의 공기, 그리고 하이디의 순진무구한 웃는 얼굴......아름다운 자연 찬가와 함께 따뜻한 인간관계. 조용하기는 했지만 이 이야기가 사람들의 마음에 깊이 닿은 것은 너무나 당연했다. 시청자층은 어린아이부터 어른까지 다양했고, 특히 가정생활의 주인인 주부들에게 알려지면서 「알프스 소녀 하이디」의 성공은 이후에 이 프로그램의 이미지와 노선의 방향을 정하게 된다.
[「명작 노선의 출발 "TV가 아니었다면 할 수 없었던 것"」/1980년]

3

4

메인 스태프의 로케이션 헌팅

6

5

7

6. 왼쪽부터 미야자키 하야오, 한 사람 건너뛰고 타카하타, 고타베 요이치. 스위스에 로케이션 헌팅을 갔을 때의 사진(촬영 : 나카지마 준조) 7. 고타베가 현지에서 그린 인물 스케치(참고 도판)

고타베 요이치의 캐릭터 설정

주인공 하이디의 캐릭터 설정은 신중하게 여러 번 검토했다. 기획을 통과시키기 위해 만든 파일럿 버전에서 하이디를 그린 모리 야스지는 머리를 세 가닥으로 땋은 소녀의 이미지를 만들었다. 고타베의 스케치에도 남아 있는 이 이미지는, 이윽고 숏컷의 보이시한 모습으로 바뀌어서, 우리가 알고 있는 활발한 하이디의 캐릭터가 되었다.

1.-6. 고타베가 그린 주요 캐릭터 디자인 스케치. 하이디는 우여곡절 끝에 현재의 디자인이 되었다.

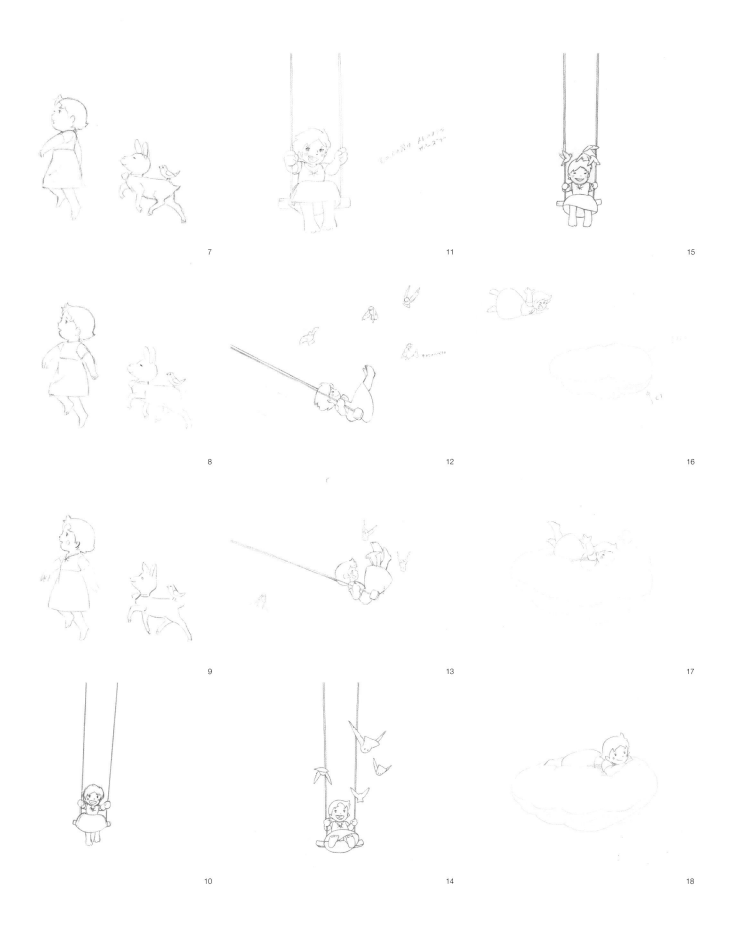

7

8

9

10

11

12

13

14

15

16

17

18

오프닝 필름 원화

「하이디」의 오프닝은 알프스 대자연의 매력과 하이디의 생동감이 인상적인 영상이 되었다. 그네를 타는 장면, 구름을 타는 장면, 염소인 유키와 스킵하는 장면 등, '아이의 마음을 해방한다'는 타카하타가 가지고 있는 테마가 애니메이션만이 할 수 있는 독특한 표현으로 결실을 맺었다. 이 페이지의 스킵 장면이나 다음 페이지의 페터와의 댄스 장면은, 모리 야스지가 부드러운 선으로 그린 데생을 바탕으로 작화감독인 고타베가 완성했다.

오프닝 필름 원화
7.-8. 모리 야스지 **9.** 고타베 요이치 **10.-18.** 미야자키 하야오

1   5   9

2   6   10

3   7   11

4   8   12

1.-4, 9.-12, 17.-18. 모리 야스지가 그린 오프닝 필름 원화
5.-8, 13.-16, 21-22. 고타베 요이치가 그린 오프닝 필름 수정 원화
19, 24. 오프닝 필름 원화
20, 23. 동, 꽃잎이 떨어지는 방향 지시

13

14

15

16

17

18

19

20

21

22

23

24

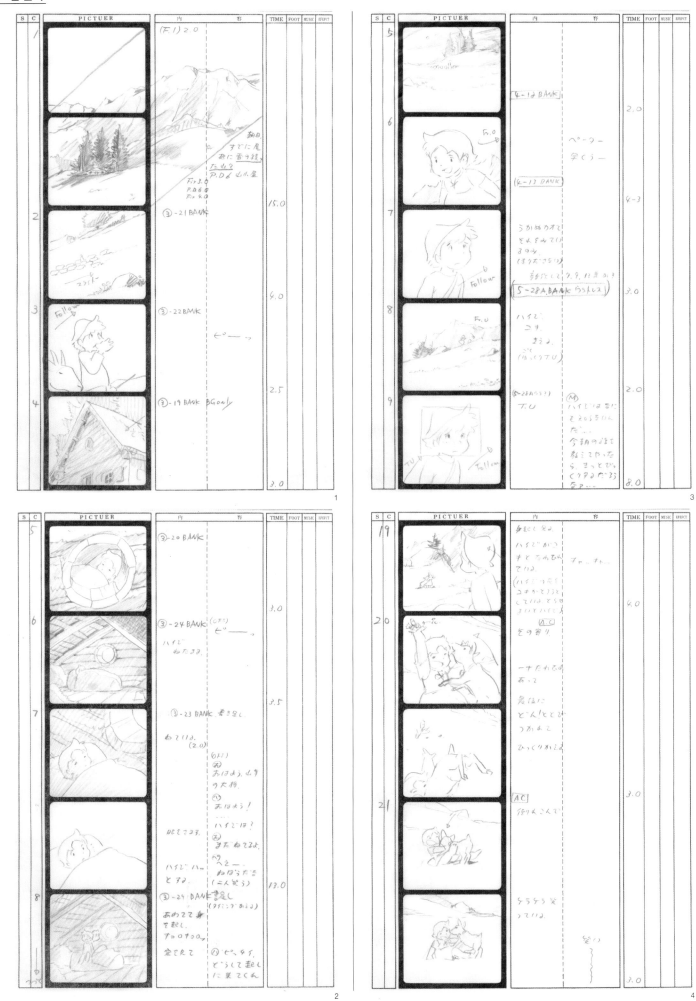

1.-2. 타카하타(글)와 미야자키(그림)의 제8화 「피치는 어디에」 그림 콘티 수정 3.-8. 타카하타(글)와 미야자키(그림)의 제14화 「슬픈 소식」 그림 콘티 수정

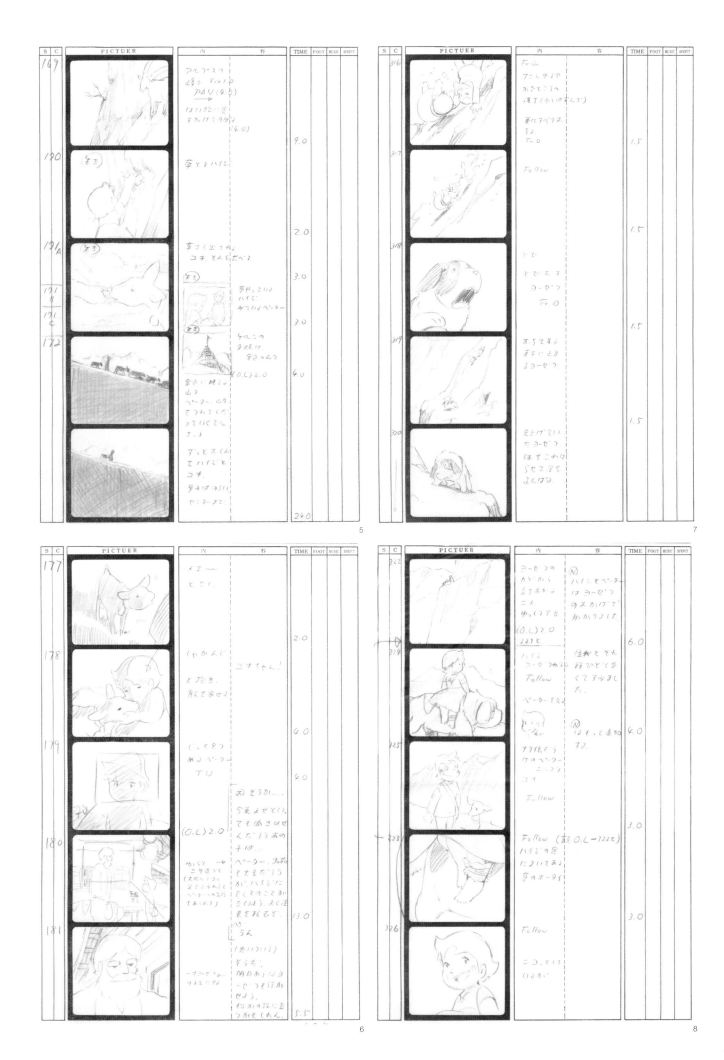

第 48 話　　　　　　S.　C. 141　　TIME (　+　)

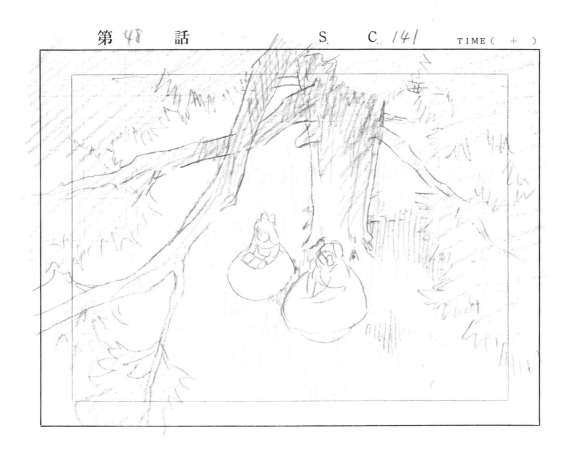

7

第 52 話　　　　　　S.　C. 233　　TIME (　+　)

8

73

1

4

2

5

3

6

1.-2. 셀북+배경화

3.-8. 셀화+배경화

7

1

2

3

4

5

6

7

8

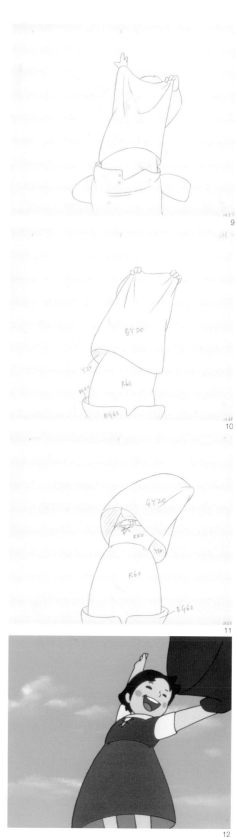

9

10

11

12

'해방된 마음' 제1화「알름산으로」에서

제1화「알름산으로」에서 옷을 껴입은 하이디가 숨을 몰아쉬며 급경사면을 올라가는 도중, 입고 있던 옷을 하나씩 벗기 시작하고, 마지막에는 속옷 하나만 입고 산을 뛰어 올라가는 인상적인 장면을, 타카하타는 제1화의 클라이맥스로 연출했다. 몸이 가벼워진 하이디가 보여주는 상쾌한 표정과 편안한 움직임으로 하이디의 해방된 기분을 표현해서 시청자의 마음을 단숨에 사로잡는 데 성공했다.

1. 타카하타와 미야자키가 그린 제1화「알름산으로」그림 콘티 2.-11. 제1화의 동화 12. 장면 사진

이오카 마사히로의 배경미술

『알프스 소녀 하이디』의 미술감독을 맡은
사람은 이오카 마사히로(1941-1985). 그
가 미술감독이 되었을 때 이미 로케이션
헌팅이 끝났기에, 로케이션 헌팅의 사진
자료 등을 바탕으로 알프스의 자연이나
마을 풍경을 그릴 수밖에 없었다. 그래도
대담한 필치와 색을 사용해서 알프스의
웅장한 풍경을, 계절 변화나 하루의 변화
와 함께 선명하게 그려서 '자연'이라는 또
하나의 주인공을 만들어 냈다.

2

1.-2. 배경화

3

타카하타 이사오의 말

　화재 현장이나 전쟁을 준비하는 것처럼 바빴습니다. 1년이 넘는 시간 내내. 많은 일을 외주에 의지해야 했습니다. 게다가 새로운 시도를 하면서 되도록 높은 품질의 통일된 작품을 만들기 위해서는, 강력한 메인 스태프들을 편성해서 내용과 표현의 주도권을 잡고 착실히 하루하루의 일을 해내며 극복하는 수밖에 없습니다. 일일이 의논하거나 시행착오를 겪거나 할 시간이 없어서, 단지 서로 잘 안다든지 재능이 있다든지 하는 것만으로는 안 되고, 일에서 목표로 하는 방향이 일치하고 서로의 능력을 신뢰할 수 있는 관계이면서 개개인의 강한 책임감과 인내력이 있어야 비로소 종합적인 힘이 발휘됩니다. 장면설계 레이아웃이나 동화 확인 등의 능력도 이 『하이디』에서 확립했습니다. 메인 스태프들은 밤에도 낮에도 쉬지 않고 계속 일했으며, 모든 화에서 정확히 일정 이상의 내용과 품질을 확보하기 위해 노력했습니다. 고타베와 미야자키, 지금은 세상을 떠난 이오카 씨, 시노하라 씨, 고야마 씨 등, 모두 서로에게 고맙다고 말할 수 있는 동지였습니다.

(『하이디』에게 보내는 감사」,『알프스 소녀 하이디」메모리얼박스(LD) 북클릿(반다이 비주얼)/1993년)

1.-3. 배경화

엄마 찾아 삼만리

From The Apennines to The Andes(Marco)

(감독)

TV 시리즈/1976년 1월 4일~12월 26일 방영 원작/에드몬도 데 아미치스「쿠오레」에서 각본/후카사와 가즈오 감독/타카하타 이사오 장면설정·레이아웃/미야자키 하야오 캐릭터 디자인·작화감독/고타베 요이치 미술감독/무쿠오 다카무라 음악/사카타 고이치 제작/닛폰 애니메이션

아르헨티나에 돈을 벌러 간 채 소식이 끊긴 어머니를, 이탈리아 제노바에서 찾으러 가는 소년 마르쿠의 이야기. 원작의 단편 소설을 전 52화로 늘릴 때 타카하타는 마르코를 특별한 능력이 있는 영웅적인 소년이 아니라, 여행 도중에 만나는 다양한 환경의 사람들과 교류하는 순수한 인간 드라마로 만들었다. 「하이디」에 이어서 미야자키 하야오가 모든 화의 레이아웃을 담당했고, TV 애니메이션이라고 볼 수 없는 밀도로 제노바의 거리풍경이나 아르헨티나의 초원 등의 무대를 만들었다.

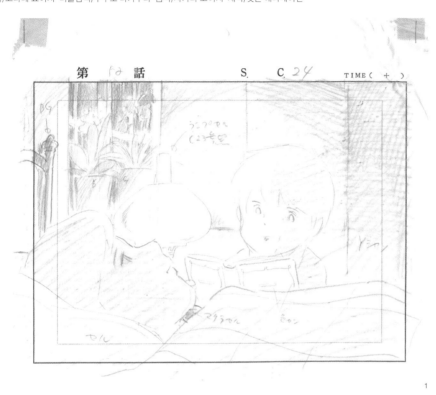

타카하타 이사오의 말

우리는 52편, 19시간 30분이라는 충분한 시간을 사용해서 사람과 사람의 만남과 인연을 최선을 다해 그리려고 했습니다. 그러면 어떤 괴로움 속에서도 기쁜 일이나 즐거운 일, 바보 같고 우스꽝스러운 일이 우리의 인생처럼 자연스럽게 나오고, 반대로 어떤 위로를 받아도 치유되지 않는 고독함도 나옵니다. 인간의 정을 만나는 마르코의 시선을 보여줄 뿐 아니라, 마르코라는 귀찮은 존재를 만남으로써 평상시의 간교함이나 나약함에서 잠시라도 벗어날 수 있는지, 그렇게 우왕좌왕하는 어른들을 그렸습니다.

자비와 냉혹함의 양극단뿐 아니라 그 중간지대에 솟구치는 인간적인 온기를 잡으려고 했습니다.

[「놓친 물고기는 컸던가? 『엄마 찾아 삼만리』 재편집 전말기」『월간 애니메이션』(브론즈샤)/1980년」

1.-2. 미야자키 하야오가 그린 레이아웃

3

3.-4. 배경화

4

3

4

무쿠오 다카무라의 배경 미술

돈을 빌러 간 채 연락이 되지 않는 어머니를
찾아서 이탈리아 제노바에서 아르헨티나까
지 여행하는 소년 마르코의 로드무비 「엄마
찾아 삼만리」. 가는 곳곳마다 만나는 사람들
에 더해, 다양한 문화로 채색된 풍경도 작품
세계의 중요한 요소였다. 그 배경화를 담당
했던 무쿠오 다카무라(1938-1992)는 유화
같은 터치를 구사해서 돌로 된 거리 풍경을
생생하게 묘사하고 선명한 색채가 대비되는
남유럽과 남미의 풍경을 그렸다.

1.-4. 배경화

1

2

4

3

5

1.-7. 배경화

6

7

3.-6. 미야자키 하야오가 그린 레이아웃의 원화 참고 7.-10. 원화

빨강머리 앤

Anne of Green Gables

(연출, 각본)

TV 시리즈/1979년 1월 7일~12월 30일 방영 원작/루시 모드 몽고메리 연출/타카하타 이사오 캐릭터 디자인·작화감독/곤도 요시후미 각본/타카하타 이사오, 고야마 세이지로, 치바 시게키 외 장면설정·화면구성/미야자키 하야오(1~15화) 장면구성/사쿠라이 미치요(16화~50화) 미술감독/이오카 마사히로 음악/미요시 아키라, 모리 구로도 제작/닛폰 애니메이션

이야기의 무대는 캐나다의 프린스에드워드섬. 고아원의 착오로 매튜, 마릴라와 함께 살게 된 앤 셜리의 성장을 1년에 걸쳐 차분히 그렸다. 타카하타는 이 작품의 가장 큰 매력은 대화의 재미라고 생각하고, 원작에 충실하게 만들려고 노력했다. 작화감독인 곤도 요시후미는 시리즈를 통해서 성장하는 캐릭터를 디자인한다는 어려운 과제에 도전했고 훌륭한 성과를 올렸다.

1.-3. 셀화+배경화
4.-5. 곤도 요시후미가 그린 캐릭터 러프 스케치

4

5

1

2

3

A5

4

A2

5

1.-9. 캐릭터 스케치, 러프 원화

92

6

7

8

9

곤도 요시후미의 캐릭터 스케치

타카하타는 「빨강머리 앤」을 만들 때 '모든 인물을 약간 냉정하고 객관적인 입장에서 지켜보는 시점을 취하며, 개성적인 사춘기 소녀와 그 소녀를 키우는 부모를 그린 <유머 소설>의 감각을 살린다'는 과제를 설정했다. 이 어려운 주문에 맞춰 시간이 흐르고 성장하면서 예뻐지는 앤이라는 새로운 타입의 캐릭터를 창조한 사람이 곤도 요시후미(1950-1998)다. 타카하타는 '마른 몸과 크고 반짝이는 눈, 주근깨투성이의 빨간 머리'라고 원작에서 표현한 대로 앤을 그려야 한다고 주장했다. 또한 '독특하게 눈에 띄는 얼굴이고 감정이 풍부하며, 게다가 미래에 매력적이고 지적인 미인이 되는 얼굴'을 만들었으면 한다고 요구했다. 곤도가 그린 막대한 양의 스케치에서, 이마 라인의 수정을 포함해 앤의 설계에 철저하게 집착한 두 사람의 의지가 전해진다.

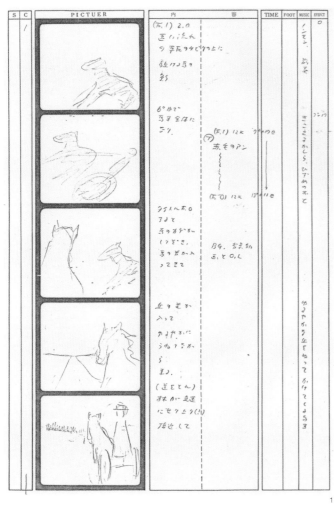

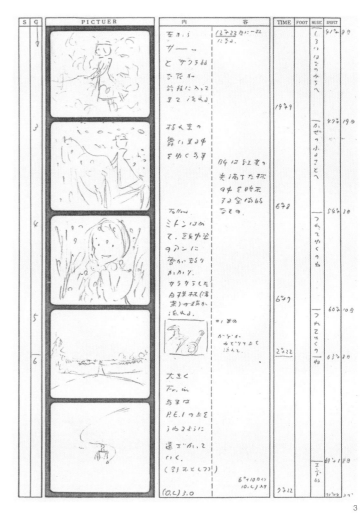

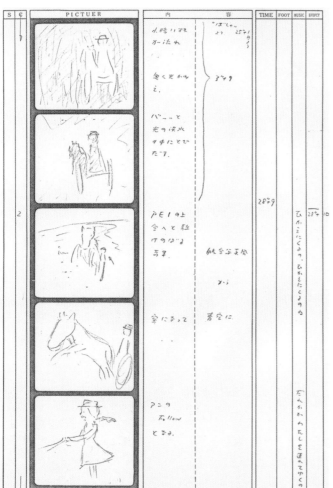

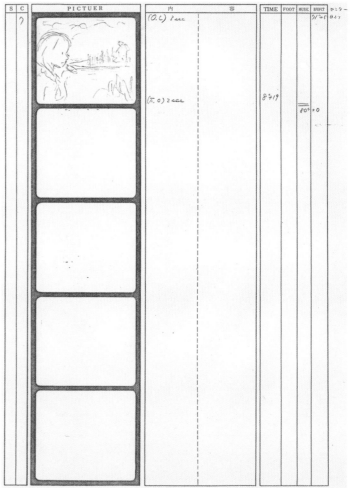

94

5

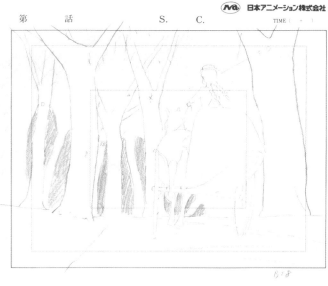

8

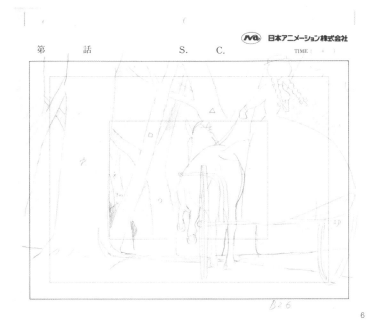

6

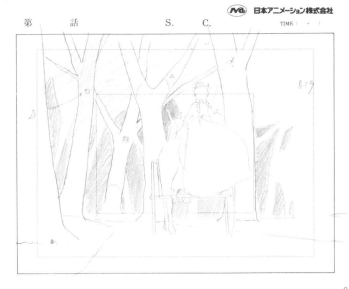

9

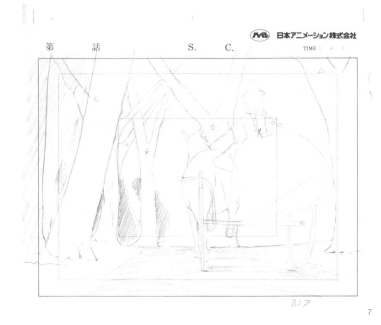

7

주제가와 오프닝

「빨강머리 앤」의 주제가는 작사를 기시다 에리코가, 작곡을 현대음악 작곡가인 미요시 아키라가 담당했다. TV 애니메이션의 주제가를 처음 만드는 미요시가 만든 곡은 복잡하면서 치밀하게 구성된 스케일이 큰 작품으로, 감수성이 풍부한 앤의 흔들리는 마음과 날갯짓하는 상상력을 완벽하게 표현했다. 비상하는 마차의 이미지와 함께 시와 음악과 영상이 하나로 합쳐진 오프닝이 탄생했다.

1.-4. 타카하타가 그린 오프닝 필름의 그림 콘티
5.-9. 미야자키 하야오가 그린 오프닝 필름의 러프 원화

타카하타 이사오의 말

「빨강머리 앤」에서 사쿠라이 미치요 씨와 원화 담당자들의 도움을 받으면서 곤도 요시후미 씨와 제가 하고 싶었던 것이 있었습니다. 그것은 일상 속의 진실성이 있고 유머러스한 행동이나 표정을, 그리고 공상으로 현실을 장식하는 소녀다운 방식을 '그런 느낌!'이라고 말할 수 있을 정도까지 애니메이션으로 표현하는 것이었습니다. 이것은 방향성으로는 지금도 틀리지 않다고 생각하지만 아주 조금밖에 실현할 수 없었고, 가혹한 제작 조건 속에서 모든 것이 어중간해질 수밖에 없었습니다.

[『「느낌이 나는구나」라고 할 수 있는 그림』/『아니메주』(도쿠마쇼텐)/1983년]

1.-3. 미야자키 하야오가 그린 러프 원화
4.-11. 원화

[6月] レイチェル、マリラから着そうなようすを聞く。(Chapt.1)
① そして船から降りて、浜辺にいる、ブライトグリーンへ帰りつつの女の子
マシュウ、停車場で男の子のかわりに女
★ の子を発見して驚く。

アン、馬車の道中に感激。グリーンゲイブ
ルズに着く。「今りえ」〔遠く湖〕。　(Chapt.2)　②

マリラ、アンを見て驚く。アン自分が望ま
れてなかった、ことを知って絶望する。　(Chapt.3)
⇩　そして自分を帰そうとする。泣寝入り。
②
★ 朝、窓からみえると素晴しい風景にみとれ。
家事の手伝いのことを言う。路傍にとびこんだ木の枝から花々をとる。
手段、スウイスケンドになって出会する。　(Chapt.4)

③ 道すがら、アン生いたちを語る。両親、
トマスおばさん、ハモンドの双子たち。孤児
院。
今ギきの道をゆく。　(Chapt.5)

スペンサーの奥さんに行きるかいと確かめる。
ブルエット夫人にひきとられかけるが、マリ
ラ、連れ帰る。
その晩帰宅して、マリラはアンをそだて
ようと決心をマシュウに告げる。　(chapt.6)

マリラ、アンに夜のお祈りをさせる。奇
⇩ 想天外なアンの祈り　マリラ沈黙　(chapt.8)

⑥ マリラが弱物を、とくとく言うことをきいて、朝晩に聞くします
★ マリラ、三着の新しい服をアンに与える

望み、アン教会に出かける。遊んで花
を店くて帰始めをする。
教会会堂ではアンうわさ ヒソヒソ
ミスロロンン
帰ってきてマリラへ報告。　(Chapt.11)　　　　　　　他国著アン。
　　　　　　　　　　　　　　　　　　　　　　　　　　友達がほしい。

⑦ 次の宝物、レイチェルから贈りものだったことを
きいて、マリラ、アンをゆるす。泣く。
マリラ、ダイアナ帰ってきたことを
しらせ、アン予感に入りよる。
近道して バリー家にのぞむ。ダイアナ
との出会い、庭で花のまわ、になりえご
とから誓いをたてる。遊びの約束して
多く、うれしく家に戻ると。
マシュウ、チョコレート・チャンデーを買って来
てくれたるだ。アンの幸福。　(Chapt.12)

⑧ ダイアナは欠席したそれを知ったり、こくう寒、マシュウにも伝える。
[8月] アイドルワイルドで、ウラネるごと。　　　　　ダイアナとの友情の
アンは縫いものするごとに。金姫　　　　　　　準備

⑨ 手段、ピクニックとアイスクリームの
数ほに魅せ、とり、マシュウの孫娘とも
こねる。
足工坂は雨で、アンは半狂乱。マ

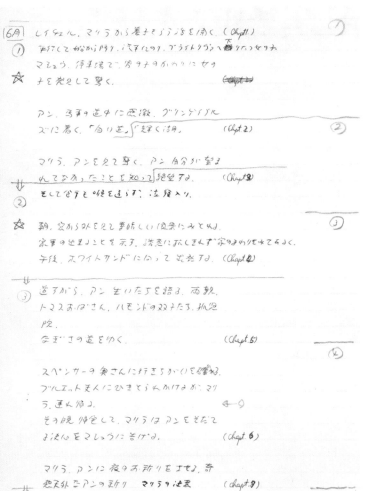

THE LAKE OF SHINING WATERS

The good stars met in your horoscope.
Made you of spirit and fire and dew.
BROWNING

12.-13. 타카하타가 쓴 시리즈 구성을 위한 메모 14. 프린트(참고 도판)

타카하타 이사오와 음악

타카하타 이사오는 종합예술로서 애니메이션을 구상하고 연출하면서 영상처럼 음악에도 특히 심혈을 기울이는 영화감독이었다.

영화음악에 관한 관심과 열정은 타카하타가 1955년에 도쿄대학 영화연구회의 동인지인 『영회(影繪)』에 발표한 「영화음악과 하야사카 후미오의 죽음」이라는 제목의 에세이에서 이미 명쾌한 형태로 밝혔다.[1] 구로사와 아키라의 『라쇼몽』이나 『7인의 사무라이』, 미조구치 겐지의 『산쇼다유』나 『우게쓰 이야기』로 높은 평가를 받은 하야사카 후미오의 너무 이른 죽음을 계기로 쓴 글이지만, 에이젠슈타인의 『영화의 변증법』이나 이마무라 다이헤이의 「만화영화의 음악」(『만화영화론』)이라는 선구적인 작업을 참조하면서 자신의 음악적인 감성과 교양을 발휘해서 영화음악론의 스케치를 시도했다.[2]

글 속에서 타카하타는 영화음악의 방법을 다음과 같은 단계로 분류했다. 제1단계는 '화면이나 등장인물의 감정, 분위기를 그대로 고조시키는 것'과 '라스트 모티브에 의해 등장인물의 성격이나 감정의 묘사를 강화하는 것'이다. 그런 효과를 내기 위해 '기존의 음악을 그대로 화면에 집어넣는 방법'도 있다고 한다. 그다음으로 제2단계는 영화음악 자체의 아름다움뿐 아니라 소음이나 기차의 기적소리 등의 음향효과를 포함한 소리의 사용법으로, 영상과의 사이에 비동시적인 대비 효과를 노리는 것이다. 이것과는 별개로 화면보다 강한 힘을 가지고 화면의 결함을 보완할 수 있는 영화음악의 존재도 거론했지만, 본론에서는 첫 번째인 '라스트 모티브적 표현 기법'과 두 번째인 '대위법적 표현 기법'이라는 2종류의 영화음악의 화법을 도출해 냈다. 이러한 분류를 염두하고 타카하타가 작품에서 어떤 음악적 시도를 했는지 살펴보자.

타카하타의 첫 장편 감독 작품인 『태양의 왕자 호루스의 대모험』은 현대음악 작곡가인 마미야 미치오와 함께 애니메이션 영화를 구성하는 음악의 역할을 추구한 획기적인 작품이다. 타카하타는 '지킬 가치가 있는 마을을 표현하기 위해 「수확의 노래」「마을 사람의 춤」「혼례의 춤」이라는 경사스러운 장면을, 음악과 군중이 융합하는 난도가 높은 장면으로 설계했다.[3] 마미야는 「수확의 노래」를 체코나 헝가리 같은 동유럽 민족음악에서 떠올리고, 이것을 르네상스 풍 선율을 가지고 있는 힐다의 노래와 대조시킴으로써 '이질적인 문화가 맞닿는 느낌'을 내려고 했다.[4] 또한 호루스의 테마와 힐다의 테마는 '라이트 모티브적 방법'으로 다양하게 변주하면서 두 사람의 감정을 정확하게 표현했다.

이 작품에서 의식한 민중의 생명력을 표현하는 음악이라는 발상은 1970년대 TV 세계명작동화 시리즈에서 『알프스 소녀 하이디』의 요들송, 『엄마 찾아 삼만리』의 포크로어, 『빨강머리 앤』의 백파이프 등, 각각의 지역색을 내면서 이야기 세계의 리얼리티에 공헌하는 민족음악의 활용으로 결실을 맺었다. 타카하타의 말에 따르면 인간의 감정에 뒤따르는 서양음악과 달리 세계의 민족음악은 더 다의적이고, 풍토성을 토대로 여러 방향의 상상력으로 확대된다고 한다.[5] 『알프스 소녀 하이디』에서는 와타나베 다케오, 『엄마 찾아 삼만리』에서는 사카타 고이치, 『빨강머리 앤』에서는 미요시 아키라가 작품 세계를 응축한 주제가를 작곡해서 한 편의 영화 같은 영상과 멋진 조화를 이루면서 역사에 남을 오프닝을 만들었다.

1982년 개봉한 미야자와 겐지 원작의 『첼로 켜는 고슈』는 음악이 주연이라고 할 수 있는 이색적인 애니메이션 영화가 되었는데, 음악을 담당한 사람은 이번에도 마미야 미치오였다. 「나의 민족주의 방법」이라는 에세이를 1958년에 발표한

마미야는 헝가리 작곡가인 벨라 바르톡의 민요 분석에서 아이디어를 얻어서, 일본의 민족적인 소리소재를 활용한 자율적인 음악어법의 창출을 목표로 했다.[6] 타카하타는 음악의 이런 근원적인 에너지에 관심을 가진 마미야와 함께 베토벤의 전원교향곡을 일본을 무대로 하는 주인공인 고슈의 일상생활 속에 공명시키려고 시도했다. 전원교향곡은 인간이 자연에 가지고 있는 깊은 감정을, 문화의 차이를 뛰어넘어 전달하는 힘이 있다고 타카하타는 확신한 것이다.

타카하타가 영상과 음악이 긴장감을 가지고 서로 부딪치는 대위법적 연출 방법을 자유자재로 시도하게 된 것은 『이웃집 야마다군』(1999)에서였다. 이미 만들어진 음악을 선곡해서 영상에 넣는 방법은 이미 1990년대부터 사용해 왔는데, 『야마다군』에서는 모차르트의 《장난감 교향곡》이나 구스타프 말러의 《교향곡 제5번》 등, 의외의 조합이 신선한 효과를 만들어 냈다.

이처럼 대위법적인 음악 연출 방법은 히사이시 조와의 공동 작업이 된 『가구야공주 이야기』에서 완성의 영역에 도달했다고 할 수 있지 않을까. 1984년의 『바람계곡의 나우시카』 이후 미야자키 하야오 작품의 음악을 담당해 온 히사이시가 처음으로 타카하타와 손을 잡았다. 처음에 타카하타가 히사이시에게 제시한 기본 방침은 '등장인물의 기분을 표현하면 안 된다', '상황을 따라가서는 안 된다', '관객의 감정을 부채질하면 안 된다'의 세 가지였다고 한다.[7] 영상에 대해 대위법적인 음악을 사용하려고 한 두 사람은 '일본적'인 선율표현에 새로운 접근을 시도하면서 대사와 그림에 자유롭게 울려 퍼지는 듯한 영화음악의 이상을 추구했다. 그런 시도가 절정을 이룬 것은 이야기의 마지막에 가구야공주가 달로 돌아가는 이별 장면에서 흐르는 경쾌한 음악이다. 타카하타의 삼바라는 발상을 받아서 만든 이 스스럼없는 선율은 천상과 지상 세계의 절대적인 격차를 암시함과 동시에, 기쁨과 슬픔을 포함해 가구야공주가 지상에서 얻은 모든 경험을 음미하는 여운을 관객에게 남겼다.

영화음악에서 타카하타의 다양한 시도도 또한 종합예술로서 애니메이션의 가능성을 확대한 업적으로서, 앞으로 더욱 연구가 기대되는 분야다.

(스즈키 가쓰오)

주

(1) 타카하타 이사오 「영화음악과 하야사카 후미오의 죽음」 『영화를 만들면서 생각한 것』 도쿠마쇼텐, 1991년, 10-20페이지. 또한 타카하타에게 음악이란 테마에 대해서는 아리요시 스에미쓰의 「타카하타 이사오 작품의 음악어법」 『유레카 총 특집 타카하타 이사오 세계 애니메이션 감독의 궤적』 2018년 7월 증간호, 226-232페이지에 선행 연구가 있다.

(2) 에이젠슈타인, 사사키 노리오 역편 『영화의 변증법』 가도카와분코, 1953년, 이마무라 다이헤이 『만화영화론』 동시대 라이브러리, 이와나미쇼텐, 1992년, 26-79페이지.

(3) 타카하타 이사오 『호루스』의 영상표현』 아니메주분코, 도쿠마쇼텐, 1983년, 118페이지.

(4) 마미야 미치오 「이미지가 확대되는 곡을 만들기 위해 노력했습니다.」 『로망 앨범 엑설런트 태양의 왕자 호루스의 대모험』 도쿠마쇼텐, 1984년, 187페이지.

(5) 타카하타 이사오 「빨강머리 앤」 제작의 모든 것을 파헤친다』 『영화를 만들면서 생각한 것』 도쿠마쇼텐, 1991년, 110페이지.

(6) 마미야 미치오 「나의 민족주의적 방법 - 『혼성 합창을 위한 콤포지션 제1번』에 대해서」 『들판의 노래 얼음의 음악』 세이도샤, 1980년, 165-174페이지.

(7) 「특별 대담 [감독]타카하타 이사오 × [음악]히사이시 조 영화와 음악, 그 "도달점"으로.」 『로망 앨범 엑스트라 가구야공주 이야기』 도쿠마쇼텐, 2014년, 173페이지.

제3장

일본문화를 향한 시선
과거와 현재와의 대화

Chapter 3
Looking at Japanese Culture
A Dialogue between the Past and the Present

영화 『꼬마숙녀 치에』(1981), 『첼로 켜는 고슈』(1982)를 내놓은 후에는 일본을 무대로 한 작품에 특화하여 일본의 풍토와 서민 생활의 리얼리티를 생생하게 묘사합니다. 그 시도는 1985년에 설립한 스튜디오 지브리에서 『반딧불이의 묘』(1988), 『추억은 방울방울』(1991), 『폼포코 너구리 대작전』(1994)이라는, 일본 현대사에 시선을 향한 작품들로 결실을 맺습니다. 일본인의 전쟁 중, 전쟁 후의 경험을 현대의 연장선으로 이야기하는 화법의 창조와 '마을 산'을 주제로 한 전개에 주목합니다.

Beginning with films such as *Downtown Story* (1981) and *Gauche the Cellist* (1982), Takahata came to specialize in works set in Japan, vividly depicting the country's regional climate and culture, and the reality of ordinary people's lives. This approach came to fruition in works that focused on contemporary Japanese history such as *Grave of the Fireflies* (1988), *Only Yesterday* (1991), and *Pom Poko* (1994), produced by Studio Ghibli, the company that Takahata helped form in 1985. Here, we focus on the use of narratives that recount Japanese people's experiences during and after World War II within the context of the contemporary era, and the development of the theme of the *satoyama* (semi-natural rural areas where people and nature form interdependent relationships).

오/『폼포코 너구리 대작전』 포스터 일러스트(셀화+배경화)

현대 일본을 조명하는 애니메이션

가노 세이지 (영상 연구가 · 아시아 대학교 강사)

평면적인 얼굴과 성장하지 않는 가족
『꼬마숙녀 치에』

『빨강머리 앤』의 제작을 마친 타카하타는 한 가지 결론에 이르렀다.

문화와 언어가 다른 외국의 고전문학을 일본인이 일본어로 바꾸어서 양산한다는 근본적인 모순은 견딜 수 없다. 일본을 무대로 해서 일본인을 그려야 하지 않겠는가.[1]

1980년 봄쯤, 오쓰카 야스오는 도쿄 무비 신사의 사장인 후지오카 유타카의 의뢰로 영화 『꼬마숙녀 치에』의 감독직을 타카하타에게 타진한다. 타카하타는 하루키 에쓰미의 오사카를 무대로 한 만화 원작을 정독한 뒤 오쓰카의 제안을 받아들이고 일본 애니메이션을 퇴사한 후 텔레콤 애니메이션 필름(도쿄 무비 신사, 현 TMS 엔터테인먼트 산하의 새 스튜디오)으로 이적한다.

타카하타는 『빨강머리 앤』과 마찬가지로 훌륭한 원작을 바꾸지 않고 그대로 재현해야 새로운 애니메이션 표현을 개척할 수 있을 것이라고 생각했다. 원작은 서민의 평범한 일상을 그린 단편이라서 매우 간결하다. 그 매력을 해치지 않고 기승전결이 있는 시나리오로 재구성하는 것이 가장 큰 과제였다.

1980년 8월에 후지모토 기이치가 오리지널 각본을 만들었지만, 타카하타는 원작과의 괴리감을 이유로 반려한다. 같은 해 9월, 시로야마 노보루가 원작 1, 2권의 주요 에피소드를 발췌해서 작업한 각본을 완성하고, 다시 타카하타가 각본을 수정한다.

영화는 거의 원작에 충실했지만 변경한 장면도 있다. 영화에서는 처음부터 고양이 코테츠가 등장한다. 우선 네 발로 걷고, 곱창을 먹는 순간에 앞발(손)으로 꼬치를 잡고 두 발로 일어선다. 원작에서는 치에가 어머니인 요시에를 만났을 때, 아마미야에서 고양이인 코테츠를 받아서 돌아간다. 코테츠는 처음부터 이족보행이다. 동물의 의인화를 전제로 한 가상 세계가 아니라, 현실과 맞닿은 세계로 잡은 타카하타는 "처음부터 서 있음으로써 관객들이 무엇이든 있을 수 있는 세계라고 생각하는 것을 피했다"라고 그 의도를 밝혔다. 타이틀 배경인 『스타워즈』풍의 하늘을 나는 나막신과 화투가 된 캐릭터들, 특촬 영화 『괴수섬의 결전, 고지라의 아들』(1967년)[2]의 인용도 창작한 것이다.

가장 큰 변경 사항은 세 가족이 유원지로 외출하는 장면을 삽입(원작/도모나가 가즈히데)한 것이다. 원작에 있는 금각사 앞에서 치에가 갑자기 노래 부르는 장면을 전철 안으로 바꿔서 재현한 후, 게임 센터에서 노는 테츠(놀이용 카트에 탄 치에가 요시에와 테츠의 접근을 목격)와, 관람차에서 바다를 보는 세 사람과 가족의 거리가 좁혀지는 모습을 단계적으로 그렸고, 집에 가는 전철 안에서 테츠와 대화하던 요시에가 눈물을 흘리고 화면이 흑백으로 변한다. 타카하타는 "인간관계는 늘 고정되어 있어서 보는 쪽은 욕구불만이 쌓인다고 생각했어요. 그래서 그곳에서 조금은 해방시켜 주기 위해 그런 장면을 만들었죠"라고 말했다.[3]

또한 처음에는 마지막에 『우리 아버지』편이 추가될 예정이었다. 치에가 일하는 아버지의 모습을 거짓 작문이 콩쿠르에서 금상을 받고, 테츠는 발표회에서 작문 내용을 듣고 충격을 받는다.[4] 그 후일담으로 성실하게 일하는 척하는 테츠를 요시에가 곁눈질하면서 식사 준비를 하는 장면이 추가되어 거기서 엔딩을 맞이하

는 아이디어였다. 이것은 타케모토 일가가 관계성을 회복하는 것으로 해피엔딩이지만, 타카하타는 망설임 끝에 "기승전결이 없는 영화로 해도 되지 않을까?"라는 결론에 이르렀고, 성장하지 않는 가족으로 그리는 것에 그쳤다. 이 결단에는 주위의 반대도 있었다고 한다.

메인 스태프는 감독/타카하타, 작화감독/고타베 요이치 · 오쓰카 야스오, 미술감독/야마모토 니조로 구성됐다. 예기치 않게 『판다코판다 빗속의 서커스 편』이후에 타카하타 · 오쓰카 · 고타베 트리오가 부활하게 된다. 고타베는 아내인 오쿠야마 레이코의 권유로 원작을 애독했던 적이 있어서, 작화감독 의뢰를 흔쾌히 수락했다. 그림 콘티는 타카하타 · 오쓰카, 캐릭터 디자인은 고타베가 담당했다. 고타베는 치에의 머리카락과 치마, 테츠의 셔츠를 검은색으로 칠하는 색지정도 제안했다.

제작할 때는 타카하타와 야마모토가 오사카시 니시나리구를 중심으로 로케이션 헌팅을 진행했고, 싸구려 여인숙에 숙박하면서 공중목욕탕에 몸을 담그며 현지를 체감했다. 그 결과 쓰텐카쿠, 신사이바시, 덴노지 공원, 효탄 연못 등, 원작에서는 애매했던 무대를 구체적으로 그렸다.

타카하타는 배경화에 참고하라며 야마모토에게 러시아의 석판 화가인 이반 빌리빈의 작품을 보여준다.[5] 배경화는 보통 도화지에 그림물감을 사용해 사실 풍으로 그리지만, 야마모토는 빌리빈과 윈저 맥케이의 만화 『리틀 네모』를 바탕으로 원작에 가까운 스타일을 모색하여 물에 적신 왓슨 종이에 선화 작업을 하고 수채화 물감을 옅게 칠해서 착색하는 복잡한 공정을 채택해서, 약 800컷을 만들었다.

작화에도 시행착오가 불가피했다. 원작의 캐릭터들은 평면적이라서 거의 정면과 옆모습 밖에 그리지 않았기 때문에 앙각 등 복잡한 화각은 피하고, 카메라는 Fix(고정)를 기본으로 했다. 원작은 카메라 위치가 높고 목 윗부분만 그린 그림이나 대화 중의 전환이 많아서, 똑같은 그림이라도 생활 연기에 알맞은 위치까지 카메라를 내려서 동일한 컷 안에서 연기를 담았다. 한편, 다리를 옆으로 높이 올려서 걷는 테츠의 기묘한 포즈, 극단적인 안짱다리로 두 팔로 균형을 맞추면서 아장아장 걷는 고양이 등, 움직임이 어려운 표현도 일부러 그대로 살리는 것을 철칙으로 삼았다. 화가 나면 얼굴이 거대해지는 치에, 거대한 머리에 목이 없는 하나이 켄코츠나 오코노미야키 가게의 사장, 마지막 결투에서 3배로 커지는 고양이 등, 다른 캐릭터와의 균형과 장면 사이의 모순을 억제하고, 글자나 만화 기호 넣기, 화려한 배경 등도 원작을 기준으로 했다.

마지막에 나오는 코테츠 대 안토니오 주니어의 결투도 원작에서는 연기 효과나 칸 사이에서 잘게 잘린 '때리다, 차다, 쓰러지다, 일어서다' 등의 세부 요소를 시간축에 따라 구현했다(원작/사이다 도시쓰구).

목소리 출연은 치에 역에 당시 참의원 의원이었던 탤런트 겸 작가인 나카야마 지나쓰. '만담 붐'을 반영해서 테츠 역의 니시카와 노리오를 비롯해 관서 지역 출신 인기 예능인들이 총출동했다. 예능인들의 관서 사투리 애드리브나 기묘한 연기를 참관한 타카하타는 나카야마와 니시카와의 뛰어난 연기에 감탄하면서도 '후시녹음이 아니었다면 더 좋았을 것'이라고 깊이 후회하면서 이것을 다음 과제로 삼는다.

이 작품은 타카하타가 만화의 재현을 시도한 이색적인 작품이지만, 타카하타가 TV 시리즈를 통해 추구해 왔던 객관주의와 다큐멘터리적 지향은 관철하고 있

으며, 그 세계도 인물상도 만화의 인상을 웃도는 생생함이 느껴진다. 이 작품의 성공으로 타카하타는 '일본인을 그린다'라는 새로운 단계로 나아갔으며, 또한 '현장감과 존재감을 쌓아 올림으로써 극작의 틀을 벗어나더라도 장편 영화로서 성립한다'라는 새로운 확신을 손에 넣었다고 할 수 있다.

(1) 1979년, 타카하타는 기획 중인 새 시리즈 『플로네의 모험(원제/가족 로빈슨 표류기)』『풍선의 도라타로(원제/울 리가 있겠느냐 도라타로)』의 연출을 제안받았지만 둘 다 고사했다. 이 두 작품은 동시에 1981년에 일본 애니메이션에서 제작하여 후지 TV 계열에서 방영되었다. 후자는 모리 야스지가 캐릭터 디자인을 담당했다.
(2) 타카하타가 스태프에게 인용하기 적합한 영화 아이디어를 요청한 결과, 영상 검사의 고바야시 야요이가 이 작품을 추천한다. 가까운 과거라는 시대 설정에 어울리고 고지라와 미니라 부자의 교류 의도가 겹친다면서 타카하타가 채택했다.
(3) 「타카하타 이사오 감독 인터뷰」(CD-ROM『꼬마숙녀 치에 무대 뒤 컬렉션』1988년 도시바 EMI). 타카하타는 (치에가 평범한 아이로 돌아가고 싶지 아닌지는) "애매하게 해 두고 싶다" "테츠 같은 녀석이 있어도 괜찮잖아?"라고도 말했다(『아니메주』1981년 1월호 도쿠마쇼텐).
(4) 이 삽화는 TV 시리즈 제11화 『금상! 치에의 작문』으로 1981년 12월 26일 마이니치 방송 계열에서 방송됐다. 타카하타가 「다케모토 테츠」란 이름으로 연출을 담당했다. 여기에서는 테츠가 도중에 자리를 뜨며 '거짓말쟁이'라고 중얼거리는, 원작과 똑같은 방식으로 끝났다.
(5) 『야마모토 니조 화문집 반짝임은 배경 안쪽에』(2000년 타카하타 · 미야자키 작품 연구소 편). 원래 이반 빌리빈의 석판화는 『말괄량이 삐삐』를 준비하던 중에 미야자키 하야오가 장인이자 판화가인 오타 고시에게서 받아서 현장에 가져왔고, 셀에 어울리는 배경 화풍을 참고했다.

음악과 함께 울려 퍼지는 장인적 작화와 미술
『첼로 켜는 고슈』

1974년『알프스 소녀 하이디』의 작화를 하청으로 담당하던 오프로덕션 사장인 무라타 고이치는 자체 제작 작품에 대한 도전 기회를 엿보고 있었다. 당시 극장용 장편 애니메이션은 부진이 이어졌고, TV 시리즈는 자극적이면서 폭력적인 작품이 지배하고 있었으며, 명작은 무대가 외국으로 정해져 있었다. 무라타는 이것과는 정반대인 '일본을 무대로 한 성실한 아동용 단편 영화'를 구상하고 있었다.

1975년 1월 무라타는 『하이디』를 끝낸 타카하타에게 연출을 타진했다. 무라타가 제시한 원작 후보는, 사네토 아키라의 『붉은 까마귀 다이묘진』(『땅에 달라붙은 그대』수록 1972년), 안도 미키오 · 다시마 세이조 『수달 돈의 고래잡이』(1966년), 사이토 류스케와 아와 나오코의 아동 문학, 그리고 미야자와 겐지의 『첼로 켜는 고슈』(1934년)였다. 타카하타는 무라타의 취지에 동의하며 "어떤 스타일로 하고 싶나?"고 물었고, 무라타는 사내에서 재검토를 했는데 "신선한 작품으로 만들고 싶지만 원래 기법으로 만인이 즐길 수 있는 것"으로 방향을 정해서 『붉은 까마귀 다이묘진』과 『첼로 켜는 고슈』로 좁혔다. "전자는 최초의 자체 제작으로서는 어려움이 많다. 후자도 음악과의 동조 등 어려움이 예상되지만 시간과 노력을 아낌없이 투자하면 가능성은 있다"라는 타카하타의 판단으로 기획은 『첼로 켜는 고슈』로 정해졌다. 무라타는 미야자와 겐지의 친동생인 미야자와 세이로쿠를 찾아가서 권리 협상을 하고 제작 허락을 받았다(미야자와 세이로쿠는 감수와 타이틀 글자도 담당). 타카하타도 연출을 받아들여서 제작이 시작되었다. 주인공 캐릭터 원안은 오프로덕션의 사내 공모를 통해 사이다 도시쓰구의 안이 채택되었다. 작

화는 사이다 혼자 전담하고 그것을 오프로덕션의 전 직원이 타사 작품의 하청으로 뒷받침하는 체제가 구축됐다.[1] 당초 미야자키 하야오가 레이아웃을 담당할 예정이었지만, 사이다의 이미지 보드 등을 본 미야자키는 '전부 오프로덕션이 하는 것이 좋겠다'며 사양했다고 한다.

무라타는 타카하타가 다음 시리즈에 들어갈 때까지 1년 사이에 30분 정도의 단편을 완성시키겠다는 계획을 세우고 있었다. 타카하타는『태양의 왕자 호루스의 대모험』에서 작업한 음악가 마미야 미치오를 찾아가서 『엄마 찾아 삼만리』와 『고슈』의 음악을 의뢰했지만 마미야는 『고슈』만 수락했다. 제작이 시작되자 타카하타의 구상은 부풀기 시작했고, 타카하타와 사이다의 캐릭터 설계와 대부분의 그림 콘티가 완성된 시점에서 『엄마 찾아 삼만리』의 제작이 시작되었다. 오프로덕션도 이 작품의 작화에 참여하면서 작업은 1년간 중단된다. 그 사이에 마미야는 「인도의 호랑이 사냥」「유쾌한 마차꾼」의 작곡을 끝내고 영화관에서 연주될 자크 오펜바흐의 「천국과 지옥」 등과 함께 음악의 선녹음이 이루어졌다. 약 50명으로 편성된 풀 오케스트라의 지휘는 마미야가 직접 맡았다.[2] 한편 긴세이 음악단이 연주하는 베토벤의 「교향곡 제6번 전원(원작의 제6교향곡)」의 연주 대부분은 이와키 히로유키가 지휘한 NHK 교향악단의 연주가 사용되었다.

1977년, 뒤로 미루었던 앞부분 - 고양이가 토마토를 가지고 노는 장면부터 소나기 속에서 연습하는 풍경의 그림 콘티를 완성하고 사이다는 레이아웃과 원화 작업에 들어갔다. 이 작품은 고슈가 정면에서 본 동물들, 동물들이 바로 밑에서 올려다본 고슈라는 주관적인 레이아웃과, 줌인, 신속한 컷 전환, 다양한 카메라워크 등 타카하타의 다른 작품과는 확연히 다른 특징을 많이 볼 수 있지만, 그것은 음악과의 싱크로를 전제로 한 리드미컬한 설계라고 할 수 있다. 사이다는 첼로 교본을 읽고 프로 연주자에게 운지와 운궁(활)의 기초를 배우면서 꼼꼼히 작업을 진행했다. 사이다는 처음에 인형적 조형을 상정하고, 버튼처럼 검고 동그란 눈의 고슈를 그렸지만 머지않아 복잡한 표정을 감당할 수 있도록 흰자와 눈동자가 있는 디자인으로 변경했다. 캐릭터의 윤곽 가장자리에 그림자 같은 짧은 선 다발을 그리는 등 새로운 아이디어도 더해졌다. 단, 중단될 때마다 자신의 그림체가 변해서 통일하기가 어려웠다고 한다.

'고슈(프랑스어로 왼손잡이, 재주가 없다는 뜻)'라는 이름도 포함해서 원작 무대는 무국적이지만 이 작품에서는 일본으로 특정됐다. 하지만 미야자와 겐지의 연고지인 도호쿠 지방에 가볼 여유가 없어서 타카하타가 다녔던 오카야마 현립 아사히 고등학교의 성곽, 일본 애니메이션이 있었던 세이세키사쿠라가오카의 다마강 제방 등 대략적인 이미지를 짜깁기했다.

배경미술의 인선은 계속 미정이었다. 타카하타는 모리 야스지에게 의뢰하는 방안도 생각했다고 한다. 무라타는 아마추어 화가에게 제안을 시도했지만 잘되지 않았고, 결국 『엄마 찾아 삼만리』의 미술감독인 무쿠오 다카무라에게 의뢰했다. 무쿠오는 과슈를 물에 풀어 옅은 칠을 거듭하여 수묵화 같은 그러데이션을 효과적으로 사용했고, 일본의 습도나 부드러운 햇살을 표현한 미술 보드를 시험 삼아 만들었다. 이것을 본 타카하타는 "훌륭하지만 과연 이 수준을 여럿이 분업해서 유지할 수 있을까?"라고 염려했다. 무쿠오도 당초에는 2~3명이 분담하는 것을 생각했지만, 참여한 지 얼마 되지 않아 작품에 몰두하게 되면서 결국 거의 모든 배경

화를 혼자 그리기로 결정한다. 강한 빛과 희미한 그림자가 넘치는 무쿠오의 필치는 참신해서, 후에 타카하타 작품에서 수채화풍 배경 미술의 선구자가 되었다.

원화는 사이다, 배경은 무쿠오가 각자 단독으로 그린다는 독특한 체제를 바탕으로 작업은 착실히 진행되었다. 『빨강머리 앤』을 제작할 때도 이처럼 중단과 재개는 반복되었고, 사이다는 후시녹음과 편집에도 참관했다. 마침내 이와테현 하나마키시 문화회관에서 미야자와 세이로쿠를 초대해 시사회가 열린 것은 1980년 9월이었다. 또한 『꼬마숙녀 치에』의 제작을 사이에 두고 부분 수정이 진행됐고, 일반 개봉은 1982년 1월이 됐다. 작품은 63분의 장편이 되었고 기획 시작부터 무려 7년이 경과했다.

타카하타는 어렸을 때부터 미야자와 겐지의 작품을 애독했고, 도에이동화에 입사하기 전부터 『조개불』을, 입사한 후에는 『수선월의 4일』『사슴 춤의 시작』『눈길 건너기』[3] 등의 애니메이션화를 구상했다. 그로 인해 원작을 깊이 이해하면서 독자적인 해석으로 세밀한 추가와 보충을 진행했다. 네 발로 걷던 고양이가 고슈 집의 문 앞에서 두 발로 일어서는 장면은 "미야자와 겐지 작품에 나오는 동물은 진짜 동물로 등장하고, 어느 틈에 의인화한다"라는 자신의 의견을 바탕으로 예전부터 구상했다고 한다. 『꼬마숙녀 치에』의 코테츠도 마찬가지로 두 발로 일어서지만, 그림 콘티는 이 작품이 훨씬 먼저 만들었다.

원작의 고슈는 나이를 알 수 없고, 연주자로서 경험을 쌓은 중년으로도 해석할 수 있다. 타카하타는 "겨우 열흘 정도의 단기간에 극적인 성장을 할 수 있는 것을 보면 청년기일 것이다"라는 해석으로 '청춘 영화'로 구성했다. 원작에는 없는 악단 단장의 "아니, 표정 이전의 문제일지 몰라"라는 대사를 추가해서, 고슈가 연주를 잘하고 못하고를 떠나 열등감으로 대인공포증에 걸리고, 마음이 열리지 않았음을 시사했다. 고슈는 늦은 밤 연습하다가 동물들과 논쟁하며 혼내 주거나 교류하는 와중에, 사람에게는 보여주지 않는 진정한 분노와 웃음을 되찾으면서 조금씩 마음이 풀려 간다. 단장이나 동료에게 독주의 칭찬을 받은 고슈는 "고양이입니다! 새입니다! 너구리입니다! 쥐입니다!"라고 외치며 들뜬 직후에 풀이 죽어서 그 자리를 떠나려고 한다. 이처럼 사람 앞에서 보여준 적이 없는 감정의 급변도 「산사 춤의 노래」가 흐르는 살쾡이 집에서의 건배도, 비올라 아가씨와의 대화도 모두 원작에는 없다. 타카하타의 창작, 사이다의 연기, 무쿠오의 미술에 의해, 이 작품은 청년의 성장 과정을 생생하게 보여주는 것에 성공한다.

원작에서 「제6교향곡」이라고 적혀 있는 악곡은 트럼펫의 활약 등 「전원」과는 다른 부분이 여기저기서 보이고, 긴세이 음악단처럼 적은 인원으로는 연주할 수 없다. 그러나 타카하타는 겐지의 베토벤을 향한 심취나 '자연과 동물들에게 둘러싸여 살고 있다'는 세계관에서 「전원」 말고는 생각할 수 없다는 확신이 들었고, 극중에서 각 악장을 효과적으로 사용한다. 뻐꾸기 울음소리와 제1악장을 겹쳐서, 새끼 쥐에게 들려주는 악곡도 원작의 「어떤 랩소디」를 제2악장으로 변경했다.

마찬가지로 「전원」을 애니메이션화 한 디즈니의 『판타지아』(1940년)는 창작 희화(戲畵)의 이미지가 강렬해서 음악 자체의 매력을 밀어낸다. 이 작품은 그것과의 근본적으로 다르고 깊은 경의를 담아 음악 자체를 충분히 들려주어, 창작된 이미지는 그것을 결코 방해하지 않는다.[4] 악단은 소나기와 함께 하늘로 떠오르고(제4악장), 고슈는 전원을 왕복하며(제1, 제2악장), 어미 쥐와 새끼 쥐는 민들레

솜털을 잡고 하늘을 떠다니고, 동물들은 마루 밑에서 병을 치유한다(제2악장). 음악 효과와 애니메이션 작화, 미술 이미지가 하모니를 만들어 깊은 숲에 안긴 것처럼 서서히 어우러진다. 타카하타는 여기서 완전히 새로운 「음악 애니메이션」을 탄생시켰다.

(1) 사이다는 『하이디』의 원화를 담당한 후에 미술학교에서 다시 공부하겠다며 휴직을 신청했기에, 무라타 고이치가 자체 제작의 원화 담당으로 지명하면서 말렸다고 한다. 「사이다 도시쓰구 인터뷰」 DVD 『첼로 켜는 고슈』 특전(1999년 주네온 엔터테인먼트)
(2) 「해설 무라타 고이치」『도쿠마 애니메이션 그림책 첼로 켜는 고슈』 해설(1998년 도쿠마쇼텐)
(3) 도에이동화에 재직했을 때 젊은 직원이 「눈길 건너기」를 기획했지만, 실현되지 않았다고 한다. 타카하타 이사오 강연 「미야자와 겐지와 애니메이션」(2014년), 「첼로 켜는 고슈와 사이다 도시쓰구의 세계」(2015년 오프로덕션). 또한 『태양의 왕자 호루스의 대모험』에 등장하는 설랑(雪狼)이나 눈에 파묻힌 붉은 머플러가 나부끼는 장면 등은 미야자와 겐지의 『수선월의 4일』의 오마주라고 한다. 『파쿠 씨의 포켓 3 뻐꾸기 통신』(1984년 오프로덕션).
(4) 이 작품에서는 「전원」 전 5악장의 주요 모티브를 전부 사용하고, 고슈의 연습에서는 첼로 파트를 거의 전부 사용했다. 디즈니의 『판타지아』는 그리스 신화를 모티브로 컬러풀한 낙원에서 켄타우로스의 애인들과 천사들이 돌아다니는 설계로, 제4악장 이후는 축소되었다. 타카하타는 『판타지아』에 대해 "상당히 경탄할 만한 작품이라고 생각하고 감동도 받았지만 음악 팬의 한 사람으로서는, 그런 식으로 사용하지 말았으면 한다"라고 말했다(『월간 OUT』1982년 7월호 미노리쇼보). 또한 연주 중에 악단이 하늘로 떠오르는 장면은 디즈니의 단편 『미키의 대연주회』(1935년 월프레드 잭슨 감독)에도 있다.

물과 만나면서 태어난 지역 공동체의 재생 ———
『신 문화영화 야나가와 수로 이야기』

1984년 3월, 타카하타가 처음으로 프로듀서를 맡은 미야자키 하야오 감독의 영화 『바람계곡의 나우시카』가 개봉되었다. 그 직후인 3월 말에 미야자키는 규슈의 이벤트에 참가하고 돌아오는 길에 후쿠오카현 야나가와시를 방문했다. 아리아케해를 마주한 작은 어촌마을에 매력을 느낀 미야자키는 작품의 무대로 삼고 싶다고 생각한다. 같은 해 4월 중순, 미야자키는 도쿄도 스기나미구에 개인 사무소인 '니바리키'를 설립한다. 사무국장은 가쿠슈인 대학교에서 미야자키의 후배였던 구보 스스무가 맡았다. 그 무렵 도쿠마쇼텐은 미야자키에게 『나우시카 파트2』의 제작을 타진했지만 미야자키는 거절한다. 5월 초순, 미야자키는 『나우시카 2』의 대안으로 야나가와시를 무대로 한 영화 기획을 계획하고 타카하타에게 감독에게 의뢰한다. 미야자키가 고안한 이야기는, 고등학생 남녀가 수로 축제에서 만나 도시화로 인해 사라진 수로의 비밀을 조사하러 간다는 내용이다. 구보가 참고로 「야나가와 도랑 사건」을 이야기한 것을 계기로, 6월 중순에 타카하타와 구보는 야나가와를 방문한다. 타카하타는 1977년에 발생한 사건의 전말을 조사해서, 기사 스크랩과 향토사 등 대량의 자료를 가지고 도쿄로 돌아왔다.[1] 개요는 다음과 같았다.

고도 경제 성장으로 인해 빈사 상태의 시궁창으로 변한 후쿠오카현 야나가와시의 수로. 악취와 오염된 진흙을 감추기 위해 도랑 공사로 콘크리트 매립을 진행하려고 했을 때, 시장에게 이의를 제기한 한 행정 직원이 있었다. 도시 하수로 계장(당시) 히로마쓰 쓰타에. 그는 400백년간 이어진 수로의 역사를 조사하고 그 기능을 확인한 후, 주민들을 설득하러 다니면서 꾸준히 정화 운동에 힘썼다. 누구

나 마음속으로는 수로의 부활을 바라고 있었고, 이윽고 정화 운동이 시민들 사이에 퍼지기 시작하면서 오랜 세월에 거쳐 마침내 수로는 부활한다.

이 사실에 마음이 크게 움직인 타카하타와 미야자키는 애니메이션이 아니라 다큐멘터리로 기록하기로 결단을 내린다. 그러나 기록 영화로는 도쿠마쇼텐의 출자를 받을 수 없기에 『바람계곡의 나우시카』의 판권 수입을 자금으로, 니바라키의 자체 제작이라는 형태가 되었다. 제작은 미야자키, 프로듀서는 구보타, 촬영은 다카하시 신지로 정해지고 야나가와에서 숙박하면서 촬영이 시작됐다.

촬영은 1985년 2월부터 이듬해인 1986년 5월까지 진행되었다. 촬영된 16mm 필름은 약 3만 피트로 14시간에 이르렀다. 타카하타는 유유히 흐르는 물과 수로의 표정을 찍는 일에 심혈을 기울였다. 육지에서 수로를 촬영해도 매력이 느껴지지 않는다면서 수면에 닿을락 말락 한 거리에서 촬영할 것을 지시했다. 조각배에 카메라를 고정해서, 감독 보조인 미야노 다카히로가 가슴까지 물에 몸을 담그고 천천히 밀면서 촬영했다.[2] 「돈코부네」(강을 내려가는 관광배)의 관광 코스에서도 벗어난 좁은 수로와 다리 아래까지 촬영을 강행했고, 시간과 계절, 장소에 따라 다른 수로망과 그 혜택을 받는 사람들의 일상 기록에 성공한다.

각본은 히로마쓰 쓰타에의 감수와 협조를 받으며 타카하타가 담당해서, 적어도 제4고까지 수정을 거듭했다. 주제 음악은 『태양의 왕자 호루스의 대모험』『첼로 켜는 고슈』에 이어 마미야 미치오가 맡았다.[3] 수로와 둑의 역사와 구조 해설에 관한 애니메이션을 제작하기도 해서, 원화는 다나카 아쓰코와 후타키 마키코, 배경은 야마모토 니조가 담당했다. 단면도처럼 정점 관측을 하면서 세세한 부분까지 그려 넣은 애니메이션이 되었다.

1987년 8월, 이 작품은 2시간 47분이라는 대작으로 완성되어 일반에게 개봉했다. 「물과의 귀찮은 교류」를 종축으로, 그곳에서 확대되는 인간관계와 지역 공동체의 재생, 계승되는 멋진 행사나 축제, 주민이 주도하는 자치 의식의 회복, 조상의 지혜에 숨은 합리주의의 재인식 같은 다각적 시점을 횡축으로, 총 11장에 걸쳐 실증적으로 이야기하고 있다. 동시에 자연 파괴를 마다하지 않는 인간의 어리석음에 대한 통렬한 비판도 담겨 있다. 야나가와 사람들의 물과의 교류 방식을 보여주는 '물 떨어뜨리기'나 '강 축제', 아이들이 지역 노래를 부르며 물가에서 노는 모습은 당시의 기록으로서도 의의가 깊다.

타카하타는 "판타지를 만들고 있으면, 그로 인한 반작용으로 현실을 찍고 싶어진다(중략). 이 작품에서는 물과 풍토와 인간을 통째로 담으려고 노력했다"[4]라고 말하지만, 기본적인 자세는 기록 영화나 애니메이션이나 똑같다. 이 작품에는 지금까지 타카하타가 생각해온 테마인 '자연과 인간의 관계', '지켜야 할 공동체', '발견과 해방', '객관주의' 등 모든 요소가 들어 있다. 이런 테마를 시의 행정에서 실천한 히로마쓰의 존재에 용기를 얻은 타카하타는 이후에 작품을 제작할 때 이 작품의 경험을 살리게 된다. 그것은 '일본 사회를 비추는 애니메이션'이었다.

(1) 「INTRODUCTION 가메야마 오사무」 『THE ART OF LAPUTA』(1986년 도쿠마쇼텐)
(2) 「타카하타 감독과 촬영 스태프들 구보 스스무」 『야나가와 수로 이야기』 팸플릿(1987년 니바리키), 『아니메주』1987년 5월호(도쿠마쇼텐)
(3) 그 밖에도 히사이시 조 작곡 『천공의 성 라퓨타 이미지 앨범 하늘에서 떨어진 소녀』(1986년 도쿠마재팬)에서 「비행석」 등의 음악을 사용했다. 당시 타카하타는 『라퓨타』에 프로듀서로서 참여

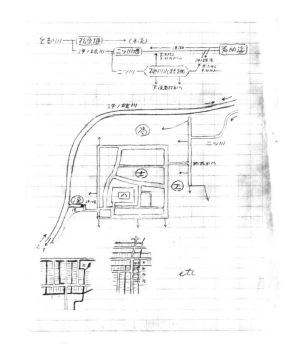

『야나가와 수로 이야기』 구상 메모/야나가와시의 연중행사, 수로의 구조 분석, 수로의 기능과 지역·가정과의 관계에 관해서 등, 그림과 도표를 포함해서 상세하게 검토했다.

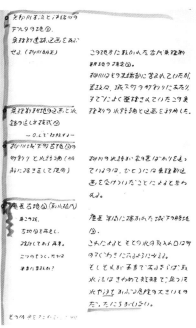

『야나가와 수로 이야기』시나리오 준비고/애니메이션 작품처럼 장면마다 색으로 구분하고, 여백에 추가 메모를 적는 스타일.

했고, 히사이시와 음악에 대한 회의도 진행했다.

(4) 「애니메이션도 사용. 물의 귀중함을 호소」1987년 5월 25일자 『마이니치신문』 기사

.

전쟁 중과 전쟁 후의 아이들의 삶과 죽음
『반딧불이의 묘』

1986년 2월 『아니메주』의 오가타 히데오 편집장(당시)은, 타카하타와 하라 도오루(당시 스튜디오 지브리 이사)에게 전쟁 전 아이들을 그린 작품의 제작을 권했다. 이것에 대해 타카하타와 잡지 편집부의 스즈키 도시오는, 노사카 아키유키의 『반딧불이의 묘』를 제안한다. 타카하타가 『반딧불이의 묘』를 처음 읽은 것은 나오키상을 수상(1967년)한 무렵으로, 신화처럼 강한 골자가 있는 작품이라고 생각했다고 한다. 기획은 순조롭게 진행됐지만, 타카하타는 새로운 작화 스타일로 임하고 싶어 하면서, 개발 기간이 없으면 제작은 곤란하다고 생각했다. 그러나 미야자키 하야오가 "지금 하지 않으면 이제 할 시간이 없다"라고 타카하타에게 말했고, 냉정하게 다시 생각한 끝에 종래의 셀 애니메이션 기법으로 제작하기로 하고 감독을 수락했다.[1]

1986년 가을, 도쿠마쇼텐 제작·미야자키 하야오 감독의 『이웃집 토토로』와 신초샤 제작·타카하타 이사오 감독의 『반딧불이의 묘』를 동시에 개봉하기로 결정했다. 제작은 모두 스튜디오 지브리. 두 감독 모두 곤도 요시후미를 작화감독으로 원했지만, 곤도는 『반딧불이의 묘』팀을 선택했다.[2] 캐릭터 디자인·작화감독/곤도, 레이아웃·작화감독 보좌/모모세 요시유키, 미술감독/야마모토 니조, 색채설계/야스다 미치요(『토토로』와 겸임)이라는 편성으로 다음 해인 1987년 1월부터 제작이 시작되었다. 같은 해 3월에 타카하타·곤도·모모세·야마모토는 로케이션 헌팅을 실시하고, 노사카의 안내로 고베의 산노미야·미카게·슈쿠가와를 돌아보았다.

타카하타는 1987년 4월자 기획서에 주인공 세이타에게 자폐적이고 대인 관계를 껄끄러워하는 현대의 아이들을, 그들을 도와줄 수 없는 어른들에게 지역 공동체의 붕괴와 간섭하지 않는 세태를 겹침으로써 "『반딧불이의 묘』는 강렬한 빛을 내뿜으며 현대를 비추어 우리를 겁먹게 만든다. 전후 40년을 통해 현대만큼 세이타의 삶과 죽음을 남의 일이라고 생각할 수 없고, 공감할 수 있는 시대는 없다"라고 제작의도를 적었다.[3] 세이타는 『엄마 찾아 삼만리』의 마르코의 계보를 잇는 귀여운 구석이 없는 주인공이다. 세이타는 굴복하거나 번거로운 관계를 피해 자립을 선택하고, 전쟁 중인 탓에 돈이 있어도 삶을 꾸려 나갈 수 없다. 그 결과, 여동생은 죽음을 맞이하고 자신도 죽는다. 그러나 현실에서는 굴복을 견디고 살아남은 고아도 많다. 타카하타는 이 작품에서 사람과의 연결을 생각하길 바란다는 소망을 담았다.

타카하타는 후에 영화화를 원했던 이유를 두 가지 들었다. 하나는 주인공의 죽음으로 시작하는 지카마쓰 몬자에몬의 「심중물(心中物, 남녀의 정사를 소재로 한 작품)」에 가까운 구성이라는 것이다. 타카하타는 기획할 때 "왜 이렇게 비참한 이야기를 만드는가?"라는 질문을 많은 사람에게 받았다. 그 질문에 대해 "이야기는 상황이 나빠져서 죽음에 이른다는 단순한 이야기일 뿐이다. 죽음을 극적으로 이야기하는 것이 아니라, 서두에 제시해 두고 주인공이 어떻게 살았는가 하는 경과와 상황 자체를 극명하게 그리고, 추체험하는 것을 의도했다"라고 대답했다고 한다.

또 하나는 직접 경험한 공습 체험을 영화화해서 후세에게 전하고 싶다는 마음이

다. 타카하타는 초등학교 4학년 때 오카야마에서 공습을 당해, 가족과 떨어져 6학년인 누나와 둘이서 이틀간 도망 다녔다. 누나는 소이탄 파편을 맞아 크게 다쳤고, 그도 구사일생으로 살아남았다. 그 경험에 비추어 종래의 전쟁 영화와는 다른 리얼리즘으로 공습의 공포와 전시 상황에서의 일상을 그리는 것에 도전해 보고 싶었다. 그는 젊은 스태프와 전쟁 경험을 공유하기 위해, 베트남 전쟁의 아이들을 그린 이와사키 치히로의 그림책 『전화(戰火) 속의 아이들』(1973년)을 돌려보았다.[4] 작화는 소이탄의 발화 구조부터 세츠코가 가진 마마 인형 등의 소품에 이르기까지 세밀하게 조사하고 검증한 후에 그렸다.

시나리오 작성에는 여러 단계의 공정이 있었다. 처음에는 모 각본가에게 의뢰해서 각본을 만들었다. 원작을 평이한 대사극으로 재구성한 것이지만, 남매가 방공호로 거처를 옮긴 후부터 채소를 나눠 주거나 조리법을 가르쳐 주는 고사쿠라는 농부를 창작하고, 고사쿠가 방공호에서 세츠코의 뼈가 담긴 사탕통을 줍는 마지막 장면이 추가되었다. 이 각본은 채택되지 않았지만, 고사쿠 설정의 일부는 이 작품에도 이어졌다.

타카하타는 관서 지역 사투리 재현을 중요시했다. 원작 전문을 복사해서 장소·시간·인물을 표시해서 분리했고, 시간별로 배열해서 붙인 노트를 여러 권 만들었다. 노트에는 각 문장 사이를 채우는 상황 설명과 장소 이동, 대사, 카메라워크 등에 대한 생각을 메모해 놓았다.

이 과정에서 '유령 남매가 이야기를 바라보고 있다'는 새로운 설정이 추가되었다. 원작은 거의 세이타의 주관으로 진행되는 비극이지만, 성불하지 못한 유령이 보고 있다는 이중 구조를 만듦으로써 객관적인 시점이 태어났다. 타카하타는 앞부분과 라스트 이외에 어느 곳에 유령을 삽입할지 신중하게 검토했다. 과거를 끝없이 반복하는 유령은 현재도 존재하고, 도시의 일루미네이션(즉, 관객이 사는 세계)을 보고 있다. 이 라스트의 주객전도로 인해 단숨에 과거에서 현재를 비추는 구성이 되었다. 또한 원작에서는 납골에만 사용된 사탕통이 영화에서는 몇 번이나 상징적으로 사용되고 "사탕을 또 먹고 싶어"라는 세츠코의 대사도 추가되었다.

1987년 4월, 타카하타는 준비고를 완성했다. 그것은 오른쪽에 각본을, 왼쪽에는 러프한 이미지 그림·카메라워크·초 수 등을 적은 이른바 '글자 콘티'였다. 타카하타가 처음으로 함께 작업하는 모모세에게, 더 명확한 이미지를 전달하기 위해서인 듯하다. 타카하타는 이 작품의 카메라를 일본 가옥에 어울리는 낮은 시점에서 Fix(고정)를 기본으로 하고, 애니메이션에서는 이례적인 30초가 넘는 원 컷의 롱테이크를 삽입했다.

모모세는 미조구치 겐지나 오즈 야스지로의 작품을 참고해서 일본인다운 몸동작과 표정을 신경 쓰면서, 타카하타와 이인삼각으로 그림 콘티를 그려 나갔다. 모모세의 그림 콘티는 적확하고 치밀해서 중간부터 확대 복사해서 레이아웃의 밑그림이 되었다. 모모세는 원화맨이 깨끗이 옮겨 그린 레이아웃 전체를 담당하고, 곤도는 캐릭터와 연기를 확인하고 수정하는 작업으로 분담하면서 작업은 원활하게 진행됐다. 모모세는 이 작품 이후, 타카하타의 오른팔로서 장편을 지탱하는 존재가 된다.

곤도의 캐릭터 디자인은 획기적이었다. 타카하타는 곤도에게 '이상주의적인 캐릭터도 아니고 만화적·양식적인 캐릭터도 아닌, 확실히 일본인이 이랬다고 할 수 있는 현실적인 캐릭터'라는 난제를 주었다.[5] 곤도는 시행착오 끝에 이마와 코에 사

선 터치를 넣고, 피부에 더러움과 주름까지 추가하여, 입체적인 골격의 캐릭터를 설계했다. 낡고 늘어진 옷도 선으로 그리고, 연령에 맞는 섬세한 표정과 행동에도 도전했다. 특히 세츠코는 일본의 4세 아이의 표정과 몸짓을 훌륭하게 재현했다. 제작 초기에 퀵 액션 리코더(원화의 간이 재생기)를 처음 도입해서, 타카하타가 연기의 타이밍 조정까지 구체적으로 지시할 수 있게 된 것도 큰 도움이 되었다. 곤도는 모모세와 함께 대량의 이미지 보드도 그리고, 일부 그림 콘티도 그렸다.

일본 가옥의 거리를 그린 야마모토의 미술은 전편에 걸쳐 고밀도였지만, 공습 후의 불탄 자리나 학교 교정은 디테일을 대담하게 날리고 여백의 미를 살렸으며, 가까운 과거의 일본의 하늘을 재현하기 위해 회색을 섞는 등 장면마다 다양한 연구를 거듭했다.

이 작품의 채색에는 야스다의 제안으로 새로 조합한 수수한 중간색을 대량으로 사용했고, 트레이스선에도 갈색 먹지를 사용하는 등 새로운 시도가 많았다. 유령 남매는 흑갈색도 검토했지만 '아수라 상황을 칠한 항마색', '안쪽에서 발광하는 느낌'이라는 타카하타의 지시에 의해 짙은 붉은색이 채택됐다. 야마모토는 이 장면의 배경에는 과슈 물감을 써서 인상적인 붉은색으로 칠했다.

음악은 마미야 미치오가 맡았는데, 『태양의 왕자 호루스의 대모험』『첼로 켜는 고슈』, 『야나가와 수로 이야기』에 이어 네 번째로 작업하는 타카하타 작품이었다. 마미야는 전시 상황에서 근로 동원으로 직업을 일했고, 아오모리에 있는 본가를 공습으로 잃어버린 경험을 갖고 있다. 그 실제 경험을 바탕으로 음악의 주제를 '죽음

을 맞이한 우리 형제를 애도하는 만가'로 잡고, 평화에 대한 동경과 전쟁의 광기에 대한 항의를 조용한 팬플루트로 시작하는 주제곡으로 선택했다.[6]

캐스팅은 당시 5세였던 시라이시 아야노가 세츠코를 연기했다. 타카하타는 처음부터 관서 지역 사투리를 구사할 수 있는 아이의 목소리 연출을 상정했지만, 오디션 테이프에서 초등학생 중에 섞여 있던 시라이시의 목소리를 듣고 즉시 결정했다. 5세 아이의 후시녹음은 전례가 없어서, 타카하타는 본격적으로 선녹음을 채택했다. 다른 캐스트는 6개월 후에 오사카에서 후시녹음으로 수록했다. 세이타의 목소리를 연기한 15세 다쓰미 쓰토무와 시라이시는 진짜 남매처럼 놀면서 녹음했다. 시라이시는 후시녹음에서도 연기했지만, 70%는 선녹음이 사용되었다.

타카하타는 이 작품에서 종래의 셀 애니메이션 양식을 추구해서, 화면 설계·작화·미술·채색·목소리 연출·음악과 모든 방향을 한 단계 높은 곳으로 끌어올렸다. 그것은 일본 애니메이션 사상 최고의 도달점이라고 부를 만한 쾌거였다. 동시에 일본인의 생활을 그림으로써 조사와 실증, 관찰이 효과적으로 기능하고, 표현의 설득성을 높였으며 관객의 공감을 얻을 수 있는 새로운 가능성을 개척했다. 그것은 애니메이션에 의해 전쟁 중·전쟁 후의 일본인의 모습을 재발견한 시도이기도 했다.

(1) 타카하타 이사오의 인터뷰『아니메주』1988년 5월호 북미판 DVD 특전 감독 타카하타 이사오 인터뷰 영상(2002년) (완전 보존판 DVD『반딧불이의 묘』영상 특전 2008년 월트 디즈니 스튜디오 재팬)
(2) 1986년쯤, 곤도 요시후미는 『리틀 네모』의 격무로 인해 입원 치료를 받고 있었다. 미야자키는 여러 번 병문안을 가서 『이웃집 토토로』를 제안했다고 한다. 미야자키 하야오는 "그는 아직 그 주

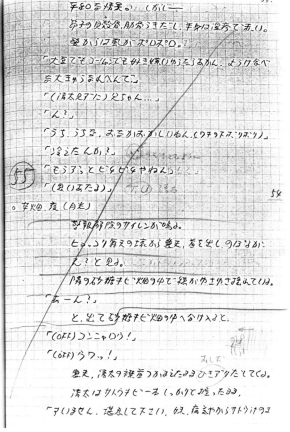

『반딧불이의 묘』타카하타의 글자 콘티(라스트 장면 전후)/펼친 노트의 오른쪽에 시나리오, 왼쪽 공백에 이미지 스케치와 카메라워크, 설계 메모 등이 적혀 있다. 타카하타는 그림을 그리지 않는 감독으로 알려졌는데, 이 작품에서는 대량의 러프 스케치를 그렸다. 처음으로 함께 그림 콘티를 그리는 모모세 요시유키에게 정확한 이미지를 전달하려는 의도가 있었던 듯하지만, 이 작품에 대한 타카하타의 의욕이 느껴진다. 각 스케치는 그림 콘티로 충실하게 재현되었다.

변에 있어요" 「곤도 요시후미의 일 – 영상으로 표현하는 것 -」(2000년 스튜디오 지브리)

(3) 타카하타 이사오 「반딧불이의 묘」와 현대의 아이들(1987년 기자발표회용 자료)

(4) 타카하타 이사오 「네가 전쟁을 원하지 않는다면」(2015년 이와나미쇼텐) 「공습 체험을 확실하게 영화로 『반딧불이의 묘』타카하타 이사오 감독」『아사히신문』(2015년 8월 12일자), 타카하타 이사오 「사회를 좋게 만들고 싶은 마음이, 절대 흔들리지 않는다」『치히로 씨와 보낸 시간』(2014년 신일본출판사)

(5) 타카하타 이사오 「타에코 얼굴의 이른바 '주름'에 관하여」『곤도 요시후미의 일 – 영상으로 표현하는 것 -」(2000년 스튜디오 지브리)

(6) 『아니메주』1987년 11월호(도쿠마쇼텐), 마미야 미치오 「영화 『반딧불이의 묘』의 음악에 관하여」『반딧불이의 묘 사운드트랙 모음』(1988년 도쿠마재팬)

과거와 현재를 넘나드는 르포르타주
『추억은 방울방울』

1988년, 음향 감독인 시바 시게하루는 만화 『추억은 방울방울』의 애니메이션화를 미야자키 하야오에게 제안했다. 이 작품은 오카모토 호타루의 경험을 바탕으로 초등학교 5학년 소녀 타에코의 학교와 가정에서 벌어지는 일을, 도네 유코의 그림으로 그려낸 자전적 에세이 만화다. 영화 『마녀 배달부 키키』의 동시 상영으로 30분 분량의 단편을 만들자는 안이었지만, 단독 개봉하기로 정해져서 기획은 실현되지 않은 채 끝났다.

다음 해인 1989년 2월, 미야자키는 『추억은 방울방울』을 스튜디오 지브리의 차기작으로 제안하고 타카하타를 감독으로 추천한다. 당시 『마녀 배달부 키키』의 음악 연출을 맡고 있던 타카하타는 원작을 읽고 매력을 느꼈지만, 장편으로 구성할 수 있는 아이디어가 떠오르지 않은 채 기획은 흘러갔다.

1989년 4월, 타카하타는 영화 『국경 BORDER 1939』[1]의 감독으로 스튜디오 지브리에서 준비 작업에 들어갔다. 원작은 시카타 신의 아동 문학으로, 전쟁 중에 일본이 세운 '만주'를 무대로 아시아에서의 국경의 의미를 묻는 모험 활극이 될 예정이었다. 그러나 같은 해 6월에 중국에서 천안문 사건이 발생하면서 그 기획은 좌절된다. 그 결과 『추억은 방울방울』의 기획이 다시 떠올랐다. 타카하타는 오카모토 호타루를 취재해서 구성안을 검토하고, 같은 해 7월에 감독을 수락했다. 제작에 들어가기 전에 미야자키가 제작 프로듀서에, 도쿠마쇼텐에서 이적한 스즈키 도시오가 프로듀서에 각각 취임했다.

9월부터 시나리오 집필을 시작해서 다음 해 1990년 1월에 거의 완성했다. 타카하타는 회사원이 된 27세의 타에코가 등장하는 「야마가타 편(1982년)」을 창작하고, 자신의 과거를 회상하는 형태로 원작의 삽화 「추억 편(1966년)」을 넣었다. 미래에 대한 막연한 불안을 품은 현재와 초등학교 5학년생 때의 과거가 '애벌레의 계절'로 이어지고, 각 시대의 자신을 흑백으로 보여준다. 서로 다른 시간축을 오가는 이중 구조는 『반딧불이의 묘』의 발전형으로, 과거도 현재도 객관적으로 보려는 거리감을 유지하여 있다. 이 작품 역시 극화적 형식의 이야기에 기대지 않고, 인물의 몸짓과 표정을 꼼꼼히 만들어 내면서 진행하는 느린 속도의 연출이다.

「야마가타 편(1982년)」은 도쿄에서 일하는 타에코가 야마가타의 홍화 농장에서 '농사'를 경험하고, '사람 손으로 만들어진 시골(마을 산)'에 사는 남성과 교제하는 중에, 과거를 돌이켜보면서 새로운 가능성을 펼쳐 간다는 내용이다. 타카하타

는 "최근의 농촌을 제대로 그린 일본 영화는 없다"라고 하면서 홍화의 생산, 가공과 유기농업을 공들여 그렸고, 그 이념을 이야기하는 청년 토시오를 등장시켰다. 일하는 성인 여성을 향한 격려나 농업 종사자를 향한 공감이 담긴 '27세의 셀프 르포르타주'다.

한편 과거의 단편적 삽화집인 「추억 편」은 부모님의 보호 속에서 잘 풀리지 않는 평범한 일상을 그린 '10세의 셀프 르포르타주'다. 회상과 현재가 이어지는 부분은 특히 더 신중하게 구성되어 있다. 도입부의 야간열차 안에서 과거와 현재를 자주 오가면서 서서히 삽화로 돌입한다. 각 삽화의 대사는 원작을 따랐지만, 현재로 돌아오기 전의 끝부분에 변경된 부분이 많다. 로마 욕조에 있는 동상이 싫어진 일, 급식을 다 먹을 때까지 남은 일, 아버지에게 맞은 후의 해석, 산수 답안지를 하수구에 버리는 결말은 삭제되고, 반대로 스케베 골목에서 고백한 후에는 공중에서 떠다니는 이미지가 삽입되었다.

메인 스태프는 캐릭터 디자인 · 작화감독/곤도 요시후미, 작화감독/(보좌) 곤도 가쓰야 · 사토 요시하루, 장면 설계 · 그림 콘티/모모세 요시유키, 미술 감독/오가 가즈오, 캐릭터 색채 설계/야스다 미치요로 편성했다. 타카하타는 「야마가타 편」과 「추억 편」에서 그림 스타일을 바꿨기 때문에, 각 섹션은 장편 2편 분량의 작업을 해야만 했다. 「추억 편」에서는 원작에 가까운 여백의 미를 살린 수채화풍으로, 「야마가타 편」은 종래의 양식을 살려서 사실 풍으로 그렸다.

1989년 11월에 타카하타와 스즈키는 야마가타의 농가를 방문해 시나리오 헌팅을 하고, 1990년 5월에 스토 노리히코(연출 조수) · 다카하시 노조무(제작 담당)가 감독 대행으로 조사하기 위해 다시 야마가타로 향했고, 7월에는 타카하타 · 스즈키를 비롯해 작화 · 미술 담당 16명이 로케이션 헌팅을 겸해서 홍화 따기를 체험했다. 타카하타는 홍화의 생산과 가공, 역사를 철저하게 조사해서 실제 연기 장면에 투입했다.

타카하타 · 모모세 콤비의 그림 콘티는 『반딧불이의 묘』보다 치밀해져서, 완성하는 데 13개월이나 걸렸다. 레이아웃의 밑그림을 겸한 그림 콘티 설계는 이번에도 Fix된 롱 테이크가 많았고, 부감이나 밑에서부터의 초점 등 극단적인 구도는 거의 없었다. 레이아웃을 옮겨 그릴 때는, 세밀한 부분에 걸쳐 실험적인 시도가 추가되었다. 특히 「야마가타 편」의 스바루 R-2의 좁은 차 안에서 끝없이 이어지는 타에코와 토시오의 대화는, 실사에서는 지극히 실현하기 힘든 화각으로 설계되어 있고,[2] 창밖 풍경도 입체적으로 겹쳐서 이동하면서 롱 테이크로 작업했다. 거기에 삽입되는 롱 숏도 돈트기 전의 비가 갠 도로 위나 물웅덩이에 자동차가 반전해서 비치는 현상(차체, 헤드라이트, 미등 등)과 이동하는 배경 등, 복잡하게 다층 분할한 셀 + 배경을 밀착 멀티 다중 노출 촬영을 구사해서 실현했다. 홍화밭에서 해가 떠오르는 순간을 롱 테이크로 잡은 컷 등도, 그야말로 그 장소에 있는 것처럼 자연스러운 현장감을 만들어 내는 장면 설계에 성공한다.

곤도는 「추억 편」의 캐릭터·디자인부터 시작했다. 원작대로 작고 동그란 검은 눈동자로는 밝고 발랄한 표정을 그릴 수 없기 때문에, 크고 입체적이며 정리된 눈이 되었다. 한편 원작의 가는 막대기 모양의 손발은 살렸다. 곤도는 방대한 반 친구들의 캐릭터 설계도 담당했다.

「야마가타 편」의 캐릭터 디자인에서 타카하타는 곤도에게 『반딧불이의 묘』의

방향성에서 한 단계 나아간 설계를 요구했다. 타카하타의 "우리 얼굴은 광대뼈 때문에 정면과 비스듬하게 돌린 얼굴의 인상이 다르다. 정면에서 봤을 때는 완만하고 볼록해서 광대뼈의 존재를 거의 느끼지 못하는 얼굴이라도, 비스듬하게 돌리면 광대뼈가 보여서 입가에서 뺨의 윤곽선에 살짝 골이 생긴다. 그것은 나이를 들어감에 따라 확실해진다. 예를 들어 음영이 없어도 이 윤곽선의 미묘한 변화를 포착할 수 있다면, 나이 느낌을 낼 수 있을지도 모른다"[3]라는 힘든 요구를 받은 곤도는 고심 끝에 광대뼈의 울퉁불퉁함을 곡선으로 표현해 디자인을 완성했다. 하지만 나이에 따른 주름과 구별되지 않는 '아슬아슬한 사랑스러움'을 유지하는 것은 매우 어려운 일이라서, 작화에도 그림자 발생이나 얼굴을 돌리는 작업은 난항을 겪었다.

타카하타와 곤도는 조각가인 사토 주료를 찾아가서 입체적인 얼굴 설계를 참고했다. 또한 타에코 역과 토시오 역에는 광대뼈가 특징적인 배우 이마이 미키와 야나기바 도시로를 기용해 선녹음으로 대사를 수록하고, 그 모습을 비디오로 촬영해서 표정 설계에 참고했다. 「추억 편」과 병행 작업한 곤도의 작업량은 방대했기 때문에, 중간부터 곤도 가쓰야가 「추억 편」의 작화감독으로, 사토 요시하루가 자동차에 관한 복잡한 장면을 중심으로 한 작화감독을 담당했다.

화면 곳곳에 실제로 유행했던 음식과 옷, 유행가, TV 방송 등의 인용이 아주 많고, 그것을 하나하나 조사해서 충실하게 재현했다. 모든 편이 수수한 일상 연기이기 때문에, 모든 컷의 원래 동화를 퀵 액션 리코더로 확인했다. 원화맨은 직접 실제로 연기하며 비디오로 촬영해서, 작화의 참고로 삼는 실증 작업이 일상이 되었다. 야마가타역으로 마중 가는 모습을 그린 오쓰카 신지, 홍화 따기를 그린 후타키 마키코, 「홋코리효탄지마」의 인형 조종 연기를 재현한 이소 미쓰오, 후에 타카하타를 도운 다나베 오사무라는 실력파 젊은 원화가의 활약이 돋보였다. 한편 스케줄은 대폭으로 지연되었다.

타카하타는 아키타현 출신인 오가에게 자연을 마음껏 그리게 하고 싶다는 마음으로, 무대를 도호쿠 지방으로 정한다. 아키타는 평탄한 전원 풍경과 벼농사가 주된 일로 특징이 결여돼 있다는 판단에서 산과 골짜기가 풍부한 야마가타의 특산품인 홍화 농장을 그리게 되었다. 오가와 배경 스태프들은 「야마가타 편」에서 아름다운 홍화밭과 마을 산, 사실적인 거리와 야마가타역의 역 안을 붓 터치를 늘려서 그려 넣었다. 한편 「추억 편」에서는 대담하게 하얗게 날린 하늘과 골목, 수채화풍의 교실과 집 등은 붓 터치를 줄여 이미지를 중시한 배경으로 했다. 「추억 편」의 하얀 화면 만들기에는 타카하타가 존경하는 프레데릭 백의 영향이 있었다고 한다.[4]

이 작품에서 타카하타의 연출은 더욱 진화했다. 『반딧불이의 묘』의 붉은 유령은 하얀 과거의 화면으로, 리얼한 전쟁 중의 고베는 야마가타의 마을 산으로. 현대를 바라보는 두 유령은 과거의 아이들이 현대의 두 사람을 응원하는 라스트 장면으로, 각각 셀 애니메이션의 표현을 전진시켰다. 전자의 인상을 강조한 수채화풍 작화는, 후에 타카하타 작품에서 절정에 도달하게 된다. 후자의 미야코 하루미가 노래한 「사랑은 꽃, 당신은 그 씨앗」이 흐르는 가운데[5] 과거와 현재가 하나로 융합하는 화려한 라스트 장면은 언뜻 보면 극적으로 잘 정리되었다. 하지만 이것은 단순히 연애가 이루어진 축복이 아니다. 성인인 타에코는 나타난 아이들을 알아채지 못하고, 남겨진 10세의 타에코는 혼자 외로이 칠흑 같은 배경에 녹아들면서

사라진다. 그 여운은 주관적인 몰입으로 사고가 정지되는 것에 브레이크를 걸어서, 회상 자체의 의미를 묻는 다의성과 객관적 거리의 가능성을 유지한다. 도시와 농촌의 관계, 마을 산을 만든 일본인의 지혜와 동일선상에 있는 『야나가와 수로 이야기』를 계승하는 주제도 포함하고 있어서, 현대를 비추는 자세 또한 한 단계 발전했다.

(1) 원작은 시카타 신 저 『국경 대륙을 달리다<제1부 1939년>』(1986년 리론샤). 게이조 대학 예과에 재학 중이었던 야마우치 아키오는, 만주에서 사고로 죽은 절친의 여동생에게 오빠는 살아 있다는 말을 듣고 만주로 떠난다. 일본의 식민지하에 있던 아시아에서 국가와 국경은 무엇인가를 묻는 모험 활극. 한창 자료 수집과 조사 활동을 하던 와중에 기획이 중단된다.
(2) "고 오카모토 기하치 감독이 그 작품의 작은 차(R-2) 안에서 둘이 대화하는 장면을 칭찬해 주셨다는 말을 들었을 때는 정말 기뻤다. 실사에서는 아무래도 광각 렌즈를 사용할 수밖에 없어서 그렇게 자연스럽게 찍는 것은 불가능할 것이다" 타카하타 이사오 「반딧불이의 묘」로부터 어느덧 24년』 『모모세 요시유키 스튜디오 지브리 워크스』(2011년 이치진샤) 극단적으로 좁은 차 안에 두 사람을 넣기 위해서는 광각 렌즈를 사용해야 해서 원근법에 뒤틀림이 생긴다. 문을 떼거나 소형 카메라를 설치하는 방법이 아니면 화각도 난감하다. 야마가타역으로 마중 가는 장면처럼 실제로 주행하면서 촬영하는 경우, 운전이 위험할 뿐더러 자동차의 진동이나 울퉁불퉁한 도로로 인해 흔들림이 발생하기 쉬워서 안정된 화면을 얻을 수 없다. 정차한 자동차 안에 배경을 합성하는 실내 촬영으로는 현장감이 사라진다.
(3) 타카하타 이사오 「타에코 얼굴의 이른바 '주름'에 관하여」 『곤도 요시후미의 일 – 동화로 표현할 수 있는 것 –』(2000년 스튜디오 지브리)
(4) "『나무를 심은 사람』의 경우에는, 나무가 소리 내며 흔들리는 장면에서도 (중략) 서로 섞이며 한 가지 색으로 보이는 듯했죠. 그래서 그런 화면 전체를, 하나의 색조를 형성하는 것처럼 할 수 없을까, 라는 것이 타카하타 씨의 생각 안에 있었어요" 「야스다 미치요 인터뷰」 『로망 앨범 추억은 방울방울』(1991년 도쿠마쇼텐)
(5) 「사랑은 꽃, 당신은 그 씨앗」은 타카하타가 번역한 가사. 원곡은 영화 『로즈』(1979년 마크 라이델 감독)의 주제가 「로즈」. 노래와 주연은 베트 미들러.

너구리들의 공상적 다큐멘터리 ─
『폼포코 너구리 대작전』

1989년 무렵, 타카하타는 "일본적인 상상력의 보고인 「너구리 이야기」를 왜 일본 애니메이션계에서는 다루지 않는가, 게으른 것이 아닌가" "근대적인 장편 『아와 너구리 전쟁』의 즐거움은 누구나 인정할 수밖에 없다"라고 말했다고 한다.[1]

1992년 3월, 『붉은 돼지』를 제작 중이었던 미야자키 하야오는 "다음 기획은 너구리로 가자"고 제안한다. 스즈키 도시오는 미야자키와 의논한 끝에, 스기우라 시게루의 만화 『팔백팔 너구리』(1958년)를 가지고 타카하타에게 기획을 타진한다. 타카하타는 그 만화가 재미있다고 생각하지 않아서, 현대를 관통하는 새로운 「너구리 이야기」의 영화화를 모색했다.[2] 같은 해 5월, 타카하타와 스즈키는 『아와 너구리 전쟁』을 모티브로 한 소설 『복고기』(1985년)의 저자인 이노우에 히사시를 만나서 이노우에의 자료 서고인 지필당문고(遲筆堂文庫)에도 찾아가 봤지만 좋은 성과는 얻지 못했다.

같은 해 8월 준비반이 만들어져서, 그림 콘티 · 화면 구성/모모세 요시유키, 작화감독/오쓰카 신지, 미술 감독/오가 가즈오로 제작이 시작되었다. 타카하타는 이번에도 오가의 특기를 최대한 살리기 위해 다마 구릉을 무대로 했다. 오가의 집은

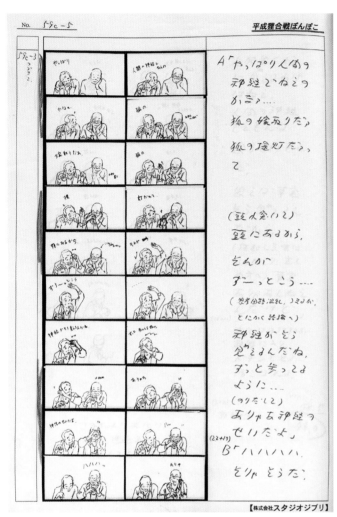

『폼포코 너구리 대작전』59C-3　타카하타와 모모세의 그림 콘티/78초의 롱 테이크 컷 설계에 그림이 66장 들어갔다. 이 설계를 바탕으로 곤도 가쓰야가 원화를 담당.

『폼포코 너구리 대작전』 내레이션을 축으로 한 시나리오 제5고/마지막 폰키치의 대사에 인간의 책임을 추궁하는 부분이 있었지만, 완성고에서는 삭제되었다. 한 방향으로 한정되지 않는 대사를 의식한 것이 아닐까.

다마 구릉에서 상당히 가까워서, 지금까지 산책을 하며 명작품의 이미지를 구축해 온 이력이 있었다.

계속해서 너구리의 생태를 조사하던 타카하타는 1993년 7월, 너구리 교통 사고사를 조사하는 시민 그룹 「다마 구릉 야외 박물관·너구리 실행 위원회」(대표 구와하라 노리코)와 너구리를 보호, 사육하는 농장을 취재했다.[3] 타카하타는 닛폰 애니메이션에 재직 중이던 1970년대, 산을 깎아서 뉴타운을 짓는 모습을 매일 눈앞에서 생생하게 보았다. 난개발로 인해 살던 곳에서 쫓겨나 길거리에 켜켜이 쌓이던 너구리의 시체는 해마다 계속 늘어났다. 타카하타 자신은 당시에 『헤이케 이야기』를 거친 선묘를 이용해 애니메이션으로 만들 구상을 하고 있었다. 겐지에게 패배해서 멸망한 헤이케를 다마 구릉의 너구리들로 바꾼다는 발상을 하면서 기획은 급전개된다. 타카하타는 "예로부터 너구리가 인간으로 둔갑해서 접촉을 시도했던 것은 너구리 나름의 이유가 있던 게 아닐까?"라고 생각하며 너구리 입장에서 본 '공상적 다큐멘터리'로 제작하기로 한다.

일본인은 자연계와 인간계의 완충지대로 마을 산을 만들고, 그것을 대대로 관리함으로써 너구리와 여우, 족제비, 토끼 등의 동물들과 공생해 왔다. 그런 생활 속에서 키워 온 상상력 덕문에 너구리는 '멍청하고 친근한 야생동물'로 민화와 전설, 동화, 속담 등에서 전해 내려오고 있었다. 타카하타는 그것들을 밑바탕으로 우키요에와 두루마리 그림 등 일본 미술의 디자인과 동화 등을 대량으로 콜라주한 구성을 생각했다. 말하자면 일본인과 너구리들의 관계에 관한 총결산이다.

중반부터 등장하는 시코쿠의 세 장로는 「아와 너구리 전쟁」의 '6대 금장', 「겐페 이야시마 전쟁」에 등장하는 '타사부로 하게타누키', 「팔백팔 너구리」의 우두머리 '이누가미교부' 등 실제 전승에서 창작했다. 그밖에 미야자와 겐지의 「쌍둥이별」과 「순환하는 별의 노래」를 오마주한 「쌍둥이별 작전」과 너구리 판인 「주문이 많은 음식점」도 등장한다.

「요괴 대작전」에서는 가쓰시카 호쿠사이의 「백 가지 이야기」, 우타가와 구니요시의 「소마의 옛집」, 「유행 달마 놀이」, 다와라야 소타쓰의 「풍신뇌신도 병풍」, 「백귀야행 그림 편」 「아와춤」 「여우비」 등이 그대로 등장한다. 이누가미교부의 죽음에 관해서는 지온인의 「아미타 스물다섯 보살 내영도(하야라이코)」의 아미타여래들이 하늘에서 내려온다. 대머리 너구리가 주도하는 염불춤은 「잇펜쇼닌 두루마리 그림」을 이미지했다고 한다.

모모세와 오쓰카는 이미지 빌딩을 위해 타카하타의 초안을 바탕으로 아이디어와 개그를 가득 담은 보드를 양산했다. 타카하타는 그것들을 받아들여 과도한 내레이션을 넣은 너구리들의 연대기로 전체를 구성했다. 시나리오는 제5고까지 수정을 거듭했다. 이야기의 전개는 『늑대소년 켄』 제72화 「긍지 높은 고릴라」처럼, 각각의 심리 묘사에 시간을 들이지 않고 상황 설명으로 스피디하게 진행한다. 성실함이 장점인 주인공 쇼키치에게도, 그를 보좌하는 개성적인 너구리들에게도 다가가지 않고, 어디까지나 군상으로서 너구리를 그리는 것에 중심을 두었다. 메인 캐릭터는 얼굴과 의상으로 일단 판별할 수 있지만, 너구리들은 4개의 형태[4]로 변하기 때문에 각각 판별하기 어렵다. 앞부분에서 네 발로 뛰어 내려가는 리얼한 너구리가 두 발로 일어서는 것은 『치에』 『고슈』와 마찬가지로 단순한 의인화 판타지가 아니라는 주장이다.

모모세는 『반딧불이의 묘』『추억은 방울방울』에 이어 세 작품을 연속으로 타카하타와 그림 콘티를 공동 작업했고, 레이아웃 확인도 겸임했다. 타카하타는 시종일관 너구리 집단을 찍기 위해 모모세에게 카메라를 높은 위치에서 다양한 롱 숏을 지시한다. 너구리들이 변신하면서 뿔뿔이 흩어져 싸우는 앞부분의 전투 장면(원화/곤도 요시후미), 뉴타운 일대에서 전개되는 「요괴 대작전」(원화/도미사와 노부오, 도모나가 가즈히데, 다나카 아쓰코 외) 등, 넓은 공간에 대량의 캐릭터가 뒤섞이는 상당히 복잡한 설계가 많아서, 작화의 어려움은 극에 달했다. 작화감독은 오쓰카와 가가와 메구미의 이인 체제로, 보좌를 가와구치 도시오와 미노와 히로코가 맡았다.

한편 회의 장면 등에서 Fix된 차분한 화면도 많이 사용됐다. 특히 「요괴 대작전」을 배경으로 단지의 포장마차에서 술에 취한 두 아버지가 술주정하는 컷(원화/곤도 가쓰야)은 78초나 되어, 스튜디오 지브리 작품에서 최대이자 최장의 정점 관측 컷이다. 화려한 변신 대회에 찬물을 끼얹은 아버지들의 손짓 발짓의 명연기는 필사적인 너구리들과는 대조적이라서 아무래도 뒷맛이 좋지 않다. 너구리들을 쫓아가는 장면에서는 이동 촬영을 많이 사용했고(곤타가 풀숲을 달리는 주관적 이동, 트럭 습격이나 옥쇄 전면전 등), 타카하타 작품에서는 보기 드문 액티브한 설계지만, 이것들도 선정적이라기보다 관찰적이다. 「공사 현장의 요괴」에서 모리츠에셔 풍의 무한 계단의 부감(원화/엔도 마사아키)도 등장한다. 출정 전에는 『헤이케 이야기』의 한 장면인 나스 요이치가 말에서 활을 쏘는 장면도 그리고(원화/다나베 오사무), 튀김을 튀기는 TV 방송의 실사 영상을 삽입하여 지브리 작품 최초의 3DCG 컷이 된 도서관 책꽂이의 이동 촬영 등, 실험적인 컷도 담겨 있다.

목소리 출연은 고참 너구리를 연기한 야나기야코 씨(쓰루가메 스님), 가쓰라 베이초(6대 금장), 가쓰라 분시(하게타누키), 아시야 간노스케(이누가미교부), 기요카와 니지코(히노타마 오로쿠 할머니)와 해설에 고콘테이 신초 등의 베테랑들은 개별로 선녹음으로 수록했다. 프로 만담가들의 화면에 휘둘리지 않는 연기 덕분에, 캐릭터의 존재감이 더해졌다. 한편 젊은 너구리인 노노무라 마코토(쇼키치), 이시다 유리코(오키요), 하야시야 고부헤이(폰키치) 등은 후시녹음으로 수록했다.

음악은 샹샹 타이푼과 후루사와 료지로가 맡았고, 삼현 밴조와, 횡적, 꽹과리 등을 사용해서 시끌벅적한 무국적 악곡을 다수 제공했다.

이 작품은 언뜻 동물을 의인화한 판타지의 정석으로 보이지만, 내용은 기존의 타카하타 작품대로 정형적인 카타르시스를 모조리 빼고, 상당히 감정이입하기 힘든 객관주의를 관철하고 있다.

너구리 커뮤니티는 안쪽에서 와해되고, 인간 측 이해자나 동조자도 등장하지 않으며, 상호 이해도 성립하지 않는다. 적=인간을 물리치지도, 생활권을 지키지도 못한다. 관객은 다마 구릉에서 실제로 일어난 사실과 마주하며, 너구리들의 끝나 가는 운명을 지켜볼 수밖에 없다. 안이한 구원으로 현실에서 도피하는 판타지로 만들 의도는 조금도 없었다. 그러면서도 타카하타는 너구리들의 필사적인 모습이 자아내는 유머도 잊지 않았다.

옥쇄 전면전에서 살아 돌아와 재출정을 호소하는 곤타와 살생을 반대하는 하게타누키가 대립하면서, 평범한 너구리들이 두 파로 나뉘어져 커다란 염주로 그

물을 치는 장면이 시나리오 제5고까지 적혀 있었다. 곤타는 무신(武神)을 내걸고 걸고 '나무하치만대보살'을, 하게타누키는 정토를 바라는 '나무아미타불'을 외치지만, 큰 염주는 부서져서 너구리는 두 패로 갈라진다. 어느 쪽도 죽음으로 향하는 처연하고도 익살스러운 싸움이었지만 삭제되었다. 또한 원더랜드 사장은 다나카 가쿠에이(전 총리), 여우인 류타로는 하시모토 류타로(개봉 당시는 통상 산업 장관, 후에 총리)를 모델로 했고, 전자는 디자인도 닮은 얼굴로 했다.

특보 등에 사용한 하이쿠 '재미있으면서도 이윽고 서글퍼지는 너구리인가'는 마쓰오 바쇼의 하이쿠 '재미있으면서도 이윽고 서글퍼지는 가마우지배인가'를 타카하타가 바꾼 것이다. 본편에는 사용되지 않았지만 타카하타는 이 구절을 각본 말미에 적었다.

마지막으로 둔감하지 않는 평범한 너구리인 폰키치가 관객을 향해 야생동물의 현재 상황을 이야기하고, 골프장 잔디밭에서 춤추는 너구리들의 뒤쪽에 펼쳐지는 일루미네이션으로 영화는 막을 내린다. 타카하타는 현실은 익살스러우면서도 냉정하다고 말하며, 상상의 울타리를 뛰어넘어 일본 사회를 조명하고 관객을 생각하게 만든다. 당시도 지금도 일본 각지에서는 개발로 인한 야생동물 추방 사태는 계속 발생하고 있고, 단번에 해결되는 판타지는 손톱만큼도 없다. 그래도 너구리들은 지금도 '힘차게 살아가고 있다'. 그 모습은 마을 산을 연달아 잃어버리고 개성 없는 도시에서 사는 일본인에게도 겹쳐진다.

이 작품을 완성한 후에 타카하타는 앞으로의 포부를 다음과 같이 말한다.

"러프 스케치의 장점을 남긴 듯한 자연스럽고 소박한 기법으로, 하지만 역시 많은 사람이 즐길 수 있는 오락 장편을 만들어 보고 싶다"[5]

타카하타는 유일하게 오리지널 각본으로 만든 장편인 이 작품을 끝으로, 원래 방식인 셀 애니메이션과 결별하고 새로운 기법의 개발을 향해 나아가게 된다.

(1) 「너구리 통신3, 너구리를 너구리답게」타카하타 이사오 저 『폼포코 너구리 대작전』(1994년 도쿠마쇼텐)
(2) 「미야자키 하야오 인터뷰」『BiG tomorrow 1994년 6월』(세이슌 출판사)
『아니메주』1994년 3월호(도쿠마쇼텐) 그리고『팔백팔 너구리』는 『팔백팔 너구리』(1955년)를 스기우라 시게루가 셀프 리메이크한 작품이다.
(3) 「구와하라 노리코 인터뷰」『폼포코 너구리 대작전 해설도록』(1994년 타카하타·미야자키 작품 연구소 편)
(4) 너구리들은 네 발의 리얼한 '실제 너구리', 두 발로 서는 장식물 같은 '시가라키 모습', 신났을 때의 '폼포코 너구리', 비참한 기분의 스기우라 시게루 같은 '스기우라 너구리' 등 네 가지로 변신한다.
(5) 「타카하타 이사오 인터뷰」『키네마준포』1994년 8월 초순 호(키네마준포사)

1981년

꼬마숙녀 치에

Downtown Story

(감독, 각본)

영화/1981년 4월 11일 개봉/110분 원작/하루키 에쓰미 감독/타카하타 이사오 각본/시로야마 노보루, 타카하타 이사오 작화감독/고타베 요이치, 오쓰카 야스오 미술/야마모토 니조 음악/호시 가쓰 제작/도쿄 무비 신사

하루키 에쓰미의 동명 만화가 원작이다. 주인공인 초등학생 치에와 싸움과 도박에 빠져 지내는 아버지 데츠. 그리고 두 사람을 둘러싼 서민 동네 사람들의 모습을 인정미 넘치는 희극으로 그렸다. 타카하타는 오사카에 있는 동네를 로케이션 헌팅해서 리얼한 배경을 만들고, 그와 더불어 평면적인 만화 캐릭터를 배경에 녹이는 연구에 공을 들였다. 이 작품 이후, 타카하타의 관심은 일본인의 행동과 생활을 표현하는 쪽으로 향하기 시작했다.

1

타카하타 이사오의 말

저는 신기한 부분을 보여줄 때, 그것을 처음부터 보여주는 것이 아니라 들어가는 방법이 필요하다고 생각해요. 신기한 것을 처음부터 보여주면, 뭐든 다 가능한 세계라고 생각하게 돼서, 그 안에서의 리얼리티를 봐주지 않을 것 같다는 느낌이 들어요. 그래서 입구가 필요하다는 겁니다. 그 입구의 모습은, 예를 들어 코테츠는 길고양이 같은 느낌이 있었으면 했어요. 그래서 일단 네 발로 나타나서 치에를 올려다봅니다. 그리고 보시는 바와 같이, 치에가 뒤돌아봤을 때는 이미 두 발로 서서 곱창을 물어뜯고 있는 것이죠. 그러면 웃음이 터지면서 이 이변을 인정해 주지 않을까 싶었어요....... (중략) 애니메이션이니까 뭐든 가능하다. 이런 것에 얽매여서 스스로에게 제약을 가할 필요는 없어요. 그런데 왜 얽매여서 고생을 하냐면, 이건 일반론이지만 느낌을 내고 싶어서 그래요. 리얼리티를 갖고 싶어요. 리얼리티를 가지면서 현실에서는 절대 할 수 없는 일을 한다. 그렇게 했는데도 결과적으로 리얼리티를 갖지 못한다면, 그것은 관두는 게 좋아요. 그 부분을 누구도 알지 못하게 속이는 것. 그래서 고생하고 있는 겁니다.

[『『꼬마숙녀 치에』의 제작이 끝난 지금-좌담회/오쓰카 야스오 · 고타베 요이치 · 타카하타 이사오』/『마이아니메』(아키타쇼텐)/1981년]

2

야마모토 니조가 그린 오사카의 서민 동네

원작은 개성파가 가득한 캐릭터들의 표정과 그들이 대화하는 모습이 화면을 채우고 있지만, 타카하타는 이것을 영화로 만드는 데 있어서, 주인공들이 행동하는 생활공간 묘사에 중점을 두었다. 미술 감독인 야마모토 니조와 함께 싸구려 여인숙에 머물면서 로케이션 헌팅을 진행했고, 지금은 추억이 된 오사카의 서민 동네 풍경을 생생하게 그렸다. 야마모토는 타카하타로부터 석판화의 까슬까슬한 색면을 영화에 살릴 수 없느냐는 요구에 그림물감의 불투명한 색감으로 투명감 있는 채색을 얻을 수 있는지 연구하면서 시행착오를 거듭했다. 그 결과, 수채화용 왓슨 종이를 물에 적신 후, 그 위에 한 번 그린 색면을 워터브러시로 문질러서 닦아내면, 입자가 거칠어진 듯한 질감이 나는 석판화풍의 색면을 만드는 방법을 고안했다. 배경화의 부드러운 느낌이 그 성과로, 사람 냄새 나는 작품 세계의 기조를 만들어 냈다.

3

4

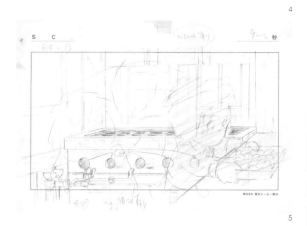

5

6

1, 4, 5. 레이아웃
2, 3, 6. 배경화

S C .

秒

株式会社 東京ムービー新社

1, 3. 배경화 2, 4. 배경 원도

S /5 C - 8.   秒

株式会社 東京ムービー新社

1

2

3

4

5

6

7

8

1, 3, 5, 7, 9, 11, 13. 배경화　2, 4, 6, 8, 10, 12. 레이아웃

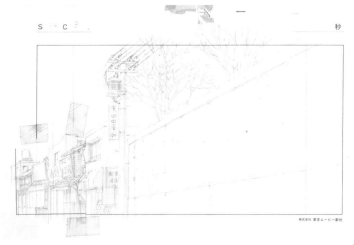

株式会社 東京ムービー新社

9

10

11

株式会社 東京ムービー新社

12

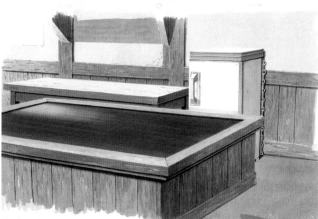

13

1982년
첼로 켜는 고슈
Gauche the Cellist

(감독, 각본)

영화/1982년 1월 23일 개봉/63분 원작/미야자와 겐지 감독·각본/타카하타 이사오 캐릭터 디자인·원화/사이다 도시쓰구 미술/무쿠오 다카무라 무쿠오 스튜디오 음악/마미야 미치오 기획·제작/오프로덕션

원작은 미야자와 겐지의 동명 동화이다. 시골 악단에서 첼로를 켜는 고슈와 밤마다 집으로 찾아오는 동물들과의 음악을 통한 마음 따뜻해지는 교류를 그렸다. 오프로덕션이 자체 제작한 영화로, 7년에 달하는 세월에 걸쳐 완성했다. 영화화하는 데 있어서 첼로 실력의 향상과 함께 인간적으로도 성장하는 고슈의 현을 다루는 솜씨를 묘사하기 위해, 애니메이터인 사이다 도시쓰구는 첼로 연주법을 배웠다. 사이다는 모든 원화를 혼자서 그렸고, 미술의 무쿠오 다카무라도 배경화를 거의 혼자서 그렸다.

1

타카하타 이사오의 말

우리는 「첼로 켜는 고슈」를 그저 예술가 고유의 이야기라고 생각하거나, 거기서 말하고 있는 주제를 예술론만으로 한정하는 것은 틀렸다고 생각합니다. 좀 더 보편적으로 받아들이는 방법이 있을 것 같아요.

– 지극히 평범한 청년이, 어느 목적을 향해서 무작정 돌진하고 있을 때, 자신의 목적과 관련이 없다고는 말할 수 없지만, 오히려 방해란 생각밖에 들지 않는 사건에 휩싸이면서 사람을 만난다. 청년은 귀찮아하면서도 그 사건과 사람을 받아들일 수밖에 없다. 그리고 청년의 마음에는 어느덧 진정한 자발성과 타인을 향한 사랑이 피어난다. 청년은 그 힘으로 인해 비약적인 성장을 달성하지만, 본인은 그것을 전혀 자각하지 못한다. 주위 사람이 청년의 성장에 놀라서 그것을 말해 줘도 청년은 믿을 수가 없다. 하지만 그것을 의심할 필요도 없게 됐을 때, 그때의 사건이 순식간에 청년의 머릿속에서 떠오르면서, 그 깊은 의미를 깨닫고 큰 감동에 휩싸인다. 인생의 중대한 전환기는 이렇게 서서히 찾아오는 것이다–.

[「청춘 영화로서의 『첼로 켜는 고슈』」/『첼로 켜는 고슈』 팸플릿/1981년]

2

1,3. 무쿠오 다카무라가 그린 배경화 2. 장면 사진

1

2

3

무쿠오 다카무라의 배경화, 수묵화풍의 스타일

미야자와 겐지의 원작에서는 이야기의 무대가 특정되지 않았지만, 타카하타는 겐지가 살았던 일본으로 무대를 설정했다. 그래서 고슈의 생활공간은 일본의 전원 풍경을 바탕으로 만들어졌다. 미술 감독을 맡은 무쿠오 다카무라는 『엄마 찾아 삼만리』와는 완전히 다른 수묵화풍의 묘법을 채택하고, 빛과 그림자가 부드럽게 울려 퍼지는 독특한 세계를 만들어 냈다.

1.-4. 보드
5.-9. 배경화

4

5

6

8

7

9

1

2

3

4

5

6

第　話第　話　　　　　　S.　C. 858　　TIME(　+　)

7

8

1, 2. 배경화
3.-6, 8. 미술설계용 보드
7. 레이아웃(참고 도판)

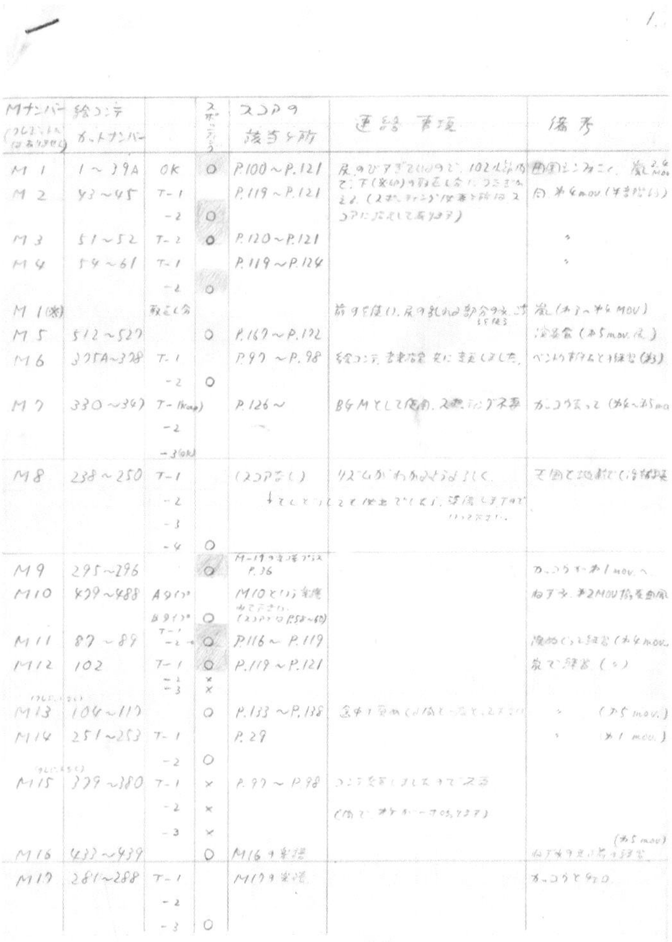

1

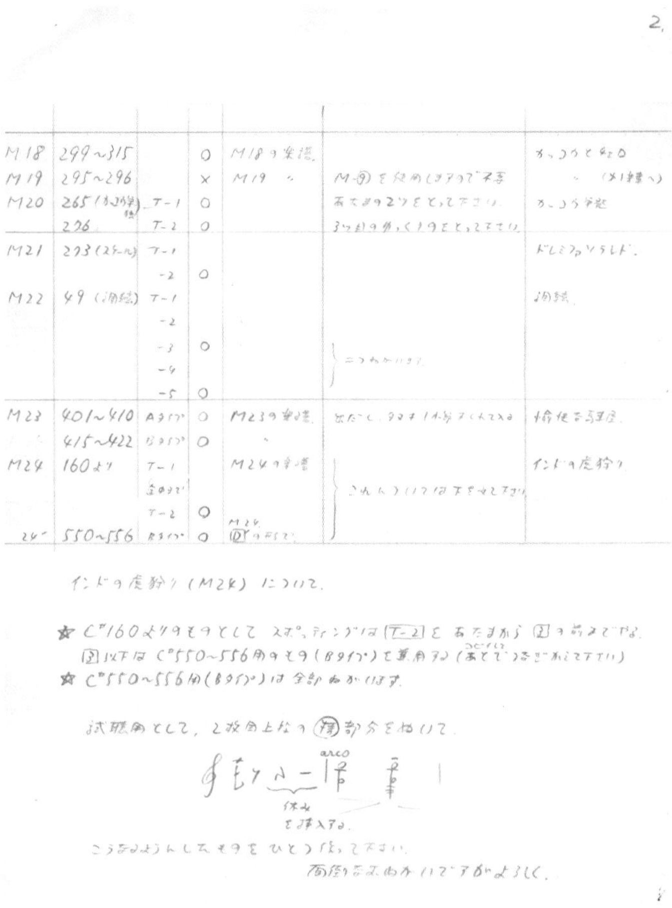

2

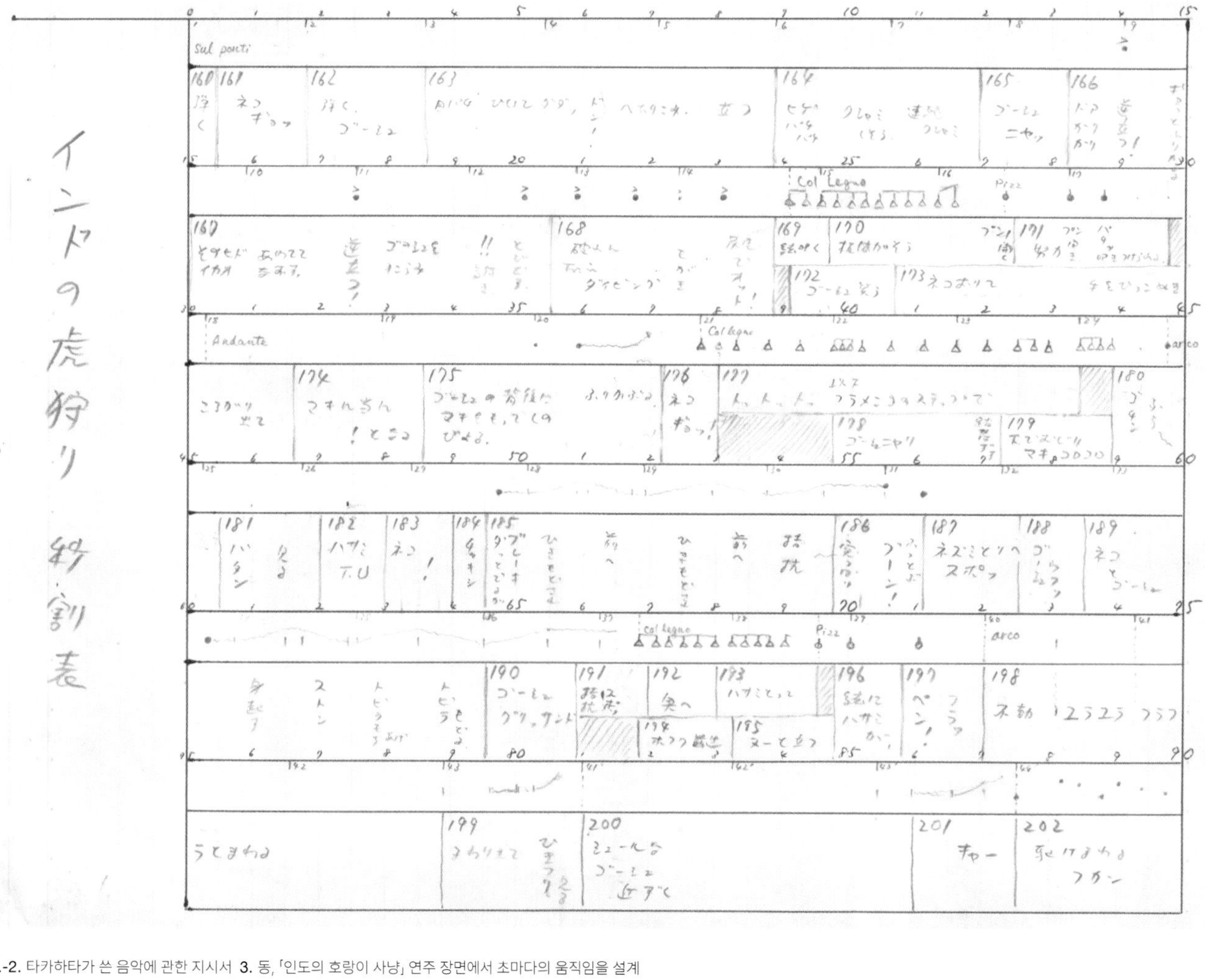

3

1.-2. 타카하타가 쓴 음악에 관한 지시서 3. 동, 「인도의 호랑이 사냥」 연주 장면에서 초마다의 움직임을 설계

'83 11/10号

カッコー通信

毎月1回発行 1部100円

編集・発行 オープロダクション
〒167 東京都杉並区天沼3-33-3ウサローザ

創刊号

— 1 —

△横尾 董氏

おじゃましまーす

映画館

パクさんのぽけっと ①

高畑 勲

— 6 —

セロ弾きのゴーシュ上映会

◎ところ　労音会館（東京）
◎とき　8月21日（火）〜28日（火）
◎時間　10:00　1:00　3:00　6:30
◎お問い合せ　労音会館　265-6366

◎ところ　京都教育文化センター
◎とき　7月7日（土）〜10日（火）
◎時間　3:00（7、8日のみ）6:30
◎お問い合せ　京都映画センター
　075-256-1707

◎ところ　立山町五百石公民館
　　　　　福光文化会館
◎とき　7月22日（日）
◎時間　10:00

◎ところ　大沢町文化会館
◎とき　7月24日（火）
◎時間　2:00

◎ところ　永市民会館
　　　　　高岡市伏木社会会館
◎とき　7月29日（日）
◎時間　2:00
◎お問い合せ　富山映画サークル協議会
　0764-32-3931

おしらせ

カッコー通信
定期購読のおすすめ

— 7 —

田園交響曲のあとつぎたち

パクさんのぽけっと ⑧

高畑 勲

ビデオ　セロ弾きのゴーシュ
● オープロダクション直接販売

お申し込み方法

便せんにあなたの住所、氏名、TELを記してVHS、ベータの別を明記して代金同封の上、必ず現金書留にて下記にお送り下さい。

●料金　VHS・ベータ共　15,000円（送料含む）
☆発送は現金書留到着後10日前後になります。
〒167 東京都杉並区天沼3-33-3ウサローザ
オープロダクションビデオ販売
TEL 03(391)6986

— 6 —

팬클럽 회보　　4.-6.『첼로 켜는 고슈』를 위해 발행한 정보지 『뻐꾸기 통신』(편집・발행 : 오프로덕션).
타카하타는 「파쿠 씨의 포켓」이라는 연재를 맡았고, 매호 「고슈」와 관련된 에세이를 썼다.

123

「공백의 5년」과 프로듀서 취임의 진실

『리틀 네모』『바람계곡의 나우시카』『천공의 성 라퓨타』

『첼로 켜는 고슈』(1982년)부터 『야나가와 수로 이야기』(1987년)까지, 타카하타는 그 사이에 작품을 발표하지 않는다. 물음표로 가득한 이 '공백의 5년'에 관해 적고 싶다.

1982년에 타카하타가 속해 있던 텔레콤 애니메이션 필름은 미일 합작의 초대작 『리틀 네모』를 제작하기 위해 설립한 스튜디오로, 타카하타도 1년 이상 그 작품의 제작에 몸담았다. 『리틀 네모』(1905년~1913년)는 윈저 맥케이가 그린 신문의 연재만화로, 파자마 차림의 소년 네모가 꿈의 세계에서 모험하다가 깨어난다는 단편 연작이다. 맥케이가 직접 단편 애니메이션도 제작했다. 텔레콤의 모회사인 도쿄무비 신사 사장인 후지오카 유타카(당시)는 『스타워즈(에피소드 4 새로운 희망)』(1977년)을 히트시킨 프로듀서 게리 커츠와 법인 '키네토 TMS'를 창립하고 로스앤젤레스에서 제작에 임하고 있었다.

1982년 8월~9월, 타카하타 · 미야자키 하야오 · 오쓰카 야스오 이하 텔레콤의 주요 멤버 13명은 미국으로 건너가 디즈니의 베테랑 애니메이터인 프랭크 토마스와 올리 존스턴의 작화 강의를 듣는다. 이 시기에 그들은 신인이었던 존 래시터와 브래드 버드와 교류한다. 후지오카는 명함 대신 비디오테이프를 주면서 시사회를 자주 개최했고, 베테랑 애니메이터 두 명은 『꼬마숙녀 치에』에, 신인들은 『루팡 3세 : 칼리오스트로의 성』(1979년)에 충격을 받았다고 한다.

귀국 후 10월에 SF 작가인 레이 브래드버리의 『OMENEMO!』라는 제목의 시나리오 준비고의 일본어 번역본이 도착했고, 스태프들은 그것을 돌려보았다. 주인공 네모가 꿈의 나라 슬럼버랜드에서 온 OMEN('NEMO'를 거꾸로 읽은 것으로 사실은 네모의 분신)의 권유로 꿈의 깊은 곳으로 들어가게 되고, 마지막에는 현실로 돌아온다는 줄거리였다. 도입부는 매력적이었지만, 네모의 동기가 불분명하고 성장 스토리로서는 애매한 데다가, 후반부는 아직 정해지지 않은 상태였다. 커츠는 미국과 일본 스태프들에게 이미지화의 양산을 원했고, 그것들을 늘어놓고 가부를 결정할 뿐 실질적인 제작은 하나도 진행되지 않았다. 커츠는 계속 자세한 설명을 피했다.

타카하타 · 미야자키를 비롯한 일본 측 스태프들은 '기획이 가야 할 방향성을 일치시키고 싶다'고 하면서, 캐릭터 설정과 주제, 스토리의 명확화를 요구했다. 타카하타는 네모의 현실에서의 일상생활을 기반으로 그리면서, 꿈과의 결별과 현실로의 귀환을 주체적으로 선택해야 한다고 주장한다. 미야자키는 네모는 누군가의 음모로 인해 꿈의 세계로 가게 됐지만, 그곳에서 의문을 풀고 적을 쓰러뜨린 다음에 귀환하는 모험 활극이라는 구상을 내놓으면서, 왕녀 나우시카와 천공의 성, 오니숍터, 거대 로봇 등이 등장하는 파일럿 필름의 그림 콘티를 완성한다. 그야말로 두 감독다운 제안을 가지고 두 사람은 다시 미국으로 건너가 커츠와 협의한다. 하지만 커츠는 "스토리는 이미 있다"라면서 건설적인 제안을 모조리 무시한다. 실망한 미야자키는 1982년 11월에 참여를 포기하고 텔레콤을 퇴사한다.

1983년 2월, 일본에서 『네모』의 제작 발표 기자회견이 열렸다. 타카하타는 일본 측 감독으로서 게리, 후지오카와 함께 참가한다. 타카하타는 커츠를 계속 설득했지만, 3월에 직접 토론한 후에 일방적으로 해임되고 만다.[1]

같은 해 2월, 영화 『바람계곡의 나우시카』의 제작이 결정되고, 도쿠마쇼텐 · 하쿠호도 등 제작 위원회가 발족된다. 미야자키는 『아니메주』 1982년 2월호부터 만화 연재를 했고, 퇴사 후에는 집필에 전념했다. 미야자키는 감독을 맡는 조건으로

'제작 스튜디오 확보', '타카하타 이사오를 프로듀서로 초빙할 것'을 요구했다. 타카하타는 『아니메주』 편집부(당시)의 스즈키 도시오가 『나우시카』 프로듀서 취임을 타진했을 때 '자질이 없다'면서 고사하고, 그 근거를 노트에 정리해서 열거했다고 한다. 하지만 그 내용을 구체적으로 밝혀진 것은 없어서 자세한 사항은 알 수 없었다.

이번에 그 '노트'로 추정되는 자료가 발견되었다. 그곳에 적혀 있던 것은 현재 상황과 앞으로의 가능성에 관한 정리와 검토였고, 새로운 사실도 다수 포함되어 있었다.

첫째, TMS에 신세를 졌으면서 성과를 남기지 못해, 후지오카 사장에게 미안함을 느끼고 있다. 이 회사에서 기획 중이었던 해외 아동문학 작품의 영화화가 정해지면, 그 작품의 감독을 맡고 싶다.

둘째, 오프로덕션이 『첼로 켜는 고슈』에 이어 자체 제작 제2탄을 준비하고 있다(미야자와 겐지의 작품을 예정). 이 작품에 공동 프로듀서 또는 감독으로 참여해서 어떻게든 실현시키고 싶다.

셋째, 『나우시카』의 프로듀서를 맡을 경우, 미야자키를 중심으로 하는 새로운 세력 만들기에 가담하게 돼서(스태프를 다른 곳에서 빼내 와야 함), 타사와의 관계는 악화되고 각 작품에 참여한 친구들을 배신하게 된다.

그밖에 미야자키와 어떤 관계를 맺어야 할 것인가(친구 관계인지, 일 관계인지, 내용에 관계해야 하는지), 미완인 원작을 다른 시나리오로 압축하는 위험성, 프로듀서로서의 경험 부족으로 인해 실패할(스태프에게 민폐를 끼침) 가능성 등등, 수많은 문제점이 논리적으로 열거되어 있다.

타카하타는 이 일에 관해 오프로덕션의 무라타 고이치 사장과 의논했다고 적혀 있다. 타카하타 입장에서는 쉽게 받아들일 수 없는 것은 당연하고, 오히려 얼마나 갑작스럽고 강압적인 의뢰였는지 짐작할 수 있다. 애당초 타카하타는 『엄마 찾아 삼만리』에서 이상적인 인물을 그리는 감정이입형 판타지와는 결별했고, 그 노선을 돌진하는 미야자키를 도와주는 것은, 일로서는 가능해도 표현자로서는 복잡한 심정이었을 것이다. 그럼에도 불구하고 타카하타는 텔레콤을 퇴사하고 프로듀서 취임을 수락했다. 단기간에 『TMS의 장편 기획』과 오프로덕션의 작품이 동시에 좌절됐다고는 생각하기 어렵고, 타카하타의 부재로 중단됐을 가능성도 생각할 수 있다(이 두 작품의 제작은 그 후에도 실현되지 않음). 타카하타의 이러한 결단이, 역사적인 분기점이 된 것은 틀림없다.

타카하타는 도에이 시절의 동료인 하라 도오루가 이끄는 톱 크래프트를 제작 스튜디오로 확보한다. 그리고 『고슈』에서 기획을 맡았던 오프로덕션의 고마쓰바라 가즈오를 작화감독으로 데려와 5월 하순까지 사실상 자택을 준비실로 제공한다. 미야자키와 논의를 거듭하면서 설정과 시나리오의 세부를 채워 나갔다. 6월에 열린 『나우시카』 제작 발표 기자회견에서 배포한 자료에 타카하타는 다음과 같이 적었다.

"거대 산업 문명이 붕괴된 이후 천 년이라는 극한의 세계 저편에서, 핵전쟁의 위기를 품고 쾌적함만을 추구하며 자원 낭비와 자연 파괴를 일삼는 현대 사회를 날카롭게 비춰 주기를 바란다. (중략) 원작에서 아직 한 조각밖에 보여주지 않은 미야자키 하야오의 모든 생각을 철저하게 집어넣었으면 좋겠다"

타카하타답지 않은 선정적인 문장이고 어디까지나 프로듀서로서, 미야자키의 특징을 세상에 내보내려는 입장을 철저하게 고수하고 있음을 짐작할 수 있다. 타카하타는 스케줄과 예산 관리부터 스태프의 급여 계산까지 번잡한 업무를 혼자 도맡

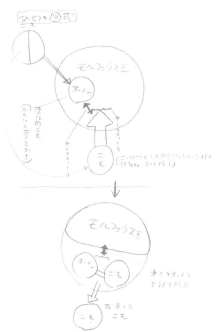

타카하타가 레이 브래드버리의 시나리오 구상을 발전시키기 위한 도식

앉고 열정적으로 해냈다.

또한 『나우시카』의 음악은 다른 사람이 내정되어 있었지만 타카하타는 히사이시 조를 추천하면서 관계자를 설득한다. 그렇게 결정을 번복하면서 미야자키 · 히사이시 콤비를 탄생시켰다. 야스다 나루미의 주제가도 이미 정해져 있었지만, 이것도 미야자키의 뜻을 짐작한 타카하타가 관계자를 설득해서 사용하지 않게 되었다. 타카하타가 참여하지 않았다면 『나우시카』는 완전히 다른 작품이 되었을 것이다. 또한 타카하타는 함께 상영할 영화인 『극장판 명탐정 홈즈 푸른 홍옥 편/해저의 보물 편』의 후시녹음과 음악 구성도 담당했다.

『나우시카』가 성공을 거두고, 도쿠마쇼텐에서는 곧바로 다음 작품 제작이 화제에 올랐다. 타카하타의 제안도 있고 해서, 도쿠마쇼텐은 애니메이션 제작 회사를 설립하기로 결정한다. 1984년 중순쯤에는 미야자키가 생각해 놓았던 「스튜디오 지브리」란 이름으로 법인 등록을 진행하고, 다음 해 6월에는 기치조지에 스튜디오를 오픈한다.

타카하타는 『나우시카』에 이어 『천공의 성 라퓨타』의 프로듀서로 취임하고, 기획서 「모든 현대인을 향한 우정과 사랑 이야기」를 집필한다. 타카하타는 수많은 애니메이션이 "단순한 메카를 TV 게임처럼 조작하는 신경증적인 긴장만을 짊어져서, '피가 끓고 힘이 넘치는' 관능성은 없는 것이나 다름없다"고 분석했다. 현대의 관객을 설득할 힘을 가진 허구의 리얼리티를 구축하고, 그곳에 유기적으로 연결한 스토리는 "상당히 강인한 상상력을 낼 수 있는 사람이 아닌 이상, 도저히 그 소임을 감당할 수 없다"고 하면서 미야자키의 놀라운 재능을 칭찬했고 "이것은 열혈남아 미야자키 하야오가 전하는 모든 현대인을 향한 우정과 사랑 이야기이자, 모험 활극을 둘러싸고 불행한 현재의 상황에 대해, 과감하게 도전하는 거대한 야심작이다"라며 결론을 맺었다. 훗날 타카하타는 예산을 획득하기 위해 기획서에서 강한 자세를 취할 수밖에 없었다고 말했다.[2] 그가 예상한 대로 『라퓨타』는 자금도 제작 규모도 『나우시카』를 능가하는 초대작이 되었다.

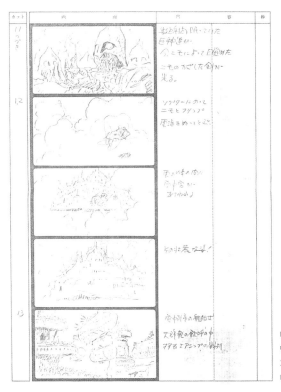

미야자키 하야오가 만든 환상의 『NEMO 파일럿 필름』 그림 콘티의 일부

또한 타카하타는 "온화한 마음으로 영화를 되새기게 하기 위한 노래가 필요하다"라며 엔딩에 내보낼 주제가 제작을 제안한다. 미야자키에게 작사를, 히사이시에게는 '이미지 앨범' 수록곡 '파즈와 시타'를 바탕으로 중반에 후렴을 추가해 달라며 편곡을 의뢰한다. 타카하타와 히사이시는 멜로디에 맞춰 미야자키의 시를 첨삭하고 보충해서, 주제가인 「너를 태우고」를 완성한다.

타카하타의 헌신적인 활동 덕분에 미야자키 하야오를 중심으로 둔 스튜디오 지브리의 기초가 구축되었다. '공백의 5년'은 공백이 아니라 더없이 충실했던 기간이자, 일본 애니메이션사의 역사적인 전환점이었다고 할 수 있다. 그러나 타카하타 본인은 평생 스튜디오 지브리의 정사원이 되는 것을 거부하고 프리랜서를 고수했다. 한편, 인격이 분열되어 두 주인공이 존재한다는 『OMENEMO!』의 구상은, 그 후에 『반딧불이의 묘』, 『추억은 방울방울』로 계승되었다.

(가노 세이지)

주

(1) 『리틀 네모』의 기획은 1984년에 중단. 게리 커츠는 해임되고 1988년에 『NEMO/네모』(하타 마사미, 윌리엄 T. 허츠 감독)로 완성되어 미국과 일본에서 개봉되었다.

(2) 「프로듀서 타카하타 이사오 주제가와 음악 설계로 즐거운 추억을 만들었습니다」『로망 앨범 천공의 성 라퓨타』(1986년 도쿠마쇼텐)

타카하타가 쓴 『바람계곡의 나우시카』 프로듀서 취임 검토용 메모의 일부

야나가와 수로 이야기
The Story of Yanagawa Waterways
(각본, 감독)

영화/1987년 8월 15일 개봉/167분 제작/미야자키 하야오 각본·감독/타카하타 이사오 촬영/다카하시 신지 감독보/미야노 다카히로 감수·각본 협력/히로마쓰 쓰타에 애니메이션 원화/다나카 아쓰코, 후타키 마키코 미술/야마모토 니조 색지정/야스다 미치요 주제곡/마미야 미치오

애니메이션 로케이션 헌팅을 위해 규슈의 야나가와에 간 타카하타는 오염이 진행된 수로의 매립계획을 철회하게 만든 시청 직원이자 수로의 담당계장인 히로마쓰 쓰타에를 만난다. 그리고 시민과 힘을 합쳐 옛날의 아름다운 수로를 되찾은 실화를 다큐멘터리 영화로 만들 것을 제안한다. 타카하타는 당시 수로의 모습을 영상으로 기록할 뿐만 아니라, 야나가와의 아름다운 수로가 시민의 노력으로 다시 살아난 과정을 알기 쉽게 보여주기 위해 애니메이션도 활용했다.

1

타카하타 이사오의 말

1987년에 완성한 우리의 영화 『야나가와 수로 이야기』는 다행히 각 방면에서 좋은 평가를 받고, 현재도 각지에서 계속 상영하고 있다. 2시간 45분이라는 긴 상영시간 탓에, 상영회를 계획하시는 분들을 매우 힘들게 하고 있지만, 동시에 내용적으로 욕심을 낸 덕분에 각지에서 거행된 상영회는 자주상영 경험이 있는 영화애호가나 환경 문제·물 문제 운동가, 관심이 있는 사람들, 그리고 지역 발전에 열의가 있는 지자체 직원들 등 삼자의 새로운 만남과 인연을 만들어 내기도 했다.

이 영화는 우리가 특별한 남자인 히로마쓰 쓰타에 씨(야나가와시 환경수로과 과장보좌(당시))를 만남으로써 태어났다. 우리는 히로마쓰 씨로부터 모든 것을 배우면서 영화를 만들었다. 그리고 영화는 결국 야나가와의 풍토와 야나가와의 사람들, 그리고 히로마쓰 씨의 공동작품이 되었다. 나는 한 영화인으로서 그것을 진심으로 자랑스럽게 생각한다.

[「야나가와에서 배운 것 - 영화 『야나가와 수로 이야기』」/『물의 시대를 열다』(LGC연구소)/1988년]

「水のめぐる まち柳川」

第1章 柳川の水路は…

第2章 柳川の水路を…

第3章 柳川はコンクリート…

第4章 柳川の水路を…

第5章 柳川の水路は10年前、…

第6章 柳川の水路は…

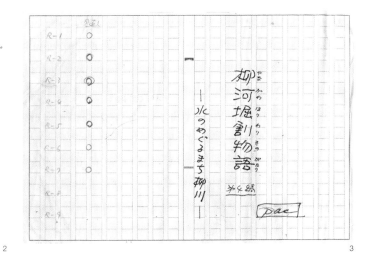

2

3

No. 1

文化映画「水のめぐるまち・柳川」

No. 2

4

5

127

반딧불이의 묘
Grave of the Fireflies
(감독, 각본)

영화/1988년 4월 16일 개봉/88분 원작/노사카 아키유키 감독·각본/타카하타 이사오 캐릭터 디자인·작화감독 /곤도 요시후미 레이아웃·작화감독 보좌/모모세 요시유키 미술감독/야마모토 니조 색채설계/야스다 미치요 음악/마미야 미치오 제작/신초샤 제작/스튜디오 지브리

아시아 · 태평양전쟁 말기, 몸을 의탁했던 집을 나와 둘이 살아가려고 했던 남매의 비극을 그린 노사카 아키유키의 동명 소설을 영화화. 타카하타와 메인 스태프는 고베의 산노미야 등 영화의 주요 무대를 로케이션 헌팅했고, 그 성과는 야마모토 니조의 리얼한 배경미술이나 모모세 요시유키의 레이아웃 등에서 엿볼 수 있다. 작화 감독인 곤도 요시후미는 타카하타의 어려운 요청에 대응해, 비극적인 상황에서 짧고도 열심히 살아간 남매의 모습을 아름답게 그렸다.

1

타카하타 이사오의 말

비참한 이야기임에도 불구하고 세이타에게는 비참함을 조금도 느낄 수 없다. 등줄기를 쭉 펴고, 소년 혼자 대지에 서 있는 상큼함조차 느낄 수 있다. 14세 소년이 여자나 어머니처럼 다부져서, 삶의 근본인 먹고 먹이는 것에 온힘을 쏟는다.

남에게 의지하지 않는 남매의 동굴에서의 삶이야말로 이 이야기의 중심이고 구원이다. 가혹한 운명을 짊어진 두 사람에게 한순간 빛이 비춘다. 어린아이의 미소는 이노센스의 결정이다.

세이타는 스스로 여동생을 부양하고 자신도 살려고 노력하지만, 당연히 힘이 미치지 못해서 죽어 간다.

[『반딧불이의 묘』와 현대의 아이들」/『반딧불이의 묘』기자발표회용 자료/1987년]

1. 곤도 요시후미와 야마모토 니조의 포스터를 위한 일러스트(셀화+셀북+배경화). 2.-3. 셀화+배경화.

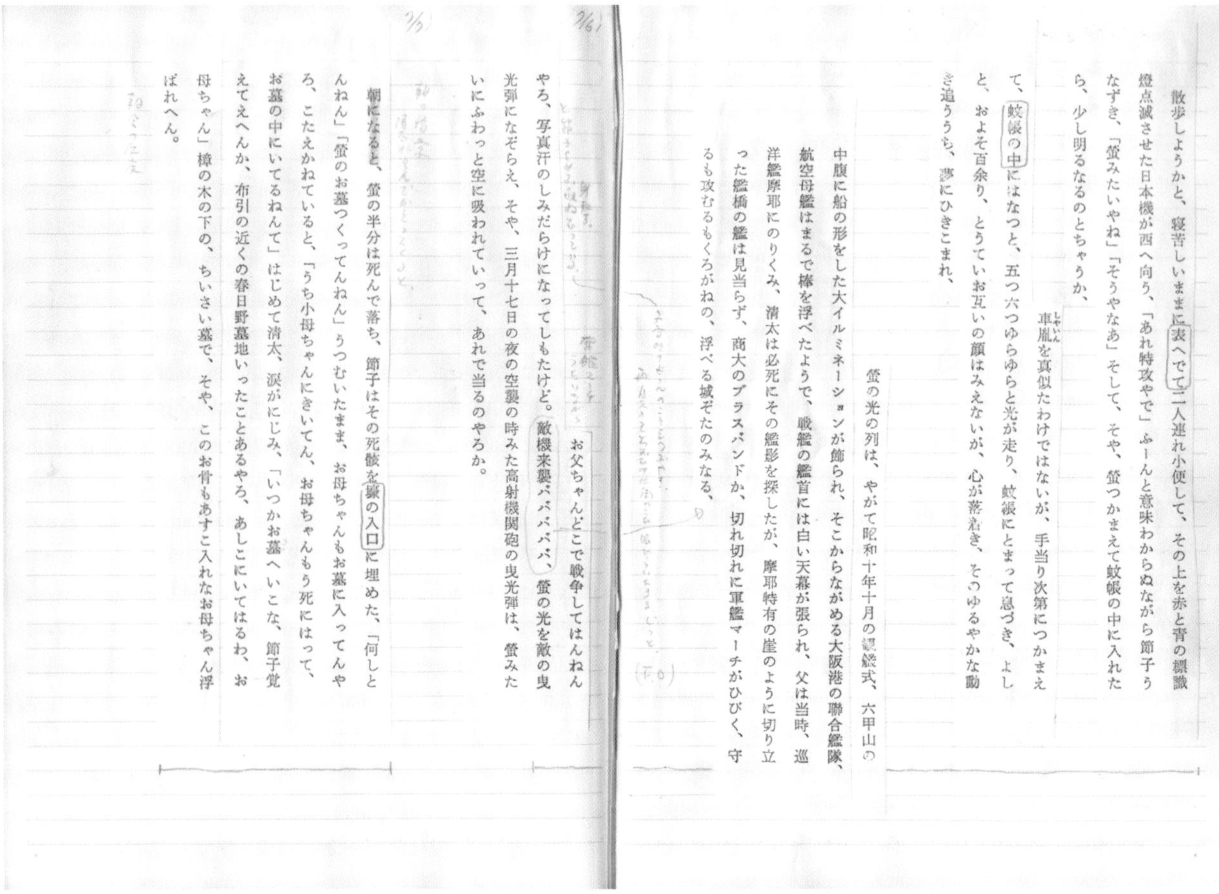

散歩しようかと、寝苦しいままに表へでて二人連れ小便して、その上を赤と青の標識燈点滅させた日本機が西へ向う、「あれ特攻やで」ふーんと意味わからぬながら節子うなずき、「螢みたいやね」「そうやなあ」そして、そや、螢つかまえて蚊帳の中に入れたら、少し明るなるのとちゃうか、

車胤を真似たわけではないが、手当り次第につかまえて、蚊帳の中にはなつと、五つ六つゆらゆらと光が走り、蚊帳にとまって息づき、よしと、およそ百余り、とうていお互いの顔はみえないが、心が落着き、そのゆるやかな動き追ううち、夢にひきこまれ、

螢の光の列は、やがて昭和十年十月の観艦式、六甲山の中腹に船の形をした大イルミネーションが飾られ、そこからながめる大阪港の聯合艦隊、航空母艦はまるで棒を浮べたようで、戦艦の艦首には白い天幕が張られ、父は当時、巡洋艦摩耶にのりくみ、清太は必死にその艦影を探したが、摩耶特有の崖のように切り立った艦橋の艦は見当らず、商大のブラスバンドか、切れ切れに軍艦マーチがひびく、守るも攻むるもくろがねの、浮べる城ぞたのみなる、

お父ちゃんどこで戦争してはんねんやろ、写真汗のしみだらけになってしもたけど。敵機来襲パパパパパ、螢の光を敵の曳光弾になぞらえ、そや、三月十七日の夜の空襲の時みた高射機関砲の曳光弾は、螢みたいにふわっと空に吸われていって、あれで当るのやろか。

朝になると、螢の半分は死んで落ち、節子はその死骸を壕の入口に埋めた、「何しとんねん」「螢のお墓つくってんねん」うつむいたまま、お母ちゃんもお墓に入ってんやろ、こたえかねていると、「うち小母ちゃんにきいてん、お母ちゃんもう死にはって、お墓の中にいてるねんて」はじめて清太、涙がにじみ、「いつかお墓へいこな、節子覚えてえへんか、布引の近くの春日野墓地いったことあるやろ、あしこにいてはるわ、お母ちゃん」樟の木の下の、ちいさい墓で、そや、このお骨もあすこ入れなお母ちゃん浮ばれへん。

1

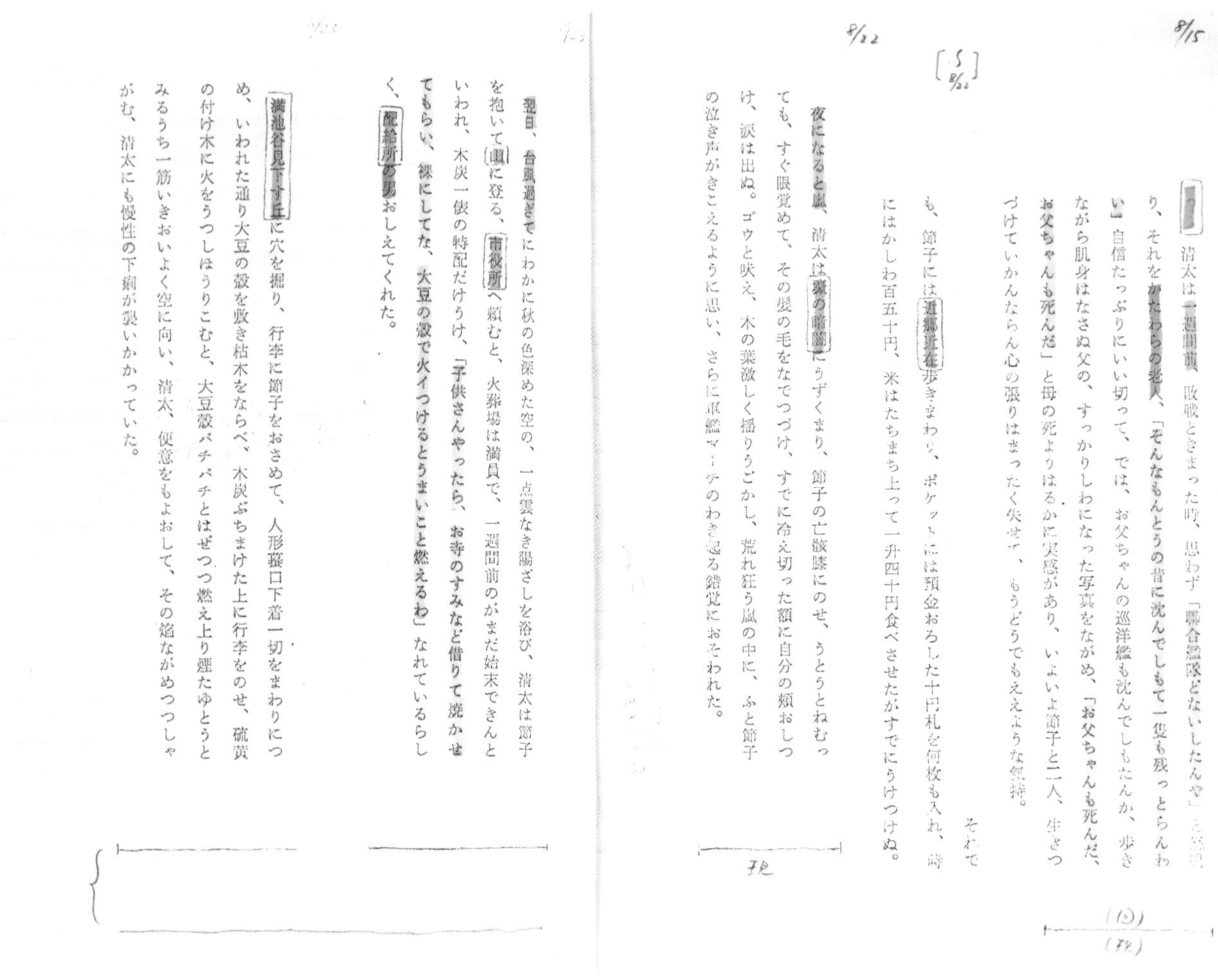

清太は一週間前、敗戦ときまった時、思わず「聯合艦隊どないしたんや」と怒鳴り、それをかたわらの老人、「そんなもんとうの昔に沈んでしもて一隻も残っとらんわい」自信たっぷりにいい切って、では、お父ちゃんの巡洋艦も沈んでしもたんか、歩きながら肌身はなさぬ父の、すっかりしわになった写真をながめ、「お父ちゃんも死んだ、お父ちゃんも死んだ」と母の死よりはるかに実感があり、いよいよ節子と二人、生きつづけていかんならん心の張りはまったく失せて、もうどうでもええような気持。

それでも、節子には近郷近在歩きまわり、ポケットには預金おろした十円札を何枚も入れ、時にはかしわ百五十円、米はたちまち上って一升四十円食べさせたがすでにうけつけぬ。

夜になると嵐、清太は壕の暗闇にうずくまり、節子の亡骸膝にのせ、うとうとねむっても、すぐ眼覚めて、その髪の毛をなでつづけ、すでに冷え切った額に自分の頬おしつけ、涙は出ぬ。ゴウと吠え、木の葉激しく揺りうごかし、荒れ狂う嵐の中に、ふと節子の泣き声がきこえるように思い、さらに軍艦マーチのわき起る錯覚におそわれた。

翌日、台風過ぎてにわかに秋の色深めた空の、一点雲なき陽ざしを浴び、清太は節子を抱いて山に登る、市役所へ頼むと、火葬場は満員で、一週間前のがまだ始末できんといわれ、木炭一俵の特配だけうけ、「子供さんやったら、お寺のすみなど借りて焼かせてもらい、裸にしてな、大豆の殻で火イつけるとうまいこと燃えるわ」なれているらしく、配給所の男おしえてくれた。

満池谷見下す丘に穴を掘り、行李に節子をおさめて、人形蠕口下着一切をまわりにつめ、いわれた通り大豆の殻を敷き枯木をならべ、木炭ぶちまけた上に行李をのせ、硫黄の付け木に火をうつしほうりこむと、大豆殻パチパチとはぜつつ燃え上り煙たゆとうとみるうち一筋いきおいよく空に向い、清太、便意をもよおして、その焔ながめつつしゃがむ、清太にも慢性の下痢が襲いかかっていた。

2

1. 타카하타가 원작을 잘라 붙여 영화의 각본 검토용으로 재구성한 노트.

2. 타카하타가 노트 복사본에 장소와 시간 등을 마커로 색을 구분한 것.

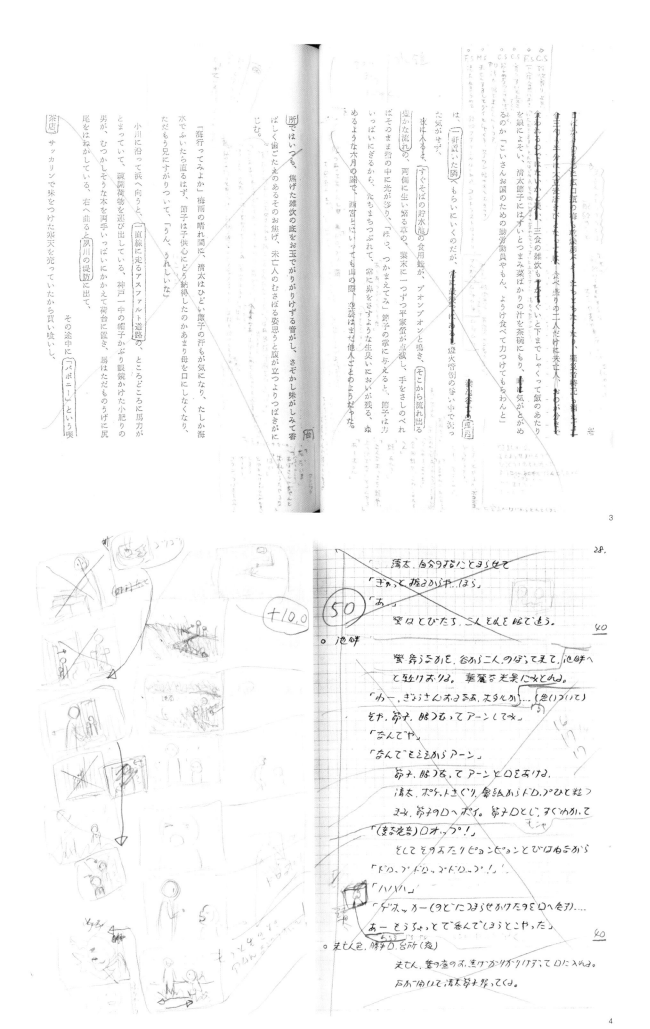

3. 타카하타가 원작을 영화의 각본으로 만들기 위해, 2의 노트에 많은 글을 써넣었다.
4. 타카하타가 오른쪽 페이지에 각본을 쓰고, 왼쪽 페이지에 카메라 앵글과 컷 분할을 생각해서, 자유롭게 메모할 수 있는 노트.

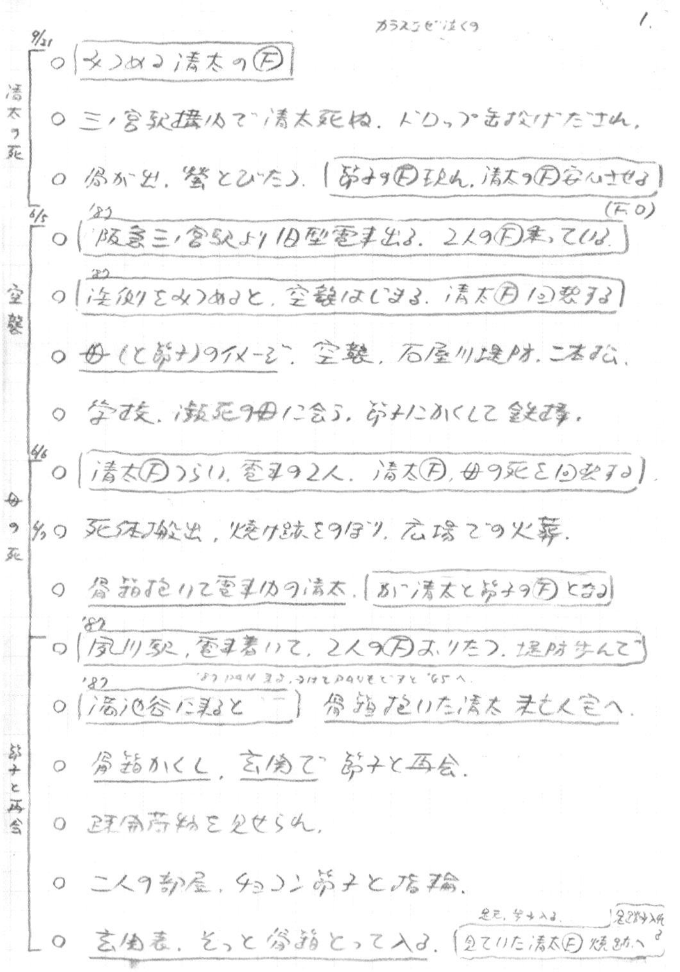

1.

9/21 ○ [見つめる清太の㊦]
○ 三ノ宮駅構内で清太死ぬ。ドロップ缶投げだされ。
○ 蛍が出。蛍とびたつ。[節子の㊦現われ、清太の㊦安心させる] (F.O)
6/5 '82 ○ [阪急三ノ宮駅より旧型電車出る。2人の㊦乗っている]
'82 ○ [海側を見つめると、空襲はじまる。清太㊦回想する]
○ 母(と節子)のイメージ。空襲。石屋川堤防。二本松。
○ 学校。瀕死の母に会う。節子にかくして鉄棒。
6/6 ○ [清太㊦つらい、電車の2人。清太㊦、母の死を回想する]
6/7 ○ 死体搬出、焼け跡をのぼり、広場での火葬。
○ 骨箱抱いて電車内の清太。[あいに清太と節子の㊦となる]
'82 ○ [夙川駅、電車着いて、2人の㊦おりたつ。堤防歩んで]
'82 ○ [満池谷に来ると] 骨箱抱いた清太 未亡人宅へ。
○ 骨箱かくし、玄関で節子と再会。
○ 疎開荷物を見せられ。
○ 二人の部屋、チョコン節子と指輪。
○ 玄関表、そっと骨箱とって入る。[見ていた清太㊦焼跡へ]

清太の死 / 空襲 / 母の死 / 節子と再会

1

2.

6/8 ○ 焼跡、瀬戸火鉢掘りだす。ドロップ缶の発見、ポケットへ。
○ 大八車ひいて川を渡る。ひと休み、ドロップの缶蓋ふりきって振す。
○ 玄関に積みあげる。母の死を未亡人に打明ける。娘と節子会る。
◎ もらい風呂。
◎ 夜、食用蛙の声、ホタル。
◎ 池のほとり、ドロップたべる。
○ 夜中、節子母を恋しがる。
6/20 ○ 雨、三宮、15日後、父と連絡とれぬこと。
○ 食事、体技のこと、グチとスイ。
○ 銃炊の庭、ゴリゴリ、警報
○ 防空壕(ポンポリアモモカ)
6/23 ○ 晴、洗濯干し、海にいく。
○ 道中、(疎開荷車、夙川堤防菜園、中学勤労動員)
◎ 海岸、節子解放される。ドロップ、回想、警報
○ 回生病院傍、お母さん! 大阪湾上B29
○ 母の着物、一斗?! 節子起きて着物見せず泣く [ゆが清太㊦耐えられぬ]

未亡人宅へ落ち着く / つましい暮し / 海でホッとする

2

3.

○ [回想する] 着物着た母と節子 それが米の流れとかわり。
○ 未亡人、広口ビンを満たす。節子の機嫌直らぬ。
◎ が、白飯おいしい。
6/29 雨。○ 数日後の朝、白い米が雑炊、いさかい、御飯別々にしましょ
○ 電車内、清太 節子(未亡人OFF)
○ 三宮 銀行前、節子母ぐずる。預金確認、ドロップかう
◎ 電車内、表情明るい、ドロップなめている。
◎ 炊飯釜で飯んでもらっている、ウエを食う
◎ 帰り道、傘さしかけ、おぶり傘
○ 台所外、清太の炊事。
◎ 廊下、会話きこえて、清太、節子トイレ運ぶ(往復)
◎ 食べ終わり、「牛になるよ、お兄ちゃん」
○ 台所、未亡人のぼやき。
○ 深夜、節子夜泣き、未亡人のいやみ
○ 表であかす、蛍、突然[様子一変、空襲警報下二人㊦走る]
7/6 ○ [横穴壕に来る。見る] 7月6日昼雨の中避難している。

居づらい / いさかい──不信 / 防空壕にする

3

4.

7/2 ○ 回想、オルガン弾いていて未亡人に叱られる。転住の決心
7/6 ◎ リヤカーに節子のせて走る。
◎ 倒壊家屋から生活用品物色している。
◎ おっかあこっそり荷造り、未亡人外出。
◎ リヤカーに積み終わり、未亡人とわかれの挨拶、去るおちゃ
◎ 横穴壕、骨箱しまう、節子はしゃぎ部屋割り。
◎ 吾作の農家、リヤカー返し、いろいろ与えてもらう。
◎ 炊事仕度 つうシュでまね、土鍋のつまとる。清太白飯でお〜
○ 喰らう喰らう喰らう(節子はなして)ムシャズルズリ(焼かなに)
○ 食後つくろぎ、しかし、日は落ちて心細い時に、食用蛙の声
○ 蛍狩り、全部沈いり清太、節子出て来て、驚く、蛍つかまえよ
◎ つかまえた蛍に照らされる顔と顔(アカリ(?)けボンボリに)
○ 蚊帳に蛍のイルミネーション、回想、父への思い、節子を抱く
○ 寝込んで月を、立ちつくす清太。
7/7 ○ 朝、清太目ざめ、節子蛍の墓つくり、母の死知っていた。[清太㊦
○ 胸を締めた] 骨箱。

横穴壕への引越し / 蛍の夜 / 蛍の墓

4

1.-7. 타카하타가 쓴 영화의 상세한 구성안. 문장 안의 네모로 감싼 부분은 두 사람의 유령에 의한 회상 장면.

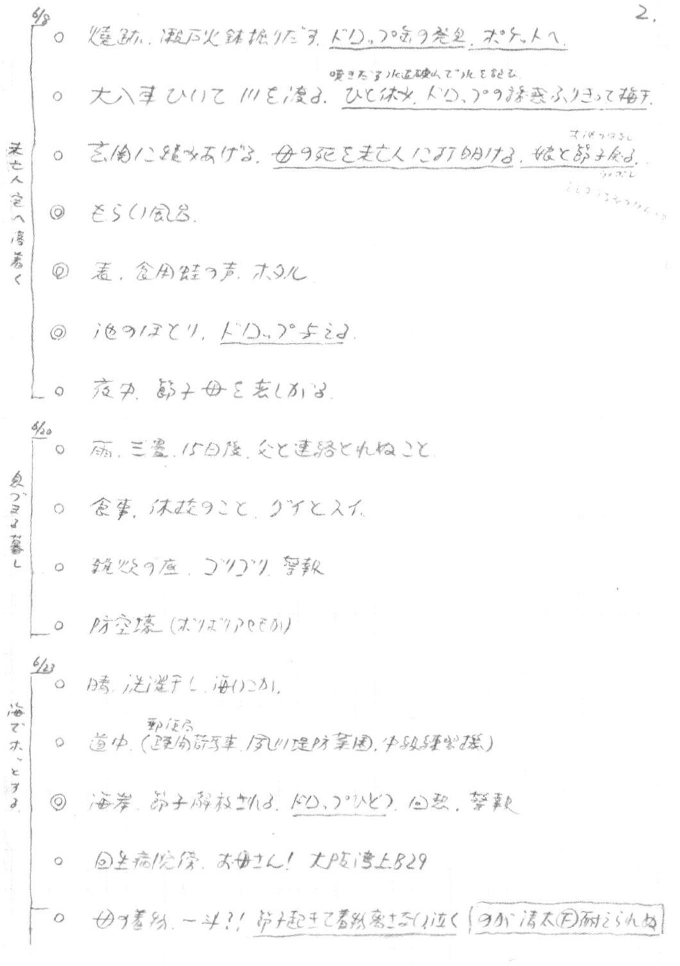

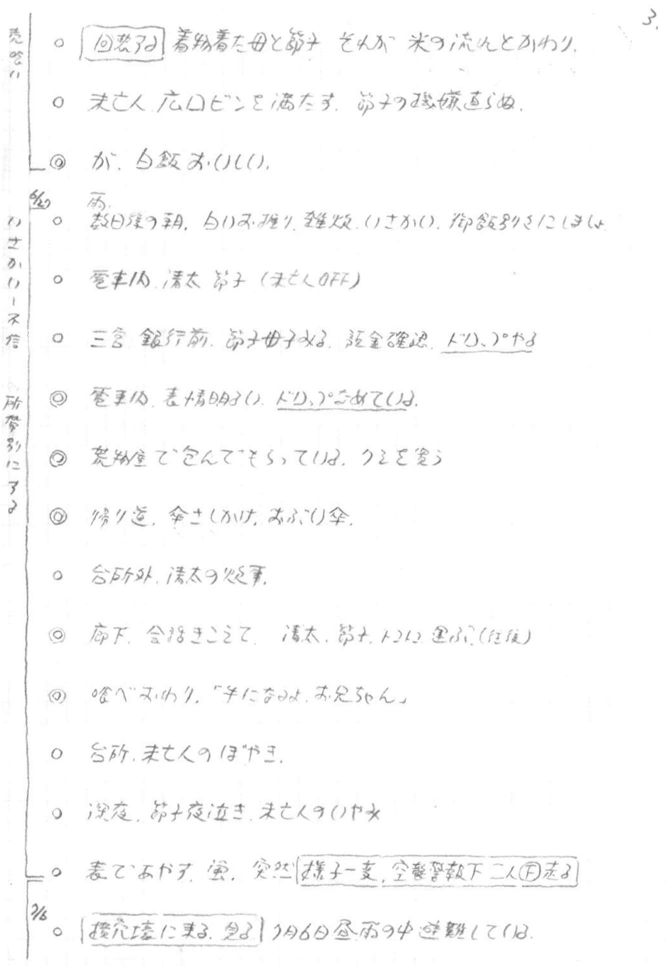

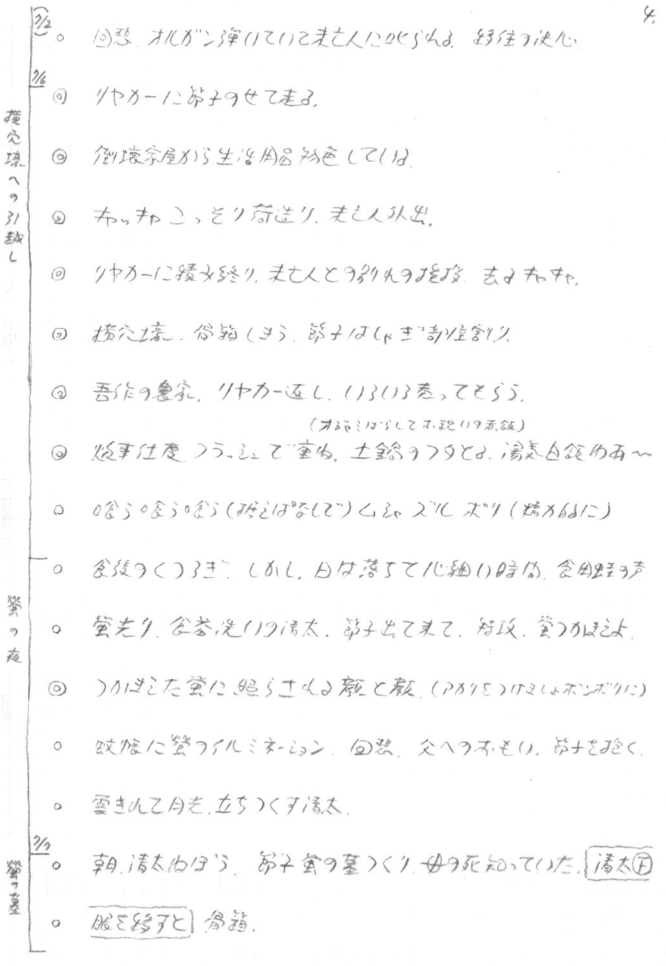

[新居の暮し]
7/8~ ○ 焼跡、照りつける太陽、かげろう、焼木の新芽、繁る草
◎ 壕前、種を播く（はやく芽をだせカキのタネ）
○ 井戸端 二人の水汲みをヒソヒソ陰口
◎ 池のみえる裏山、枯木あつめ（オジイサンは山へ柴刈りに）
◎ 池端の洗濯（オバアサンは川へセンタクに）
○ 枝に洗濯干し、裸で炊事、節子発芽発見、兄をよぶ、鍋ひっくりかえり 呆然.

[ドロップ始末]
7/15 ○ 海岸、P51の襲来、ほおりだした一升ビンに命中.
○ 帰途、節子ぐずり、ドロップカンを預ける.
○ 壕前、ドロップカンに水を注いで飲む.

[節子腹こわす]
7/20 ○ 夕方、池、節子の髪を洗い、食用蛙のかわりにタニシ拾う.
○ タニシのおつけ、うまい、が節子腹痛を訴える.
○ 配給所、大豆うけとる.
○ 壕前、大豆を石でつぶす、横に座っている節子いやといい、そうだ
○ 吾作の農家、断られ、忠告うけ、カボチャもらう
7/25~ ○ 出征兵士壮行会の間に菜園のキューリ、トマト荒らす.
○ 壕前、トマトしぼってつまみ、こわい、サトウがほしい.

5

[野荒らし]
7/31 ○ 夜、砂糖キビ畑、清太荒らし、逃げる、つかまる.
○ 壕内、芋の葉照らされ、分解許されず、引立てられる.
○ 交番、許され、出てくると節子居る.
○ 帰途、なぐさめる節子に清太泣く、節子の優しさ [清太Ⓕ修羅となる]

[空襲ねらい]
8/1 ○ 清太走る、ラシカの如き艦載機攻撃、清太家を荒らす.
8/5 ○ 夜、空襲警報、がばとはねおき、節子のこし壕の中を出動、探照燈、爆撃
○ 避難民と逆行、着物を盗む、かくし、体に巻く.
○ 壕の中、凱旋将軍のように戻ってくる、高笑い.
○ 池で髪洗い、眠る節子気にしつつ、リュックにつめ替え、そっと出ていく.

[節子倒れる]
○ 美しい池畔の夜明け、つまみ菜のところへ雀.
○ 節子目ざめ、兄を探す、ヨロヨロと表へ出、呼びながら池のほとりを歩く.
○ 農家でさんざんにあしらわれている清太.（派手な着物は安物だった）
○ 壕近く帰ってきた清太、人形みつける、節子倒れている、顔に蝿.
○ 薄暮、蚊帳表にだして節子ねている、蝿追いた…、ジャガイモスープ.

[滋養]
8/14 ○ 医院、症状訴える、「滋養つけることですな」 引率から清太の回想.
○ 回想のかき氷から同川堤防上の氷屋、ガラ嗅がせ、貯金おろす決断.

6

[敗戦のショック]
8/15 ○ 三宮界隈、バラック建ちかけている
○ 銀行内、清太預金おろす、敗戦を知り、父の運命に狂う
○ 表に走りだしてくるが、たちまち空腹に崩折れる、上空遊覧.
○ 電車内、父の死の実感が迫る.
○ 養鶏農家、ましつきつける腕のふるった清太、追かにみされる主人.
○ 壕内、節子のうわごと、清太もどる、オハジキなめ、髪をあむ、ママゴト

[節子の死]
○
○ 節子の死、嵐の通夜、軍艦マーチ.

[火葬]
○ 台風一過の青空、配給所、炭俵うけとる.
○ 池のみえる丘、清太穴を掘っている、かたわらに行李と炭俵.
○ 清太、節子を抱いてのぼる.
○ 丘、行李に節子をおさめ、火をつける、火葬、蛍、はばたく.
○ 蛍の狂乱と[乱舞、清太Ⓕ参加する]

[エピローグ]
○ ドロップカン投げだされ、白一色に、ナレーション
○ [二人のⒻ、現代をさまよう]

7

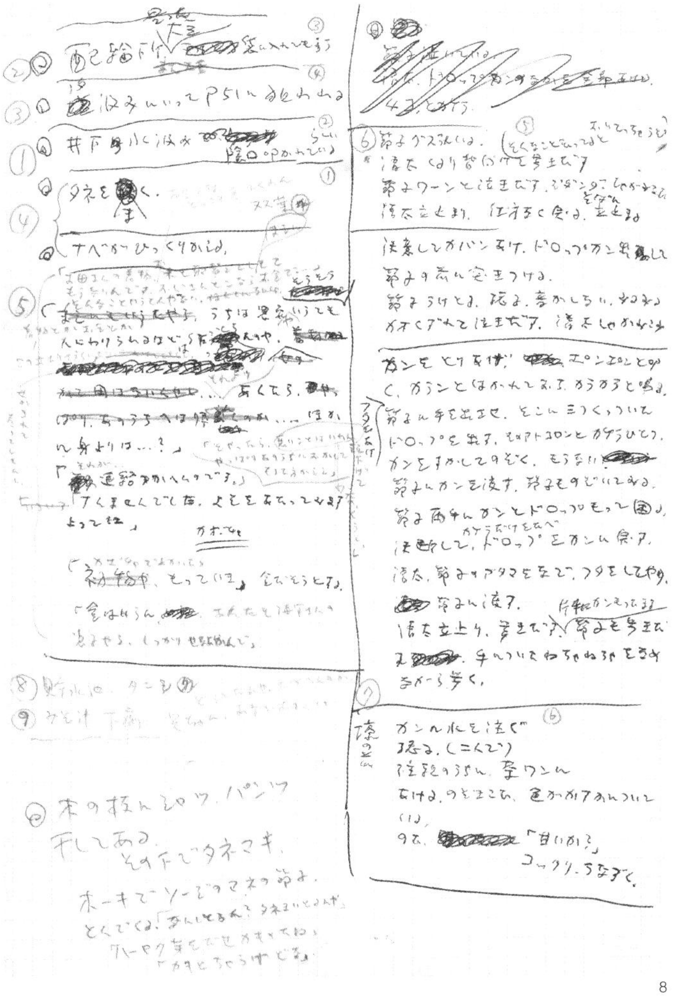

8

8. 세이타와 세츠코가 방공호에서 생활하는 장면의 구성을 생각한 타카하타의 메모.

1

2

3

4

5

1.-13. 이미지 보드

6

10

7

11

8

12

9

13

1

2

4

3

5

1.-10. 이미지 보드

6

7

9

8

10

1

2

3

4

5

6

10

7

11

8

12

9

곤도 요시후미와 모모세 요시유키의 이미지 보드

캐릭터 디자인과 작화감독을 담당한 곤도 요시후미와 레이아웃과 작화감독 보좌를 담당한 모모세 요시유키는 작품을 준비하는 사이에 방대한 이미지 보드를 그렸다. 채택되지 않은 장면도 포함되어 있지만, 이 단계에서 이미 작품의 구체적인 이미지가 어느 정도 굳혀졌다는 것을 알 수 있다. 망령으로 변한 남매를 적동색으로 그려서 이야기를 다중화하는 아이디어는 아직 등장하지 않는다.

1.-12. 이미지 보드

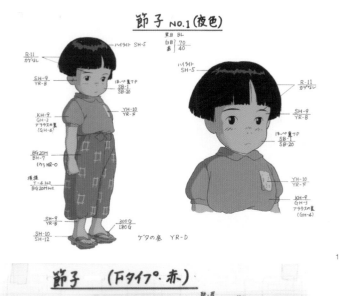

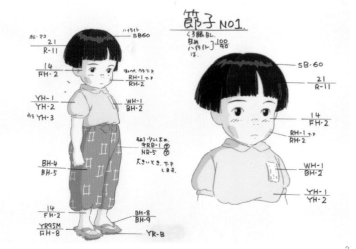

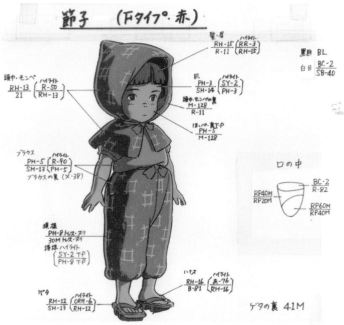

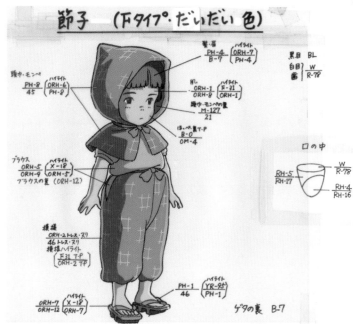

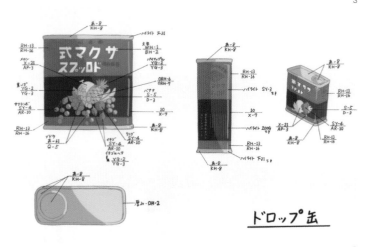

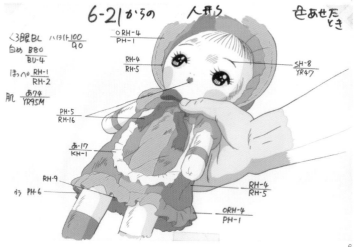

1.-13. 야스다 미치요가 그린 등장인물의 색채 설계

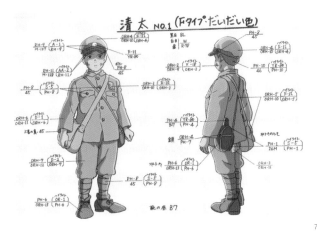

清太 NO.1 (Fタイプ・だいだい色)

7

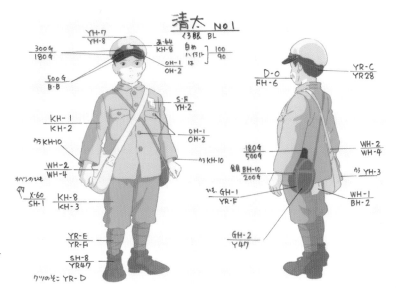

清太 NO1

11

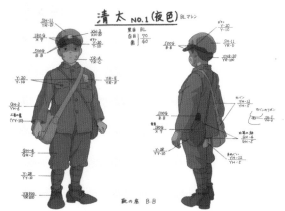

清太 NO.1 (夜色) BLマシン

8

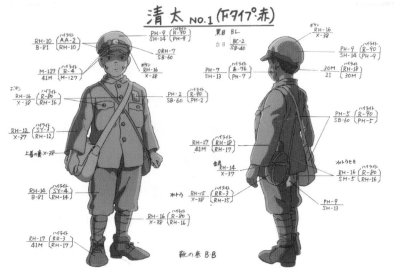

清太 NO.1 (Fタイプ赤)

12

5-22

9

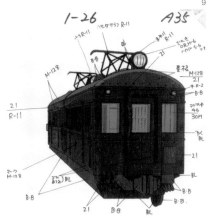

1-26　A35

10

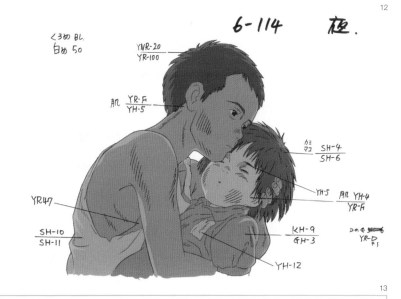

6-114　夜.

13

타카하타 이사오의 말

『반딧불이의 묘』에서는 나도 역시 중유(中有)를 방황하는 남매의, 안쪽에서부터 불타서 빛내는 듯한 빨간색을 비롯해 야스다 미치요 씨와 스릴 넘치는 모험을 함께 했습니다. 야스다 씨는 새로운 표현에 필요한 색을 모색하고, 조합하고, 만들어 냈으며 그 새로운 색을 그림물감가게에 양산해달라고 억지를 부렸습니다. 도저히 채산이 맞지 않는다고 뒷걸음치는 주인을 뜨거운 말투로 설득하기도 했습니다. 이것을 모두 자기 혼자 해준 것입니다.

[「야스다 미치요 씨」/『열풍』(스튜디오 지브리)/1987년 1월]

야마모토 니조의 배경미술

미술감독인 야마모토 니조는 『꼬마숙녀 치에』때와 달리 리얼리티 넘치는 묘사에 의해, 어린 남매의 전쟁 체험에 다가갔다. 특히 불길, 연기, 수증기, 빛이라는 형태 없는 것의 복잡한 뉘앙스를 묘사함으로써, 배경에 심리적 효과를 더하는 데 성공했다. 이렇게 해서 관객의 의식을 과거로 이끌고, 일상생활 차원에서 전쟁을 리얼하게 느낄 수 있는 깊이 있는 이야기 세계를 구축하려고 했다.

1.-3. 배경화

2

타카하타 이사오의 말

『반딧불이의 묘』에 등장하는 불탄 흔적의 묘사가 얼마나 대단한지 보라. 가령 어두운 곳에 있는 것이라도 때로 그것을 제대로 그리지 않을 수 없고, 그것을 위해 희미한 빛을 비춘다. 야마모토 니조 씨가 그린 배경 안 물건들의 자기주장은 상당히 강하다. 이렇게 해서 니조 씨의 미술은 종종 리얼한 '리얼'을 뛰어넘어 제2의 '리얼'을 화면에 만들어 낸다. 그리고 결국 판타지가 된다.

[「야마모토 니조 씨의 미술」/『야마모토 니조 배경화집』(고사이도 출판)/2012년]

1.-2. 미술보드 3.-4. 배경화

3

4

1.-4. 셀화+배경화

スタート ○ 3-138 ─ A1改

S3 C-138

3

4

1

2

1.-3. 셀화+셀북+배경화 4. 셀화+배경화

추억은 방울방울
Only Yesterday
(각본, 감독)

영화/1991년 7월 20일 개봉/119분 원작/오카모토 호타루·도네 유코 각본·감독 / 타카하타 이사오
음악/호시 가쓰 캐릭터 디자인/곤도 요시후미 작화감독/곤도 요시후미, 곤도 가쓰야, 사토 요시하
루 장면설계·그림 콘티/모모세 요시유키 미술감독/오가 가즈오 제작/스튜디오 지브리

오카모토 호타루와 도네 유코의 동명 만화를 원작으로 하고 있지만, 타카하타는 원
작에 없는 어른이 된 주인공이 옛날의 자신을 회상하는 구성으로 바꾸었다. 어린
시절을 그린 '추억편'은 1966년이 무대이고, 원작 만화의 터치를 살린 작화와 희미
한 색채의 배경미술을 띄렸다. 그 16년 후인 1982년이 무대인 '야마가타편'은 실물
과 똑같은 크기의 성인 캐릭터의 설계나 홍화농장의 취재를 통해, 예전에 없는 수
준까지 사실성을 추구한 작화와 미술로 그려졌다.

1

타카하타 이사오의 말

　추억은 방울방울』에서는 뭔가를 단념한다, 단념하지 않을 수 없다는 것이 몇 가지나
나오지요. 의식한 것은 아니었지만요. 주인공인 10세의 타에코는 시골 행을 포기하고
아이 역할을 포기하지요. 야마가타의 나오코라는 중학생은 퓨마 신발을 포기하고, 토
시오라는 청년은 도쿄에 나가고 싶었지만 포기합니다. 하지만 포기하거나 단념한 것이
그대로 상처가 되어 남아서 지금에 이르는 식으론 되지 않아요. 어느 것을 단념해도 그
대신 얻는 것이 있어서, 단념한 경험에 의해 강해지기도 하고, 양쪽의 비교는 그렇게
난순하지 않습니다. 후자가 좋았던 경우도 있는 거지요. 그것은 농사일과도 관계가 있

지만, 생산효과만 생각하면 농사일은 할 수 없습니다. 그렇지 않은 측면이 있을 것이
고, 언뜻 보기에 보수적이지만 지금까지 해온 일을 지켜 나가는 것이 안심할 수 있다는
면도 있다고 생각합니다. 즉, 무엇인가를 돌파하는 게 아니라 반대로 받아들이면 편해
질 수 있는 것이 있지 않을까요? 자신이 목표로 했던 방향이 아니었음에도 불구하고
그곳에 뭔가 좋은 것을 발견할 수 있는 듯한....... 그런 것도 언급하고 싶었지요.
[「앞으로의 시대를 개척해 나가는 힌트」/대담 · 야마다 다이치/1991년]

두 가지 다른 스타일로 그린다

초등학교 5학년 여자아이의 일상을 잘 라낸 원작 만화를 영화화할 때, 타카하 타는 과감하게 설정을 바꾸어서, 27세 의 어른이 된 주인공이 자신의 초등학교 시절을 회상하는 이야기로 각색했다. 그 런 탓에 이야기는 「야마가타편(1982 년)」과 「추억편(1966년)」으로 뒤얽히면 서 진행하게 되었다. 타카하타는 과거의 장면을 세피아색으로 채색하는 듯한 영 상표현의 정형을 피하고, '과거'와 '현재' 를 두 개의 다른 스타일로 그림과 동시 에, 그것들이 주인공의 개인사로서 일체 가 되는 영상을 추구했다.

1. 미술 보드
2.-3. 셀화+셀북+배경화

1.-2. 배경화 3. 셀북+배경화

2

3

空（マリンブルー
ライトブルー
BLACK

雲）空の色＋白＋セルスト

用）白＋エメラルドグリーン

山）空の色＋BLACK
（コバルトが入るところも

2

3 vok

오가 가즈오의 배경미술

이 작품에서 처음으로 타카하타 작품의 미술감독을 역임한 오가 가즈오는 「야마가타편」과 「추억편」을 다음과 같이 다른 스타일로 구분했다. 「야마가타편」은 야마가타라는 산골의 풍요로운 자연을 제대로 표현하기 위해 자세한 부분까지 철저하게 그려냈다. 한편 「추억편」에서는 추억 속의 정경이라는 분위기를 내기 위해 하얀색을 많이 사용한 옅은 색조로 통일하고, 특히 화면의 주변 부분은 하얗게 날린 것처럼 생략했다(다음 페이지 참조).

1.-3. 배경화

1, 2, 4. 「추억편」 배경화. 3. 「추억편」 미술보드

3

4

1, 3, 4. 셀화+배경화

2. 셀화+셀북+배경화

3

4

1994년
폼포코 너구리 대작전
Pom Poko
(원작, 각본, 감독)

영화/1994년 7월 16일 개봉/119분 원작·각본·감독/타카하타 이사오 캐릭터 디자인/오쓰카 신지
화면구성/모모세 요시유키 작화감독/오쓰카 신지, 가가와 메구미 미술/오가 가즈오 캐릭터 색채
설계/야스다 미치요 음악/고류, 와타노베 만토, 이노 요코, 고토 마사루(샹샹 타이푼), 후루사와 료
지로 제작/스튜디오 지브리

개발이 진행되어 자연이 사라지던 시절의 다마 구릉지를 무대로, 살 곳을 잃어버린
너구리들이 조상 대대로 전해지는 변신술을 이용해 인간들에게 대항하는 이야기.
택지개발로 인해 살 곳을 잃어버리는 너구리들의 모습을 오쓰키 신지를 비롯한 애
니메이터가 '총천연색 만화영화'만의 매력 넘치는 터치로 그리고, 그 배경이 되는
다마 구릉의 아름다운 사계절의 모습을, 『추억은 방울방울』에서 계속해서 오가 가
즈오가 그려냈다.

1

타카하타 이사오의 말

『폼포코 너구리 대작전』 안에서 오로쿠 할머니라는 너구리가 "숲은 우리가 사
는 곳이니까 함부로 없애서는 안 된다"라고 인간에게 호소하지만, 이것은 우리의
메시지가 아니라, 너구리 입장에서는 당연한 주장입니다. 이 영화는 최근 30여
년간 계속되어 온 개발에 의한 급속하고 극단적인 환경변화가 너구리 입장에서는
어떠했을까, 라는 시점으로 만든 것이죠. 너구리의 시점으로 보면 나 자신을 포함
해서 인간인 우리가, 우리의 행위가 과연 정당한지 의문이 듭니다. 스스로에게도

의문점이 돌아오는 영화로 만들지 않을 수 없었지요.

지금 우리 눈앞에 있는 것은 그런 야생 생물의 입장도 제대로 의식 속에 놓아둔
다음, 우리 인간은 어떻게 균형적인 행동을 선택하느냐 하는 문제라고 생각합니다.
[「너구리 입장에서 생각한다는, 그 정도 상상력이 개발에는 필요하다」/『열도 저널』(교세
이)/1997년]

1.-8. 이미지 보드

1

5

2

6

3

7

4

8

9

10

11

12

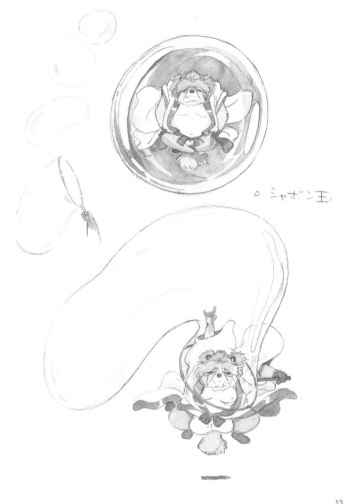

13

14

너구리의 생태와 변신학을 그린다

시나리오 만들기와 병행해서 모모세 요시유키와 오쓰카 신지는 이미지 보드를 대량으로 그리고, 너구리의 생태와 변신하는 방법, 그 레퍼토리에 관해서, 풍부한 유머가 담긴 아이디어를 제출했다. 너구리는 열심히 하고 있지만 인간에게는 거의 효과가 없다는 '맥 빠진 느낌'을 내는 것을 목표로 했다.

1.-4. 이미지 보드

1

2

4

3

5

1

⑤　それを
肋骨が飲み込み...

⑥　アコーディオン状から、
(耳?)輝きが再び強まり

⑦　傘が開く
骨の絲合体から

⑧　それが閉じて
カラ傘のお化けに

閉じる

つづく

2

3

4

5

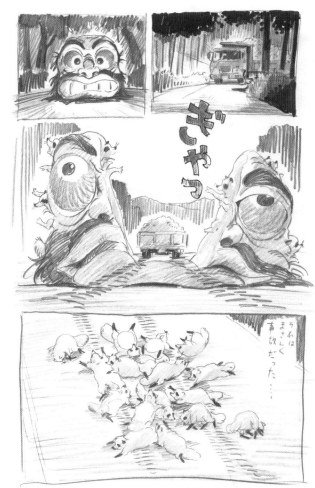

6

7

13

9

14

10

11

12

1.-8. 오가 가즈오가 그린 미술설정
9.-15. 오가가즈오가 그린 미술보드

15

1. 셀화＋셀북＋배경화
2. 배경화
3. 미술보드

172

배경미술이 목표로 하는 것

『추억은 방울방울』의 배경에 대해 너무 자세한 부분까지 그렸을지도 모른다고 반성한 오가 가즈오는, 이번 작품에서는 생략 방법을 모색했다. 화면 전체를 같은 밀도로 그리는 것이 아니라, 세심하게 그리는 부분과 생략하는 부분에 차이를 둠으로써, 관객이 상상력을 작동시킬 여지를 배경에 남긴다. 최소한의 터치로 나무의 종류를 구분하고, 투명감 있는 색채를 정확하게 배치함으로써 다마 구릉의 변하는 자연을 선명하게 포착했다.

1. 배경화 2. 미술보드 3. 셀화+배경화

타카하타 이사오와 미술연구

여러 저작을 가지고 있는 타카하타가 1999년에 간행한『12세기 애니메이션 - 국보 두루마리 그림에서 보는 영화적 · 애니메이션적인 것』(도쿠마쇼텐)은 타카하타의 애니메이션과 마찬가지로 오늘날에 이르기까지 큰 영향을 주는 화제작이 되었다. 두루마리 그림과 영화 · 애니메이션 사이에 있는 이야기와 결합한 시간예술이라는 공통성을 밝힌 이 책은 일본의 문화유산을 재발견하고, 현대의 영화표현에 도움이 되겠다는 제안을 포함한 것이기도 했다. 두루마리 그림과 영화를 비교하는 논점 자체는 오쿠다이라 히데오『두루마리 그림의 구성』(1940)이나 이마무라 다이헤이『만화영화론』(1941) 속의「일본예술과 만화」등의 선행연구가 이미 전개한 것이지만,『12세기 애니메이션』의 특징은 이런 논문을 바탕으로 두루마리 그림의 화면 구성과 그 효과를 전권에 걸쳐서, 카메라워크 용어를 구사해 구체적으로 분석했다는 점이다.

「두루마리 그림에서 보는 영화적 · 애니메이션적인 것」이라는 제목의 이 책은, 하지만 타카하타의 진의와는 다른 곳에서 어느새 '애니메이션의 기원은 두루마리 그림'라는 캐치프레이즈적인 글로 바뀌어서 널리 유포되게 된다. 그것은 1990년대 후반부터 '재패니메이션'이라는 용어가 등장하고, 일본의 새로운 문화적 아이덴티티를 담당하는 표현 장르로서 애니메이션에 대한 주목이 높아진 시기와 겹쳐졌다. '기원'이라는 말이 종종 그러한 것처럼 '애니메이션의 기원은 두루마리 그림'라는 설도 표현사의 역사적인 단절이나 근대 이후 서구의 회화나 영화, 만화에서 받은 영향관계를 덮어버림으로써, 쉽게 본질주의적인 일본문화론에 접근해 버린다.

타카하타가 실천한 것은 이런 단순한 기원 찾기의 여행이 아니다. 타카하타는 제작하는 틈을 이용해 '일본 회화사에서 볼 수 있는 만화적 애니메이션적인 것'과 '그림으로 말하는 연구의 세계서 - 이른바 이시동도(異時同圖)를 중심으로'라는 연구를 진행하고 있었다. 그중에 12세기의 두루마리 그림에 관한 부분을 독립시킨 것이 이 책이라고 한다. 타카하타의 관심은 두 가지 초점으로 집약된다. 하나는 윤곽선과 색면에 의한 명료한 그림 그리는 법과 그것이 가능하게 하는 '리얼'에 대해서. 또 하나는 말과 이미지가 일체화해서 이야기를 구동하는 '이야기 그림'의 계보와 그 미학. 모두 일본의 만화나 애니메이션에 공통적인 표현의 요소이지만, 그것을 중세의 두루마리 그림과 근세의 구사조시(草双紙. 에도 시대의 삽화가 들어 있는 통속 소설책)를 포함하는 우키요에 판화(浮世絵. 에도 시대 중기에서 후기에 유행한 판화), 현대의 그림 연극이나 그림책 안에서 찾아내면서, '그림'과 '말'의 유기적인 관계를 원리적으로 고찰하는 것이 타카하타 연구의 주안점이었다. 그런 탓에 성질이 급한 독자가 오해를 하지 않도록 "물론 일본에서 꽃핀 만화나 애니메이션은 이런 문화전통을 배워서 만들어진 것은 아닙니다. 만화나 영화나 애니메이션은 해외나 국내의 선행 작품의 큰 영향이나 자극을 받아서 출발한 것입니다"라고 덧붙이는 것도 잊지 않았다(5페이지). 권두의 에세이에서 언급한 것처럼 타카하타의 시선의 끝에는 '이야기 그림'의 일본적인 전개와 표의문자와 표음문자가 공존하는 특수한 일본어의 기호체계가 관계하는 게 아닐까 하는 장대한 가설이 기다리고 있었다.

타카하타가 이런 일본미술연구를 한 이유는 일본의 만화나 애니메이션의 오늘날 같은 융성을 해명하기 위해서라기보다 자기 자신의 애니메이션을 근원적으로 캐묻기 위해서였다고 짐작한다. 그것은 이 미술연구가 1990년대에 진행된 것으로 봐도 알 수 있다. 마침 그 무렵『추억은 방울방울』(1991)로 극한까지 추진된 정밀한 리얼리즘 표현 이후에, 타카하타는 애니메이션에서 리얼리즘의 수준에 대해 갈등하면서, 다른 방향성을 모색하기 시작한 것이다. 연구 성과는 조금씩 실제 작품으로 나타나게 되었다. 1994년의『폼포코 너구리 대작전』에서는 애니메이션에서는 드물게 해설을 많이 사용해서 새로운 '이야기 그림'의 가능성을 발견함과 동시에, 일본미술의 인용에 의해 작품세계의 중층화를 시도했다. 또한 1999년『이웃집 야마다군』에서는 과거의 미술을 참조했다고 여겨지는, 뚱뚱하고 야윈 곡선과 칠하지 않은 색채를 사용해서, 셀 애니메이션의 표현 형식을 다시 바꾸었다. 타카하타의 미술연구는 과거의 자기 작품의 달성을 비판적으로 극복하면서 애니메이션의 새로운 영역을 개척해 나가는 타카하타의 지치지 않는 탐구심의 일환으로 포착할 수 있으리라.

(스즈키 가쓰오)

『12세기 애니메이션 - 국보 두루마리 그림에서 보는 영화적 · 애니메이션적인 것』

스케치의 약동
새로운 애니메이션에 대한 도전

Chapter 4
Lively Sketches
The Challenge to Make New Forms of Animation

타카하타는 애니메이션 표현 형식에 대한 끝없는 탐구자이기도 했습니다. 1990년대에는 두루마리 그림 연구에 몰두해 일본의 시각 문화의 전통을 발굴해서, 인물과 배경이 일체화한 애니메이션의 새로운 표현 스타일을 모색해 왔습니다. 그 성과는 『이웃집 야마다 군』(1999년)과 『가구야공주 이야기』(2013)로 결실을 맺습니다. 디지털 기술을 이용해서 손으로 그린 선을 살린 수채화풍 화법에 도전해서 종래의 셀화 양식과는 다른 표현을 달성했습니다. 미술에 대한 깊은 지식을 가진 타카하타. 그가 가지고 있는 이미지 연금술의 끈을 풀겠습니다.

Takahata was an insatiable explorer of animation as a form of expression. Immersing himself in researching picture scrolls and uncovering the Japanese tradition of visual culture in the 1990s, Takahata continued to investigate new styles of animated expression, marked by a unification of human figures and backgrounds. This resulted in works such as *My Neighbors the Yamadas* (1999) and *The Tale of The Princess Kaguya* (2013). Setting himself new challenges by adopting a watercolor style of depiction, which was realized through the use of digital technology to accentuate hand-drawn lines, Takahata developed an approach that was distinctly different from traditional cel-based animation. These efforts provide insight into the alchemy of Takahata's imagery, bolstered by his extensive knowledge of art.

오른쪽: 『가구야공주 이야기』 수정원화

장편 애니메이션의 혁신과 창조

가노 세이지(영상 연구가 · 아시아 대학 강사)

새로운 작화 스타일에 도전
『이웃집 야마다군』

『폼포코 너구리 대작전』을 완성한 후, 타카하타는 『헤이케 이야기』등 몇몇 작품을 차기작 후보로 검토했다. 전부 새로운 기법 개발과 이어진 기획이었지만, 제작 결정까지는 되지 않았다. 오랫동안 셀 애니메이션 화풍에서 벗어날 방법을 모색해 왔던 타카하타는 프레데릭 백의 작품을 만난 후에 대담한 생략으로 인상을 강조하는 소묘와 담채 양식의 도입을 검토해 왔다. 하지만 집단으로 하는 장편 제작에는 분업 시스템 확립이란 난제를 반드시 클리어해야 했다.

1997년 초반, 스즈키 도시오는 스튜디오 지브리의 차기작으로 이시이 히사이치 원작 『이웃집 야마다군』(1997년 4월 『노노쨩』으로 제목 변경)을 제안한다. 감독 타진을 받은 타카하타는 4컷 만화의 장편화는 힘들다고 판단하고 일단 거절하지만, '지금 해야 할 기획이 아닌가?'하고 마음을 고쳐먹고 감독으로 취임했다.

타카하타는 제작 동기로 고지식하고 상처받기 쉽고 '힐링'을 원하며 판타지에 빠져서 현실에 적응하지 못하는 청년층이 늘어난 것을 거론하며, 게으르고 향상심이 없는 야마다 가족을 통해 '마음을 가볍게 하는 것'이 지금이야말로 필요한 일이 아닌가, 라고 썼다.[1] 숫다리 삼등신에 눈은 점이라는 간소한 캐릭터에 하얀 배경이라면 긴장감도 감정 이입할 여지도 없어서, 지루한 일상을 객관적으로 쌓아가는 내용과 표현이 일치한다. 덧붙여서 지브리가 이 작품부터 풀 디지털로 제작하는 등 시스템 환경의 개혁이였기 때문에 각 부서에서 새로운 기법을 시험할 좋은 기회라고 여겼다.

시나리오를 집필하면서 타카하타는 각 4컷을 현실적인 시공간의 일부로 인식하고 몇 분의 에피소드로 확대한다. 야마다 가족이 등장하지 않는 이야기, 시사, 유행, 스포츠, 강렬한 서브 캐릭터 등을 제외하고 비슷한 장소나 테마(부엌, 현관, 학교 안 등)의 여러 이야기를 이어서 정리했다. 1997년 11월에는 200개의 에피소드를 구성한 제1고, 1998년 2월에는 90개의 에피소드로 압축한 제2고 완성. 여기에서 여러 에피소드가 더 삭제돼서 완성고가 되었다.[2] 또한 『폼포코』의 마지막에 '재미있으면서도 이윽고 서글퍼지는 너구리인가'라는 하이쿠를 넣지 못했던 것을 후회하는 마음도 있어서, 마쓰오 바쇼와 요사 부손, 다네다 산토카가 읊은 하이쿠 9수를 삽입한다. 이 작품에는 '해학'이 어울린다고 확신했다고 한다.[3]

긴 에피소드인 「노노코의 미아」「폭주족 주의」「다카시 가면」은 거의 타카하타의 오리지널이다. 특히 리얼한 그림체로 변하는 「폭주족 주의」와 「다카시 가면」의 대비는 첫눈을 무시하고 TV에 푹 빠진 가족 이야기와 함께, 판타지와 현실의 거리를 통감하게 하는 쓸쓸함이 배어 나온다. 타카시와 마츠코의 결혼식부터 봅슬레이로 날아가며 가족의 역사를 쓴 시작 부분, 노래하면서 떠오르는 코타츠 속의 야마다 가족, 「케세라세라」를 부르면서 우산을 펴고 공중에서 내려오는 야마다 가족들의 총 7분 정도의 창작 장면은 「봅슬레이 편」이라고 불렸다.

타이틀은 『이웃집 야마다군』으로 정해졌는데 나중에 「호호케쿄」가 붙었다.[4] 메인 스태프는 그림 콘티 · 장면설정 · 연출/다나베 오사무 · 모모세 요시유키, 작화감독/고니시 겐이치, 미술 감독/다나카 나오야 · 다케시게 요지, 채화감독/야스다 미치요. 타카하타는 다나베 · 모모세를 연출로 기용해서 많은 설계를 맡겼다. 다나베는 원작아 각 화를 Fix의 롱 테이크로 연기를 차분히 보여주는 본편 「만화 편」, 모모세는 3DCG를 구사해서 입체 공간 속을 카메라가 종횡무진 움직이는

「봅슬레이 편」의 설계를 담당했다. 대조적인 파트의 통일감을 위해서 양쪽의 작화감독을 고니시 겐이치가 맡았다.

작화 총괄로 발탁된 다나베는 1997년 9월부터 타카하타와 그림 콘티 작업을 시작한다. 생생한 연기를 그리는 다나베의 재능은 압도적이었지만 그 고집 때문에 작업은 난항을 거듭해서, 그림 콘티가 완성된 것은 1999년 3월이었다.

이 작품에서는 선의 힘을 살리기 위해 프레임을 축소한 특수 주문 용지를 사용했다. 다나베의 그림 콘티는 확대 복사해서 레이아웃에 참고하라고 원화에 주었다. 원화진도 하시모토 신지(「바나나와 팥빵」「늦잠 숨참」등), 하마스 히데키(「타카시 가면」등), 오쓰카 신지(「리모컨 소동」등) 개성파가 모여 있었다. 다나베 자신도 타카시와 마츠코의 탱고 원화를 담당했다.

화면 전체의 통일감을 중시해서 배경 그림은 철저하게 줄였다. 작화와 미술의 긴밀한 연계가 전제조건이 되어, 다나베의 원래 그림에 다나카 · 다케시게가 색을 입힌 '채색 보드'가 만들어졌고, 이것을 가이드로 배경화나 색 지정이 진행됐다. 채색에는 투명 수채가 사용됐고 캐릭터의 기분이나 연기에 따라 배경의 밀도나 색감도 조정했다.

한편 「봅슬레이 편」에서는 모모세의 이미지 보드와 그림 콘티를 기점으로 작화, CG, 미술에서 각 소재를 만들어 촬영부에서 조합한다는 복잡한 연계가 이루어졌다. 회전하는 웨딩케이크와 활주하는 봅슬레이는 CG로 만든 동화를 프린트 아웃해서 손그림으로 다시 그린 후에 채색했다. 가쓰시카 호쿠사이 풍의 다이내믹한 파도, 『모모타로』『가구야공주』등의 기술을 응축한 인용이 여기저기에서 보이지만, 몰입감보다 객관적인 유머가 느껴지게 완성됐다.

제작 시스템의 개혁에 따라 현장에선 시행착오가 반복되었다. 러프한 선을 살리기 위해 플랫한 선으로 옮겨 그리는 동화 공정이 생략됐다. 「만화 편」은 기본적으로 한 에피소드를 한 회의 에피소드를 한 사람의 원화가가 맡아서 동화까지 그렸고, 고니시가 개별적인 차이(필압, 선의 굵기 등)를 미세 조정한 '작감 수정'을 그대로 사용했다. 게다가 채색 공정에서 번짐이나 칠하지 않는 곳을 살리기 위해 '실제 선'(고니시의 수정)과, 채색부의 채색용 '안쪽 선', 배경이 비치지 않게 하기 위한 '윤곽선' 등 세 장의 동화를 겹치는 공정이 도입되었다. 그로 인해 작화 매수는 늘어나고 동화 부담도 배로 늘어났지만, 제작 말기에는 경이적인 소화율을 달성해서 영화는 무사히 완성됐다.

목소리 연기는 마츠코 역의 아사오카 유키지, 타카시 역의 마스오카 도오루, 키쿠치 할머니 역의 미야코 초초 등은 선녹음, 노보루 역의 이소하타 하야토, 노노코 역의 우노 나오미는 후시녹음을 중심으로 진행했다. 안경 쓴 여자 역의 나카무라 다마오, 후지하라 선생님 역의 야노 아키코, 하이쿠 낭독의 야나기야 고신지는 각각 따로 녹음했다. 전체적으로 화려한 캐스팅이다.

주제가와 음악은 야노 아키코가 맡아서 탱고부터 스캣을 넣은 피아노 스케치까지 경쾌하고 다채로운 음악을 제공했다. 이 작품에도 클래식, 동요, 엔카, 합창곡 같은 다양한 음악이 사용되었다. 「봅슬레이 편」에서는 말러의 「교향곡 제5번」『장송행진곡』시작 부분의 트럼펫과 멘델스존의 「결혼행진곡」을 연결, 「바나나와 팥빵」에서는 유리 노르슈테인 감독 『이야기 속의 이야기』(1979년)에 사용된 J.S. 바흐 「전주곡 제8번 내림 마단조」, 라디오에서는 「강아지 경찰 아저씨」, 타카시 가면의 BGM에는 「월광가면은 누구일까」, 스태프의 합창인 「사쿠라사쿠라」「젊은이들」 등, 선곡은 매우 광범위하다.

타카하타는 「케세라세라」의 일본어 번안도 담당해서, 원래 가사인 "The Future's not ours to see"를 「미래는 보이지 않으니 기대하렴」이라고 멋지게 번역했다. 각본에는 눈보라 속을 등 돌리고 노래하면서 걸어가는 타카시와 마츠코, 그 너머에 호쿠사이의 개풍쾌청(凱風快晴. 청명한 아침의 시원한 바람)의 후지산이 보인다고 적혀 있었지만 삭제되었으며, 그 대신 폴 발레리의 '우리는 뒷걸음질로 미래에 들어선다'(「우리의 지고선 '정신'의 정책」1932년 (정신의 위기: 폴 발레리 비평선))가 그림 콘티에 인용되어 있다. 비현실적인 주인공과 여주인공을 몽상하는 것이 아니라 늘 갈등하면서 희망을 놓지 않고 살아가는 서민에게 보내는 응원이다.

이 작품에서 염원하던 수채화 풍의 장편 애니메이션을 만들어 낸 타카하타는 1999년 6월 29일의 뒤풀이 파티(키치조지 다이이치 호텔)에서 전 스태프에게 다음과 같이 말했다. "이 작품이 흥행에 성공하든 실패하든, 관객이 한 명도 오지 않아도 애니메이션의 표현으로는 성공했다고 생각합니다."(5)

치밀하게 그린 판타지가 융성하고 있는 '애니메이션 대국' 일본에서 이 작품은 색다른 빛을 강렬하게 내뿜는다. 이 작품의 등장은 장편 애니메이션의 기존 관념을 타파하는 커다란 한 걸음이었다.

(1) 타카하타 이사오 「긴급 특별 기획! 연작 애니메이션 장편 『이웃집 야마다군』」(1997년 3월 부서 내 검토용 자료)
(2) 『시나리오』 1999년 10월 호(시나리오 작가 협회)에 실린 타카하타 이사오 각본 『이웃집 야마다군』에서, 노보루의 벼락치기 공부, 말벌, 노노코의 연락장, 녹색의 날, 레트로트 카레, 기부금 6화 분량이 삭제되어 있다.
(3) 타카하타 이사오 「하이쿠 감상 입문 – 바쇼와 부손은 야마다 가족과 친분이 있었다!?」『이웃집 야마다군』 팸플릿 (1999년 쇼치쿠). 「타카하타 이사오 감독 인터뷰」『키네마준포』 1999년 8월 상순호에 따르면 처음엔 50구 인용을 예상하고 일부는 야나기야 고신지의 낭독도 수록했지만 거의 삭제됐다고 한다.
(4) 1997년 11월, 미야자키 하야오가 "파쿠 씨의 작품에는 꼭 '호'란 글자가 들어간다"고 말했고, 그걸 받아들여서 타카하타가 '호호케쿄'라고 붙였다고 한다. 나카무라 겐고 「『모노노케 히메』에서 『이웃집 야마다군』으로 테마는 '살아라'에서 '적당히'로……!?」 1999년 도쿠마쇼텐)
(5) 「슈퍼 TV 정보 최전선 독점 밀착 15개월! 소문난 영화 「이웃집 야마다 군」의 비밀」(1999년 7월 니혼TV)

모든 테마와 기술의 도달점
『가구야공주 이야기』

2000년대에 들어와 타카하타는 인형극 『마호로바의 메아리 신령님들이 눈을 뜨다』(2000년) 『렌쿠 애니메이션 겨울날(물시계의 물이 한 말이나 새 나갈 만큼 기나긴 가을밤을 수수께끼를 풀며 보냈도다, 바쇼)』(2003년)의 연출을 담당했고, 『키리쿠와 마녀』(1998년 미셸 오슬로 감독), 『왕과 새』(1980년 폴 그리모 감독)의 일본 개봉(2003년, 2006년)에도 온 힘을 다했다. 저술, 강연, 대학 강의 등으로 분주한 한편, 다시 장편 기획을 준비하고 있었다. 타카하타는 『야마다군』으로 개척한 소묘와 담채 양식을 진화시키기 위해 다나베 오사무의 기용을 필수 제작 조건으로 내걸었다.

하지만 다나베는 아이들을 그리고 싶어 했고, 모든 기획에 그림을 제공하지 못했다. 2005년 초반, 스즈키 도시오는 타카하타가 예전에 이야기했던 『대나무꾼

이야기』의 영화화를 제안하지만, 타카하타는 감독 취임을 보류하고, 다나베도 그림을 그리지 않은 채 같은 해 말에 기획이 틀어진다. 2006년 11월, 니시무라 요시아키가 타카하타의 신작 담당으로 부임하고 나중에 프로듀서로 취임한다. 스즈키는 야마모토 슈고로의 『야나기바시 이야기』(1946년)의 영화화를 제안하지만 타카하타는 고사한다. 대안으로 아카사카 노리오의 학술서 『자장가의 탄생』(1994년)의 영화화를 제안한다. 18세기 이후 아이 돌보는 일을 하는 어린 소녀들의 슬픈 자장가에 얽힌 기획(1)으로, 구마모토현 이쓰키무라에 가서 취재했고, 다나베도 아이들을 그리는 등 진전이 있었지만 2008년에 타카하타 스스로 '영화로서의 짜임새를 찾을 수 없다'며 포기했다.

2008년 봄, 타카하타를 감독으로 『대나무꾼 이야기』가 재시동된다. 2009년 7월, 타카하타는 장문의 기획서(2)를 탈고한다. 약 50년 전에 썼던 프롤로그 구상(3)을 재정리해서 원작에 쓰여 있지 않은 가구야공주의 마음속 갈등을 '지구에서 삶을 받았음에도 그 삶을 빛내지 못하고 있는 우리 자신의 이야기'로 재구축하고 싶다고 썼다. 현대적으로 스토리를 바꾸고 새로 넣기도 했으니 제목은 『대나무꾼 이야기』가 아니라 『가구야공주의 (진정한) 이야기』로 한다. '유소년기의 체험을 매력적으로 그려야 한다'라고 덧붙였다. 여기에서는 확실히 '자장가의 탄생'의 계승을 엿볼 수 있다. 같은 시기에 타카하타·니시무라는 사카구치 리코에게 각본을 의뢰한다. 사카구치는 알츠하이머로 기억을 잃은 노인이 노래만을 기억하고 있다는 이야기를 가구야공주의 결말에 겹쳐서 끌어내고, 타카하타가 이것에 찬성한다. 그 자리에서 「와라베 우타(전래 동요)」를 모티브로 한 아이디어가 탄생한다.

2009년 말, 스튜디오 지브리 본사에 '준비실'이 만들어지고, 애니메이터 고니시 겐이치가 참여한다. 2010년부터는 타카하타·다나베가 공동으로 그림 콘티 작업을 시작한다. 같은 해 4월, 각본의 준비고가 완성되고 이야기의 기본 골격이 만들어진다. 6월, '가구야공주 스튜디오'를 개설하고, 타카하타의 강력한 요청으로 오가 가즈오가 미술 감독으로 참여한다.

그림 콘티 제작은 난항을 겪었고, 보좌로 사토 마사코와 사사키 신사쿠가 참여한다. 공주와 스테마루의 비상을 그리는 CG 사용 '특임 장면 설계'로 모모세 요시유키도 참여한다. 2012년 2월 제작팀은 '제7스튜디오'로 이전해서 본격적으로 작업에 들어간다. 2013년 3월. 드디어 그림 콘티가 완성된다. 2013년 10월, 처음 기획 단계부터 실로 8년 만에 작품이 완성된다.

'인물 조형과 작화 설계'를 총괄했던 다나베는 그림 콘티를 모든 작업의 기점으로 삼았으며, 캐릭터 설계도와 등신 비율 등을 만들지 않고 모든 컷을 통일하지 않은 채 작화를 만든다는 특이한 제작 체제를 시행했다. 그림은 기본적으로 작게 그려서 확대하고, 동화 용지도 TV 사이즈(거의 A4사이즈)를 사용했다. 다나베는 레이아웃 단계에서 프레임 사이즈를 변경했고, 클로즈업은 작게 그려서 확대하고 단역(군중)은 크게 그려서 축소하며, 모든 컷의 최적화를 검토했다. 공주의 대담한 표정 변화, 선 다발로 그린 흐르는 듯한 긴 머리카락, 개성적 조형인 서브 캐릭터들, 부드러운 기모노의 소재감이나 무늬까지 다나베의 고집이 들어간 설계는 Fix 중심의 카메라와 맞물려 강렬한 존재감을 만들어 냈다. 하지만 이 혁신적인 스타일은 선의 농담과 기모노가 스칠 때의 통일감 등이 어려워서 분업에는 적절하지 않았고, 참여 애니메이터의 착실한 적응 노력이 요구되었다.

고니시는 자발적으로 작화 공정 정리 역으로 작화감독에 취임한다. 깨끗이 옮겨 그리는 공정이 없어서 고니시가 원화의 일부를 지워서 덧그리고, 다나베의 레

이아웃 일부를 그대로 사용하는 등 복잡한 과정이 필요했다. 캐릭터표(공주만)나 작화 지시서 제작, 다나베와 다른 작화 선의 통합, 공주의 아름다움의 미세 조정 등 방대한 부분수정을 하며 고니시는 많은 공헌을 했다.[4]

이 작품에서는 원화의 '실제 선', 색마다 구분된 채색용 '채색 선'(『야마다군』의 '안쪽 선' '윤곽선'을 통합), 기모노 무늬나 인물의 뺨이, 코의 터치 등의 '모양 선'이 라는 3종류의 동화가 만들어졌다. 잔상을 수채 물감으로 채색해서 겹치는 '수채 작화'라는 공정도 존재했지만, 공주가 질주하는 장면에서 시도만 했을 뿐이다.

필두 원화는 공주의 질주 장면의 그림 콘티와 수채 작화를 포함해 담당 장면의 모든 원화를 그린 하시모토 신지(큰 벚나무 앞에서의 춤, 공주와 스테마루의 공중 비행 등). 그 밖에 하마다 다카유키 (아기 가구야공주, 술잔치 등), 안도 마사시(참 외를 먹는 공주와 스테마루, 공주가 베 짜는 모습 등), 아먀구치 아키코(할머니 손에서 성장하는 공주, 쓰러져 우는 할아버지 등) 프리랜서 실력파가 참여했다. 지브 리는 미야자키 하야오 감독의 『바람이 분다』(2013년)를 병행해서 제작해서, 원화, 동화, 미술, 촬영의 대부분이 외부 스태프였지만 헌신적으로 작품을 지원했다.

도읍지 생활과 신덴즈쿠리(헤이안 시대 귀족의 대표적인 주택 양식) 내부는 크기를 줄이고, 자연 묘사는 반대로 밀도를 더해서 바람을 불어넣는다 - 그런 타카하타의 어려운 요구에 대해서 오가는 혼자 교토부 오하라를 취재한 후에 연필선을 남겨서 투명 수채 물감으로 채색하는 스타일로 임했다. 오가는 가와이 교쿠도의 풍경화를 참고했다고 한다. 하늘과 네 구석은 종이의 바탕색인 흰색을 활용해 붓의 흔적과 선염, 채색이 덜 된 곳을 남김으로써 '느낌 좋은 여백'을 추구했다. 작화 용지는 보통 사이즈의 절반(B5사이즈)을 기본으로 했고, 엽서 크기부터 대형 용지까지 나눠 그렸으며 색조까지 캐릭터에게 맞추는 방향을 모색했다. 지체되기 일쑤인 레이아웃도 일부 대행했다. 배경 스태프는 실패를 할 수 없는 오가의 스타일에 맞추기 위해서 노력과 연구를 아끼지 않았다.

타카하타·다나베·오가는 컷마다 3자 협의로 세부 조정을 반복했고, 그림으로써 통일감을 연구했다. 타카하타는 다나베와 오가의 스타일로 전편을 밀고 나간 것이 이 작품의 최대 성공 요인이었다고 이야기했다.[5]

음악은 『바람계곡의 나우시카(1984년)』 이후에 타카하타와 30년간 친분이 있는 히사이시 조가 맡았고, 히사이시 조는 처음이자 마지막으로 타카하타 작품에 참여한 것이 되었다. 타카하타는 히사이시가 담당했던 이상일 감독의 영화 『악인』(2010년)의 '운명을 지켜보는 음악'에 감탄했고, 마찬가지로 '인물의 마음을 표현하지 않는' '상황에 맞추지 않는' '관객의 마음을 부추기지 않는' 음악을 요구했다. 가구야공주의 거문고 선율, 달의 사자들이 연주하는 「천인의 음악」, 반복되는 극중곡 「와라베 우타」「천녀의 노래」(작사/타카하타 이사오·사카구치 리코, 작곡/타카하타 이사오) 등 많은 노래가 '배경 음악'이 아니라 작중 세계에서 자연스럽게 흐르는 대위법적으로 사용됐다.

타카하타가 작사한 「와라베 우타」의 「잇달아(센구리) 생명이 되살아나네」의 「센구리」는 '잇달아, 계속해서'를 뜻하는 서일본의 방언으로, 오즈 야스지로 감독의 『고하야가와가의 가을』(1961년)에서 인용한 것이다. 갈이장이 부락의 소녀들이 노래하는 장면에서는 『자장가의 탄생』의 영향을 느낄 수 있다. 「와라베 우타」의 돌림노래에는 「바람이 세차게 불어서」라는 가사도 있는데, 미야자와 겐지의 『주문이 많은 요리점』(1924년) 『바람의 마타사부로』(1934년)의 오마주도 느껴진다. 또한 「천녀의 노래」의 「기다린다 하시면 바로 돌아오겠소」는 『고금와카집』『오구

라 백인일수』에 실린 아리와라노 유키히라가 읊은 와카(855년)의 인용이다.

주제가 「생명의 기억」은 정토종 승려이자 싱어송라이터인 니카이도 가즈미가 만들었다. 2012년 11월, 니카이도의 앨범을 즐겨 듣던 타카하타는 "엔딩 크레딧에서 관객을 위로해 줬으면 한다"고 주제가를 의뢰했다. 2013년 3월 히로시마의 스튜디오에서 타카하타·니시무라가 참석한 가운데 니카이도는 출산을 앞둔 상태에서 녹음에 임해서 혼신의 보컬로 노래했다.

목소리 출연은 오디션 결과 가구야공주에 아사쿠라 아키, 할아버지 역에 치이 타케오, 할머니 역에 미야모토 노부코, 사가미 역에 타카하타 아쓰코 등 초호화 캐스트다. 대부분의 대사는 선녹음이며, 2011년 8~9월. 2012년 8월 등 여러 번에 걸쳐서 녹음했다. 2013년 9월에는 추가 후시녹음도 이뤄졌지만, 2012년 6월에 치이가 세상을 떠난 탓에 할아버지는 미야케 유지가 대역을 맡았다.

이 작품에서는 안일한 옛날이야기나 시대극 풍의 이미지를 덮기 위해서 헤이안 시대의 풍토와 건축 양식, 갈이장이나 탄광 일, 베틀 조작이나 거문고 연주, 화장이나 치아를 검게 물들였던 풍속까지 조사하고 분석한 뒤, 창작을 시도했다. 또한 타카하타가 계속 연구했던 두루마리 그림이나 일본화가 군데군데 차용되어 있다.

달밤의 할아버지 집은 시바타 제신 『백박영충시회액(白薄鈴虫蒔絵額)』(에도 시대 말기), 술잔치의 춤꾼은 『조수인물희화 갑권』(12~13세기), 『연중행사회권』(12세기), 오토모노 대납언의 배는 『기비대신 입당회권 제1단』(12세기 말~13세기 초), 미카도의 청량전은 『신귀산연기회권』(12세기), 달의 사자들은 『아미타이십오보살내영도(조내영)』(13~14세기)[6]이 각각 원래의 그림이다.

타카하타는 '그림이 움직인다'는 원초적 감동과 '상상력을 자극하는 여백의 아름다움'으로 세계에서도 유례가 없는 장편 애니메이션을 만들어 냈다. 동시에 이 작품에는 「우리의 가구야공주」이후 약 50년간 타카하타가 추구하고 축적해 왔던 모든 테마가 내포되어 있으며 더욱 고차원적으로 승화했다. 여성의 자립, 억압과 해방, 사랑스러운 아이들, 자연과의 공존, 객관주의, 그리고 생각할 여지를 주는 결말. 가구야공주는 동경하던 지구에서의 삶을 왜 살아 내지 못했는가? 사람은 어떻게 살고, 어떻게 죽어야 하는가? 그 물음은 영원히 닫히는 일 없이 볼 때마다 관객의 마음에 내리꽂힌다. 한평생 애니메이션 표현의 가능성을 추구해 왔던 타카하타 이사오의 도달점이자 역사에 새겨진 금자탑이다.

(1) '영상화한다면 고용살이로 간 어두운 집 안에서는 우울하고 고개를 숙이기 일쑤고 무표정했던 보모 아이들이, 아기를 등에 업고 해 질 녘에 여럿이 모였을 때, 처음으로 고독과 억압에서 해방되어 석양빛을 받으면서 노래하고, 놀고, 떠들고, 싸우고, 울고 웃는 모습을 그리게 될 것이다' 타카하타 이사오 「해설」 아카사카 노리오 『자장가의 탄생』(2006년 고단샤 가쿠주쓰분코)
(2) 타카하타 이사오 「대나무꾼 이야기는 무엇인가」 (2009년 7월 20일), 타카하타 이사오 「기획 『가구야공주 이야기』」(2009년 7월 개정)
(3) 『우리의 가구야공주』의 페이지(p.23)를 참조할 것.
(4) 『미술 수첩』 2014년 1월 「특집 『가구야공주 이야기』의 충격.」(비쥬츠슈판샤). 다나베 오사무, 오가 가즈오, 고니시 겐이치, 하시모토 신지의 취재 기사.
(5) 타카하타 이사오 「『가구야공주 이야기』의 영상 표현에 관한 몇 가지」『THE ART OF 가구야공주 이야기』 (2014년 도쿠마쇼텐)
(6) 『아미타이십오보살내영도』는 『폼포코 너구리 대작전』의 이누가미교부 쇼텐과 모티브가 같지만, '운중공양보살'이 6배 늘었다(원전의 25인 보살과 비교해도 두 배 이상).

1999년——————————————————
이웃집 야마다군
My Neighbors the Yamadas
(각본, 감독)

영화/1999년 7월 17일 개봉/104분 원작/이시이 히사이치 각본·감독/타카하타 이사오 음악/야노
아키코 연출/다나베 오사무, 모모세 요시유키 작화감독/고니시 겐이치 미술감독/다나카 나오야,
다케시게 요지 채화감독/야스다 미치요 제작/스튜디오 지브리

이시이 히사이치의 동명 4컷 만화를 원작으로 한, 어디에나 있을 법한 야마다 가족
의 소소한 일상을 장편영화로 만들었다. 타카하타는 원작의 그림 선을 애니메이션
에도 살리기로 하고 단순한 선화에 수채 물감으로 색을 입힌 뒤, 구석구석까지 배
경을 그리지 않고 여백을 남긴 것처럼 마무리하는 화면 만들기를 시도했다. 이 작
품에서 타카하타는 셀화가 아닌 컴퓨터 채색으로 손 그림의 수채 터치를 표현한다
는, 세계에서도 전례가 없는 기법을 개발했다.

1.-3. 채색 보드

1

타카하타 이사오의 말

이 작품의 대부분은 원작 만화를 토대로 한 에피소드라서, 무대는 모두가 이미 잘
아는 생활공간입니다. 그래서 우리는 과감하게 필요한 것만 그려서 공간을 암시하기
만 하는, 만화 본래의 여백을 남긴 담채화 풍 화면구성을 선택했습니다. 인물 표현도
만화 캐릭터를 그대로 실세화하는 것이 아니라, 캐릭터 표현을 투영해서 그 배후에 있
는 진짜 인간의 모습을 실감하도록 하고 싶습니다. 요컨대 '판타지'처럼 보이지만 리얼

리티를 치밀하게 표현해서 사람을 다른 세계에 가두는 것이 아니라, 단순한 도구로써
일상적인 인간다움을 스케치하고, 현실의 괴로운 세상을 떠올리게 만들고 싶습니다.
매일 우리가 살고 있는 현실과 작품 사이에 자유롭게 바람이 왔다 갔다 하게 만들고 싶
습니다.
(『이웃집 야마다군』 영화 음악에 대해서/야노 아키코 씨에게 건넨 음악 메모/1998년)

※ まっ子が 夜ふれ一人で ポツンと 待っている。 テレワライが 明るい.
キッチンも 明りはつくが. もうりの 照明 でつ. 倒れるに

10 - 3 - 8

テレビ画面
下の方 少し 明るく.

※ 在身の色. 濃だとの 肌きに 合せる
※ 卓上小物 別参考 有ります.

3

14-4-25

4

단순화한 선화의 리얼리티

타카하타는 스스로도 추구해 온 밀도를 높여 나가는 리얼리즘이 갈 데까지 가 버려서, 그 진화의 끝에 관객에게서 상상력의 여지를 빼앗는 것이 아닌가 하는 의구심을 1990년대부터 품기 시작했다. 그리고 '그 경향에 대항하기 위해서는 겉으로 보이는 리얼리즘을 포기할 수밖에 없다'고 생각해서 『이웃집 야마다군』에 착수했다고 한다. 자연주의적인 리얼리즘에서 단순화한 선화의 리얼로 전환을 꾀했고, 기존의 셀 애니메이션 형식을 쇄신하려고 시도했다.

가구야공주 이야기

The Tales of The Princess Kaguya

(원안, 각본, 감독)

영화/2013년 11월 23일 개봉/137분 원작/『대나무꾼 이야기』 원안·각본·감독/타카하타 이사오 각본/사카구치 리코 인물 조형·작화 설계/다나베 오사무 작화감독/고니시 겐이치 미술/오가 가즈오 음악/히사이시 조 색 지정/가키타 유키코 제작/스튜디오 지브리

일본에서 가장 오래된 이야기 문학 작품인 『대나무꾼 이야기』를 기획부터 완성까지 8년의 세월을 걸쳐 영화화했다. 많은 일본인이 아는 「가구야공주 이야기」를 원작에 충실한 장편영화로 만들었다. 타카하타의 마지막 감독 작품이 된 이 작품은, 작화 설계의 다나베 오사무, 미술의 오가 가즈오를 중심으로 일본을 대표하는 애니메이션 제작 스태프가 결집했다. 「이웃집 야마다군」에서 키운 표현을 바탕으로 더욱 진화한 영상이 제작됐다.

1

2

3

1.-3. 오가 가즈오가 그린 보드
4.-15. 야마구치 아키코가 그린 원화 및 고니시 겐이치가 그린 수정 원화

4

9

12

5

10

13

6

11

14

7

8

15

1

6

9

2

7

10

3

8

11

4

5

12

1.-12. 하마다 다카유키가 그린 원화

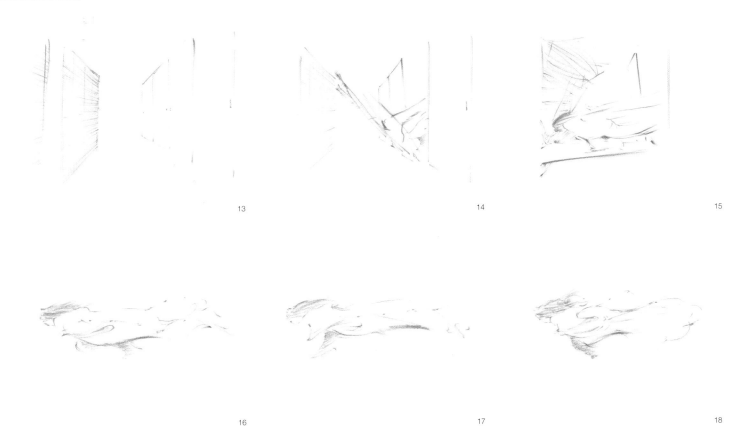

13 14 15

16 17 18

19

13.-19. 하시모토 신지가 그린 원화

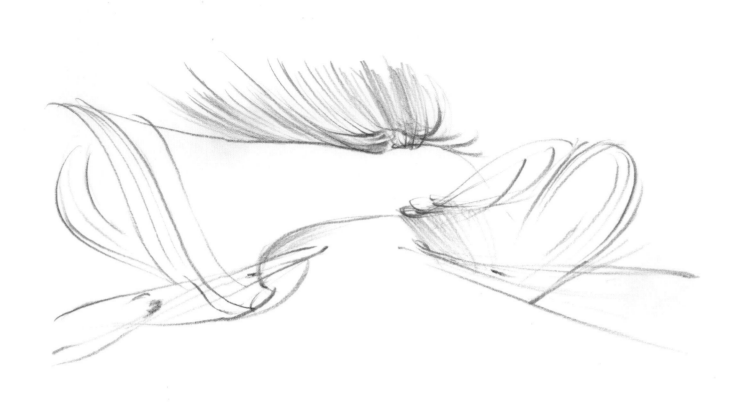

1

2   4   6

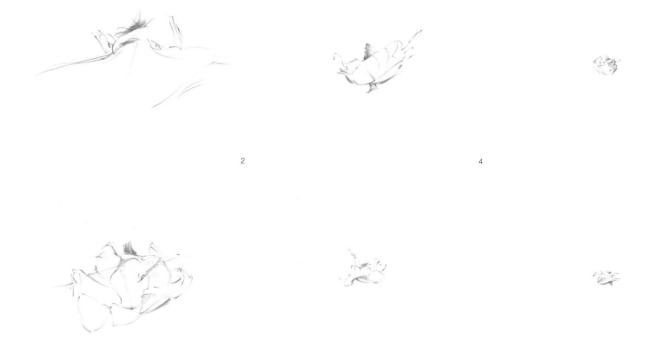

3   5   7

8

13

18

9

14

19

10

15

20

11

16

21

12

17

선화와 동화로 표현할 수 있는 것

분노와 슬픔에 휩싸인 가구야공주가 저택을 뛰쳐나가 주니히토에(十二単, 헤이안 시대의 여성 전통 의상)를 벗어 던지고 질주하는 장면. 격렬한 선의 소용돌이는 한 장의 그림으로 보면 뭘 그렸는지 모를 정도로 가구야공주의 모습을 추상화하고 있지만, 영상으로 만들자 온몸을 사용한 감정 표현으로 나타난다. 잔상 효과도 계산에 넣으면서 대상의 형태를 묘사하는 선화의 기능과, 자립한 선 그림이 주는 감각적인 자극을 충돌시켜, 양자의 긴장 속에 극적인 이미지를 만들었다.

1.-21. 하시모토 신지가 그린 원화

질주하는 공주 (미술)

1.-9. 오가 가즈오가 그린 보드

5

6

7

8

9

1

2   3   4

타카하타 이사오의 말

'밑그림=스케치', 즉 활사(活寫)다. 지금, 이 순간, 대상을 포착하려고 한다. 아직 완결되지 않은 그 행위의 긴장과 열기. 대상을 마주했을 때의 생생한 마음의 고동. 그것이 보는 쪽으로도 옮겨가서 그린 스케치에서 그 뒤쪽·안에 있는 대상 자체를 상상하자, 기억을 더듬자, 능동적으로 읽자, 요컨대 '실감하자'라는 마음을, 보는 사람의 마음에 불러일으킨다.

『가구야공주 이야기』라는 애니메이션 영화에서 실시한 선과 담채와 여백에 의한 '활사'도 그런 효과를 불러일으키려고 한 것이다. 그렇지만 우리의 '활사'는 물론 보통의 스케치와는 전혀 다르다. 그것은 많은 사람의 '노동의, 인내의, 장기 수련의' 산물이다.

그럼에도 그래도 역시 결과로써 초심의 '열기와 재기'를 가지지 않으면 안 된다. 그것이 없으면 보는 사람에게 생생함이 옮겨가지 않기 때문이다. 게다가 영화인 이상, 그 힘이 시간적으로 지속되지 않으면 안 된다. 일종의 모순되면서도 어려운 과제를 각 숏마다 하나하나 달성해 가기 위해서는 세세한 점에서 시행착오를 반복하지 않을 수 없다. 따라서 작품 만들기는 오랜 기간에 걸쳐 그야말로 스릴 넘치는 모험의 양상을 보였다.

(「『가구야공주 이야기』의 영상 표현에 관한 몇 가지」/『디 아트 오브 가구야공주 이야기』 (도쿠마쇼텐)/2013년)

5

9

12

6

10

13

7

11

14

8

1.-15. 하시모토 신지가 그린 원화

15

1

2

3

가구야공주가 활짝 핀 커다란 벚나무 아래에서 춤추는 장면. 기쁨을 온몸으로 표현하는 다이내믹한 이 장면은 색채와 배경 미술을 오가 가즈오가 설계하고, 복잡한 카메라워크와 캐릭터의 움직임은 작화를 담당했던 하시모토 신지가 중심이 되어서 설계했다.

1.-3. 오가 가즈오가 그린 공주의 기모노 색의 시뮬레이션
4. 동, 보드
5. 하시모토 신지가 그린 카메라워크 설계
6. 오가 가즈오가 그린 보드

4

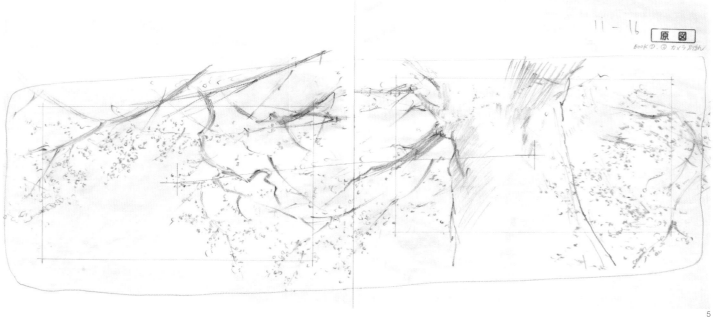

5

6

7

8

7. 보드 8. 배경화

타카하타 이사오의 말

『가구야공주 이야기』는 보는 사람이 자연의 다양한 풍요로움을 실감할 수 있게 하는 것이 최대 테마라서 매력적인 자연 묘사가 꼭 필요했다. 다만 그것을 겉으로 보기에 리얼한 트릭 아트 같은 자연 속에 사람들을 가두는 방식이 아니라, 사람들이 자유롭게 상상력을 발휘해서 가장 좋은 기억을 불러일으키게 하고 싶다. 그리고 사람들이 자연 속에서 어린 시절처럼 자유롭게 놀았으면 한다. 그러기 위해서는 그저 잘 그린 연필 담채화로는 부족하고, 역시 생생한 스케치가 필요하다. 묘사는 자세한 부분까지 섬세하게 했음에도 불구하고, 그래도 스케치적 생략으로 대강 파악한 뒤에 살짝 색을 입히고, 그림 용지의 흰색을 슬쩍 빼서 기분 좋게 바람이 불게 했다. 그렇게 할 수 있는 사람은 오가 가즈오 씨뿐이며, 그것이 오가 씨가 주도한 미술표현이었다.

(「『가구야공주 이야기』의 영상 표현에 관한 몇 가지」/『디 아트 오브 가구야공주 이야기』 (도쿠마쇼텐)/2013년)

1. 오가 가즈오가 그린 셀북+배경화 2. 동, 보드+배경화

1

2

1

2

1, 2, 4. 오가 가즈오가 그린 보드 3. 동, 배경화

13A-20

3

13E-13
ボード

4

1. 오가 가즈오가 그린 작화에 채색+보드
2.-3. 히사무라 가쓰가 그린 배경화

4

가구야공주와 스테마루의 환상적
인 비상 장면에 대해서는 타카하타
와 함께 아이디어 회의를 한 모모세
요시유키가 그림 콘티와 스토리보
드를 만들었다. 처음에는 다양한 곳
에서 다양한 생명과 접한다는 구상
이 있었지만, 최종적으로는 두 사람
의 인연과 가구야공주가 지상에서
얻은 기쁨을 그린 장면이 됐다.

4. 오가 가즈오가 그린 보드 + 배경화
5.-6. 동, 보드

5

6

1

2

3

4

1.-4. 오가 가즈오가 그린 작화에 채색+보드

프레데릭 백과의 우정

타카하타 이사오의 말

　나는 지금 유능한 스태프와 함께 장편 애니메이션 영화를 제작하고 있다. 우리는 『이웃집 야마다군』 이후에 새로운 표현 스타일을 탐구해 왔다. 그 일에 용기를 준 선배 중 한 사람이, 무엇을 숨기겠는가 프레데릭 백 씨의 『나무를 심은 사람』이었다. 스케치처럼 포착한다, 그리고 싶은 것만 그린다, 인물이 배치되고 행동하면 그 주위의 공간이 나타난다 등등.

　나는 프레데릭 백 씨를 내 스승으로 우러러보았다.

[「전쟁·국경·민족·민속~프레데릭 백 씨의 자서전을 읽고~」/『프레데릭 백 전』도록/2011년]

프레데릭 백은 1924년에 프랑스에서 태어났다. 캐나다로 이주한 후에 『투 리엥』(1977), 『크랙』(1981) 『나무를 심은 사람』(1987), 『위대한 강』(1993) 등 많은 단편 애니메이션 영화를 제작했다. 2013년 서거.

2013년 12월 16일 타카하타는 투병 중인 그의 자택을 방문해서 『가구야공주 이야기』를 상영했다. 백은 "이 작품은 제 오랜 꿈이 이루어진 것입니다" "좋은 선물이 됐습니다. 저에게도 이 세상에도"라고 말했고, 그로부터 8일 후에 사망했다.

타카하타 감독은 "슬픔보다도 표현하기 힘든 느낌에 사로잡혔습니다. 아아, 백 씨는 우리를 기다려 주셨던 거야"(『열풍 2014년 3월호』)라고 백에게 애도의 뜻을 표했다.

1. 『크랙』본편 소재.
2. 『투 리엥』복제화.
3.-4. 백은 2011년 7월에 도쿄도 현대 미술관에서 개최한 「프레데릭 백 전」을 위해 일본을 방문했다. 귀국 후에 타카하타 앞으로 2의 복제화와 편지를 보냈다. "1998년에 처음 만났고 그 후에 기적적으로 몇 번을 만났습니다. 안녕과 자애를 널리 알리려는 타카하타 씨를 또 만날 수 있을 줄은 상상도 못 했습니다!"라는 글로 시작하며, 이 전시회 개최에 기획 단계부터 온 힘을 다한 타카하타와 전시 스태프에 대한 감사와 찬사의 말이 적혀 있다. 그리고 "아무리 감사를 표해도 부족한 것 같습니다. 현재 만들고 있는 신작 제작이 기쁨으로 넘치기를 기도하겠습니다"라며 당시 제작 중이었던 『가구야공주 이야기』의 완성을 바라는 말로 끝맺음했다. (번역 협력 : 오치아이 갈랜드 겐조)
5. 2011년 7월, 일본을 방문했던 백과의 재화를 기뻐하는 타카하타.

타카하타가 소장한 유리 노르슈테인의 메시지가 적혀 있는
일러스트. 『안개에 싸인 고슴도치』가 그려져 있다.

애니메이션의 변혁자 · 타카하타 이사오

히카와 류스케 (메이지대학 대학원 특임교수)

잘 보이지 않기에 더욱 큰 영향력

이 글에서는 타카하타 이사오가 '일본 상업 애니메이션에 미친 영향'을 중심으로 고찰한다. 작품 각론은 전시물, 해설에 맡기고 조감하는 시점으로 논술을 시도한다. 그의 영향력은 간단히 알아차리기 힘들 만큼 넓게 침투해 있다는 것이 이유다.

역사적으로도 '그것을 제외하면 모든 인과의 흐름이 무너질 만큼 지배력이 강하다'고 하는 '마스터' 포지션에 있는 업적을 세운 작가가 타카하타 이사오가 아닐까? 지명도나 흥행 성적에 관해서는 미야자키 하야오가 1위가 되겠지만, 발상이나 방법론을 얼마나 확립해서 유포했나를 따지면 타카하타 이사오가 압도적이다. 후세에 타카하타 이상의 영향력을 미치고 일본 애니메이션 작품에 독자성을 가져다준 존재는 달리 없다. 그렇게 너무나 '당연'해져서 잘 보이지 않는 것을 부각시키는 것이 내 일이라고 생각한다.

『기동전사 건담』(1979)처럼 언뜻 보면 관계없을 것 같은 작품까지 영향력이 미쳤다고 하면 단적으로 이해할 수 있을 것이다. 건담의 원작 · 총감독인 도미노 요시유키는 『알프스 소녀 하이디』(1974), 『엄마 찾아 삼만리』(1976) 등 타카하타의 TV 시리즈에 콘티맨으로 참여했던 경험도 있고 영향을 인정하는 발언도 했다. 특히 소년소녀들과 그들이 만나는 어른들의 관계성을, 모자라지도 지나치지도 않은 '같은 크기의 인간'이라는 시점으로 포착하는 도미노의 극작 자세는 타카하타 작품과 통하는 면이 많다.

애니메이션 디렉터인 야스히코 요시카즈도 『하이디』 등의 타카하타 이사오 · 미야자키 하야오 콤비 작품에 공감했다고 한다. 그 '레이아웃 선행 시스템'을 참고해서 그림 만들기의 컨트롤이 자신에게 집중되는 시스템을 고안했고, 부족한 리소스로 높은 퀄리티를 실현했다. 1980년대 이후, 『건담』은 서브 마스터가 되어서 수많은 작품에 '리얼리즘의 발상'이라는 그림 만들기 방법론으로 커다란 영향을 미친다. 이러한 2차, 3차적 파급을 나타내면 마스터가 되는 사람의 영향력의 크기를 알 수 있지 않을까?

'영화로 만든다'는 동기

최근 20년간, 여러 애니메이션 작가의 취재를 통해 강하게 느낀 것은 '움직이는 그림을 사용해서 영화로 만든다'는 공통적인 동기를 가지고 있다는 것이다. 일본의 상업 애니메이션은 그런 동기로 연구되었다고 할 수 있다. 그 지향성이 공통 포맷으로 기능하며 구체적 수단을 수반하고 있기에 '작가성'에 의거하는 접근의 폭이 있어도 '영화'로서 수용되는 것이 아닐까? 그런 탓에 '어린이용'이란 틀을 뛰어넘을 수 있었고, 청년층의 애니메이션 붐에도 가속을 일으킬 수 있었다.

일반 관객층이 스튜디오 지브리 작품 등을 지지하게 되면서, 1990년대 중반부터 꽃을 피우는 국제적인 평가도 '영화로 볼 수 있다'는 점이 기본이 되었을 것이다. 그런 가설을 근거로 타카하타가 그 움직임에 무엇을 공헌했는지 생각해 보자. 또한 이 글에서 말하는 '영화'는 '상업용 극영화'다. 타카하타는 '영화사를 모체로 하는 도에이동화(현 도에이 애니메이션) 출신이다. 입사 이전부터 가졌던 목표와 사풍의 영향도 있어서 초기부터 만화영화의 '영화로서의' 가능성을 생각하고 실천했던 선구자다. 그러면 여기에서 말하는 '영화로 만든다'란 무엇을 골인지점으로 삼은 것인가. 그것에 대해 나름대로 정의해보고자 한다.

'이야기를 정확하게 전달한다'는 것뿐이라면 소설이나 만화로도 충분하지만, 그것은 시각 체험만이 가능한 '표현력'이 중시될 것이다. 요즘 나는 극장에서의 영화 감상을 '신화 체험'에 근접한 것이라고 생각한다. 극장을 찾는 행위는 관객의 자발성이라는 점에서 '모험으로의 출발'과 비슷하다. 입구에서는 '계약'을 하고 안에 들어간다. 어둠에 몸을 넣음으로써 속세에서 분리된다. 어둠 속에서 빛이 나타나고 스크린에 '이세계'가 전개된다. 그곳에서 관객은 '빛과 어둠의 이야기'를 체험하고 주위의 대중과 감정을 공유한다. 다시 밝아지고 밖으로 나오면 집이라는 '출발점으로 귀환'한다. 관객은 이세계로 향하기 전과 후에 무언가의 '변화'를 자기 안에 품은 채 일상에 숨어든 놀라움을 자기 눈으로 재발견한다. 이것이 인생에 재충전을 안겨 준다.

이 일련의 '영화 체험'은 '모닥불을 둘러싸고 노인이 말해 주는 영웅전설에 귀를 기울이는 청중'이라는 고대의 의식과 매우 비슷하다. '일단 어둠속에 들어갔다가 빛으로 귀환한다'는 구조 자체도 서적 『천의 얼굴을 가진 영웅』 등의 조셉 캠벨이 주장한 '신화의 공통성'과 비슷하다. 모험을 떠나고 귀환하는 영웅담의 닮은꼴이기 때문에, 영화 체험은 강도 높은 '이야기 체험'이 될 수 있다. 그것이 골인지점 중 하나가 아닐까?

이야기 체험의 기억 자체는 흐려지지만 추상화된 자극은 남고 심적 변화를 일으킨다. 힘을 받은 생활은 자발적 행동의 변화를 촉구하고, 그것이 거듭되면 대중도 사회도 변화할 것이다. 그런 '소망'은 지금도 많은 애니메이션 작품에서 느낄 수 있다. 특히 아동용 작품과 '명작 노선' 작품에는 눈에 띄게 깃들어 있다. '절대로 포기하지 않는 정신성'과 '불가능을 극복하는 역전의 기적'을 반복해서 그리는 것과, 이 '영화의 신화성'에도 커다란 관계가 있을 것이다.

애니메이션의 본래 매력과 모순되지 않는 형태로 신화성도 되돌아보면서 관객의 실생활에까지 맞닿아 있는 '영화로 만든다'는 방향성은 타카하타의 『태양의 왕자 호루스의 대모험』(1968)에서 선구적으로 시도된 것이다. 당시의 아동이나 나중에 성장한 후에 접했던 관객들에게 그 소망이 깃들었기 때문에 '영화로 만든다'는 소망도 확산되었다. 그 결과 일본의 작품을 좋은 향기로 바꾼 이 과정 자체가 신화적이다. 몇 층이나 겹쳐서 그물망이 된 '신화성의 구조'가 보인다.

애니메이션 표현에는 공상을 구현화한다는 점에서 실사를 뛰어넘은 어드밴티지가 존재한다. 시각적인 자극을 시간축에 올려서, 섬세함부터 대담함까지 제어할 수 있다는 넓은 다이내믹 레인지 등, 열린 '영화적 가능성'이 곳곳에 있다. 그 성장에 제약을 가하는 것이 있다면 '어차피 만화, 현실보다 못해'라며 깎아내리는 '만화영화에 대한 저주'일 것이다. '영화로 만든다'는 것은 그것으로부터 해방되는 역사이기도 하다.

초기 만화영화의 특징과 제약

'애니메이션 영화'나 'ANIME(아니메)'라고 불리기 이전, 1970년대 후반까지는 '만화영화'라는 용어를 많이 사용했다. '만화'를 영화관에서 상영하면 '영화가 된다'는 지조 없는 고정관념이라서 골치가 아프지만, '영화로 만드는 의식'의 검증에는 유용한 말이다. 타카하타 · 미야자키 두 감독은 특유의 고집으로 '만화영화'라는 용어를 계속 사용했지만, 혼란을 막기 위해서 'TV 만화'와 마찬가지로, 1978년에

월간 『아니메주』(도쿠마쇼텐)의 등장으로 '애니메이션'이 일반화되기 이전의 오래된 용어라고 할 수 있다.

'움직이는 그림'에 의한 애니메이션 표현은 종이 만화와 친화성이 높다. 그래서 '만화가 영화가 됐다'를 의미하는 '만화영화'라는 단어는 자연발생적이었다. 하지만 '만화'는 '비현실'인 탓에 뭔가 다르게 취급하는 경향이 있었다. 사실 상업 만화영화는 실사 장편 영화 이전에 단편이 상영되는 형식으로 보급됐다. 메인 디시 전에 나오는 전채 요리의 역할이다. 관객이 영화에 익숙하지 않던 시기에, '본편'을 갑자기 보여주면 가공 세계에 몰입하는 데 적응되지 않을 가능성이 있었기에 비현실적인 '만화영화'로 관객의 마음을 예열시키기 위한 방안이었다.

같은 역할인 희극 스타와 함께 미키마우스, 베티 붑, 뽀빠이 등 스타에 해당하는 '캐릭터'가 계속해서 탄생했다. 과장된 외모에 손발조차 고무처럼 자유자재로 늘어나며 말하고 움직이고 웃음을 불러일으키는 광대. 하지만 '떨어져도 죽지 않는다'는 개그에는 모순이 있다. 낙하 서스펜스는 '죽을지도 모른다'는 상상에 기인하는데 땅에서 용수철처럼 튀어오르거나 납작하게 찌부러져서 절대 죽지 않는다. 갭이 웃음을 유발하는 구조지만, 다음부터는 '어차피 죽지 않겠지'하고 관객이 익숙해진다. 이러한 어긋남이 '영화로 만든다'는 것을 방해했던 것이다.

오히려 당시에는 '토킹 애니멀(말하는 동물)'처럼 비현실성을 과시하는 접근을 취해서 유연하게 변형시키는 등 실사에서는 불가능한 속성만이 주목을 받았다. 교묘한 전개로 예상을 뒤엎으며 단계적인 확대를 반복하고, 현실성을 파괴하는 초현실주의적 표현에 진가가 있다고조차 여겼다. 만드는 쪽도 '움직임의 재미' 자체에 현혹되어 시각 자극이 뇌에 직접 작용하는 약물적인 성질이 있다며 '어른의 오락'이라고 생각하기도 했다.

하지만 전쟁 전의 디즈니 자신은 이러한 문제를 자각하고 있었다. 실험적 표현을 단편 시리즈 『시리 심포니』에서 시도했고, 1937년에는 첫 총천연색 장편 만화영화 『백설공주』를 완성한다. 이것은 '움직이는 동화책' 같은 '아동용 꿈'을 주체로 하면서도 오히려 철저하게 표현함으로써 '어른도 즐길 수 있는 꿈'으로 만드는 방향성이었다. 지금까지 가치를 만들어 왔던 '토킹 애니멀'을 신중하게 배제함으로써 훨씬 현실감을 강하게 만드는 도전이었다. 한편, 이야기의 골인 지점이 연애 성취라는 '감정의 흔들림'임에도 불구하고 청년 이상이 아니면 통하기 힘든 내면의 갈등 같은 묘사는 아직 배제되어 있었다. 그렇기에 '안심하고 아이들에게도 보여줄 수 있다'는 '만화영화의 모순'을 다른 차원에서 품을 수 있게 된 것이다. 모든 것은 '만화이기 때문에 진실에서 멀다'는 고정관념에 의한 장애물이었다.

만화영화에의 대한 선입견과 그 돌파

만화영화가 상업화된 시기는 이미 100년 전이다. 애니메이션 문화도 현재에는 나름대로 지위를 얻어서 '애니메이션적인 캐릭터'도 일상화되어 있다. 코스프레는 패션화했고, TV 방송에도 변형된 CG 캐릭터가 잇따라 등장했으며 가상 캐릭터가 인터넷상에서 인기 탤런트가 됐다. 따라서 '만화영화에서 믿을 수 있는 감정의 드라마, 복잡한 스토리를 자아내서 영화로 만드는 것은 실현하기 어려운 목표였다'는 과거는 상상할 수 없을지도 모른다.

하지만 '현실에 근거해 판단하는 것이 어른'이란 사고방식은 계속 이어지고 있지 않을까? '애니메이션적인 캐릭터'는 '비현실성'이란 점에서 지금도 다른 기준으로 취급되고, 그것이 실사를 뛰어넘는 '진실성'을 전할 수 있다고는 여겨지지 않는다.

몇 가지 가정할 수 있는 장벽 중에 가장 큰 것은 처음부터 세계적 성공을 거둔 디즈니가 만들어 낸 '만화영화는 이런 것이다'라는 고정관념이다. 그 디즈니 영화의 방향성에 대해서, 타카하타 이사오는 일본 방식과의 대비를 의식하며 다음과 같이 요약했다.

판타스틱한 요소가 많은 소재를 선택해서 그림으로만 표현할 수 있는 세계와 인물을 창조하고(판타지 혹은 동물), 스토리는 줄거리만 이야기해도 흥미를 느낄 수 있도록 최대한 단순하고 강력한 '줄기'로 정리하고(할리우드의 원칙), 거기에 웃음이 있고 노래가 있는 즐거운 엔터테인먼트인 '나뭇잎'을 우거지게 해서, 각 인물의 성격을 몸짓이나 표정으로 확실히 구분해서 그려내면서, 애니메이션에서만 볼 수 있는 유동감 있는 움직임이나 리듬, 보드빌적인 과장되고 재미있는 연기로 화면에 활기를 불어넣는다. 그 화면은 인물들이 종횡무진 활약할 수 있는 무대(세계)로써 삼차원의 공간을 만드는데, 그림 스타일로는 현실적이기보다는 꿈이 있는 옛날이야기 같은 분위기를 빚어낸다. 표현은 고도한 것을 목표로 하지만, 내용으로는 어디까지나 유머가 있는 밝고 즐거운, 아동용이면서 동시에 어른도 만족시킬 수 있는 대중적인 오락 작품으로 만든다. [1]

'동양의 디즈니'를 지향했다고도 하는 도에이동화의 장편 만화영화는 이 선행 사례를 참고하기는 했지만, 그것이 전부는 아니다. 일찌감치 현실성 있는 비극을 그리는 등 일본 독자적인 '리얼 지향'을 모색하고 있었다. 그리고 타카하타 이사오의 첫 감독 작품 『태양의 왕자 호루스의 대모험』이야말로, 어린아이가 주인공이면서 대상 연령을 높이 설정한 첫 작품이라고 감독 자신이 평가했다. '디즈니적인 만화영화'에서 자유로운 가능성을 추구함과 동시에, "더 현실성 있는 영화를 만들고 싶다"는 자각적인 마음이 필름에서 강하게 발산되고 있다.

그 차이는 이야기나 대사에 그치지 않는다. 영상은 해독을 유발하는 시각적 메시지로 넘쳐나며, 복잡한 깊이가 부여되어 있다. 입체적인 고저 차를 의식한 무대를 준비하고, 그 지형에 수렵이나 어업 등 '마을의 모습'을 투영한다. 결혼식 등 제전을 그려서 '하레와 케'를 의식하는 등 '공동체'라는 땅에 발을 붙인 묘사를 중시하는 등, 배경에 생활의 무게를 부여했다. 인물의 작화에서도 언어나 보디랭귀지에 의지하지 않는 표현을 끝까지 추구한다.

특히 여주인공 힐다는 말과 내면이 분열될 뿐만 아니라, 자신의 표층 의식이 본심과 다르다는 고도의 심리 표현을 보여주고 있다. 1970년대, 『바다 소년 트리톤』(1972)이나 『우주전함 야마토』(1974)로 중고생 이상의 관객이 '애니메이션으로 무엇이 가능한가?'라는 흥미를 품기 시작했던 시기, 『호루스』는 꼭 보아야 할 선행 작품으로 몇 번이나 상영회가 열렸다. '영화의 신화성'이 작품 밖으로 확대되어 간다는 점에서도 특별한 것을 실현한 것이다.

믿음의 근거 '크레디빌리티'

이제 '애니메이션을 영화로 만든다'는 행위에 관해, 단서가 되는 키워드를 찾아 가도록 하자. 특징 중 하나는 '리얼리즘'이다. 이것은 타카하타 이사오가 자신의 뿌리로 빅토리오 데 시카 감독의 영화 『자전거 도둑』(1948)을 대표로 하는 '이탈리안 네오레알리스모'를 들고 있는 것과도 깊은 관계가 있다. 이 작품은 사회의 저변에 있는 노동자들을 그렸으며, 출구가 없는 갈등을 현지 촬영 중심의 다큐멘터리 터치로 쫓는 객관적 시점으로 관객에게 문제의식을 제기했다. 그 점에서 이탈리아 문학을 원작으로 하는 『엄마 찾아 삼만리』로 통하는 것이 많다.

'명작 노선'에 대해서 포괄적으로 말했던 다음 글은 타카하타가 기획부원으로서의 특징을 영업적으로 정리한 1980년 무렵(『빨강머리 앤』(1979)방영 직후)의 문장이다.

(중략) 무턱대고 사건 주의에 사로잡혀 표면적인 드라마를 추가하는 것도 아니고, 오히려 조연을 포함한 각각의 인물상을 풍부하게 부풀린다. (중략) 주인공의 일상에, 이른바 밀착 취재해서 그들의 매일의 생활(삶의 방식)을 극명하게 쫓는다. 주변 사람들과의 마음의 교류, 주인공의 희로애락은 충분히 그려서 보여주지만, 매일의 사소한 일이나 사건에서 바로 교훈을 끌어내거나 가치 판단을 덧붙이지 않고, 어디까지나 일상적인 일로써 취급하며, 그곳에 시청자를 들어오게 해서 주인공과 함께 살 수 있게 한다. 주변에 배치된 어른들도 억지로 아이들이 이해할 수 있는 범위로 추악(왜소)화 혹은 영웅(거대)화하지 않고, 다양한 성격을 가진 똑같은 어른으로 현실성 있게 그린다. 표현은 일상 감각을 중요시하면서 명쾌하고 치밀하게, 과도한 자극은 피하고 기품 있는 화면 만들기를 의식한다. 세밀한 부분을 소홀히 하지 않고 템포는 너무 빠르지 않고 차분한 것을 선택한다. 성격 있는 등장인물의 캐릭터 만들기, 풍부한 표정과 자연스러운 동작. 사계절에 맞게 아침저녁의 자연스럽고 다채로운 변화와 지방색이 풍부한 마을과 집들의 분위기, 집 안의 가족적이고 따뜻한 분위기, 일상생활 용품에 이르기까지 확실히 그리고, 바라볼 가치가 있는 아름답고 실재감 있는 영상으로 제출한다[2].

『알프스 소녀 하이디』나 『빨강머리 앤』등 자기 작품에 대해 언급할 뿐만 아니라 그대로 『자전거 도둑』의 평론이라고도 할 수 있는 문장이다.

이 시리즈의 가장 큰 특징도 '생활의 리얼리즘'이다. '문을 열고 들어온 인물이 보폭을 유지하며 식탁까지 걸어가 의자를 빼서 앉고, 준비된 요리를 맛있다는 듯이 먹는다'라는 '리얼한 감각'을 전하기 위해 자세한 부분을 생략하지 않는다. 본래 애니메이션은 '생략과 과장'(언 리얼)이 특기다. TV용 작화에서는 납기와 비용 면에서 더욱 '기호화'를 많이 사용하며, 컷을 세세하게 나눌 필요가 생긴다. '있는 그대로를 리얼하게 그린다'는 것은 위험이 큰 방향성이다. 익숙한 생활을 그리기 때문에 조금이라도 뒤틀림이나 삐걱거림이 나타나면 관객이 간파해서 순식간에 현실감이 사라지고, 관객의 마음이 멀어지기 때문이다.

타카하타는 이 노선과는 다른 아동문학계 작품으로 데자키 오사무 감독의 『집

없는 아이』(1977)를 들었다. 큰 것은 더 크게 보여주고, 등장인물의 주관으로 시간 감각이 늘었다 줄었다 하는 연출을 채택한 것이다. 데자키 오사무의 연출 방침은 데즈카 오사무와 무시 프로덕션에서 시작했던 TV식 노동력을 줄이는 표현을 적극적인 무기로 전환한 것이었다. 그것을 정면으로 부정함으로써 '타카하타의 리얼'이 어디에서 비롯된 것인지가 보인다. 그것은 대상을 지나치지도 모자라지도 않게 포착하고, 거리감과 객관성을 중시하며 '있는 그대로' 접하는 것이다. 이러한 '리얼리즘'이 '영화로 만드는 것'의 길을 연 것이 아닐까?

애초에 그는 오랫동안 영화의 '비현실성' 가치에 주안점을 두고 있었다. 등장인물의 디테일을 메이크업과 조명으로 없애서 아름답게 보이고, 칼싸움에서 사람을 베어도 피가 나지 않으며 트릭 촬영으로 시간을 뒤바꾸거나 중간을 건너뛰거나 피사체를 다중 합성하기도 한다. 그렇게 만화영화에나 통하는 괴상한 영상을 선호하던 시대도 있었다. '괴로운 현실을 잊게 하는 것'이 작품의 가치라는 오락 중시의 발상이다.

리얼리즘에는 미래가 불투명하고 불안한 현실과 격렬하게 싸울 힘을 관객에게 주고 싶다는 방향성이 있다. 그래서 인물과 배경에 똑같이 핀트를 맞춘 팬 포커스를 채택하거나 유혈 등 폭력을 직시하거나, 미추를 만드는 사람의 기존 개념으로 분별하지 않고, 관객을 끌어들이는 자세가 발달한 것이다. '필름으로 촬영한 것이란 사실을 잊고, 진짜 세계라고 생각하고 봐줬으면 한다'는 리얼 지향은 영화의 환상성과 좋은 대조를 이루며 '애니메이션 영화로 만든다'라는 발상으로 이어진다.

'리얼'과 '리얼리티'의 차이

하지만 이 '리얼'이란 단어가 심상치 않다. '메카물'에서 기계나 전투 묘사를 자세하게 그리고, '미소녀물'에서 장신구를 생략하지 않는다는 '정보량을 늘리기'만 하는 애니메이션은 가장 큰 오해를 낳는다. 고생을 늘린 것만으로 '애니메이션인데 세세해', '대충 그리지 않아서 좋다'고 말하는, 본질을 무시한 간단한 평가만큼 허무한 것은 없다. 최대의 포인트는 '리얼(현실)의 투사'에 의미가 있는 것이 아니라 '이것은 진짜다'라고 느낄 수 있는 '리얼리티(현실감)'의 유무다. 그 포인트는 판단의 주체를 관객 측으로 넘긴다는 점이다. 그러면 관객은 어떤 것을 근거로 무엇을 해독해서 '리얼리티'를 얻는 것일까?

'신용'이란 말은 부적절하다고 생각한다. 타카하타 같은 인물은 관객과 대치할 때 '호감도'나 '신뢰도' 같은 '마음의 문제', 감정의 어필에 가까운 기준을 버리고 훨씬 이성적으로 대처할 것이다. 그렇다면 그 '흔들림 없는 기준'은 무엇인가?

타카하타의 저서 『만화영화(애니메이션)에 뜻을 두다』(이와나미쇼텐 간행) 속에서 겨우 알맞은 키워드를 발견했다. 그것은 '크레디빌리티'다. 프랑스의 비평가 장 케바르가 폴 그리모의 영화 『왕과 새』에 대해 쓴 평론 중에 '환상풍(판타스틱)에 환상풍을 더하면 기준이 사라지고, "믿을 수 있는 것(크레디빌리티)"도 사라진다'는 취지로 사용했던 단어였다.[3] 타카하타는 이후에 이 말을 사용하지 않았고 일반적이지도 않지만, 정서를 배제하는 말로써 고찰에는 딱 맞는다.

거기에는 '신용카드(크레디트 카드)'에서 연상되는 것이 있다. 신용카드의 운용도 '신뢰'로 판단하지만, 성격이나 가치관 등 사람을 본위로 생각하는 '믿음'이 아니다. 연 수입이나 사회적 지위 등 '화폐경제로 수치화할 수 있는 근거'에 따르며,

그곳에 정서는 개입되지 않는다. 또한 영상 작품의 자막에 '아무개가 각본에 크레딧 됐다'라고 하면 '직무로서 책임을 가진다'는 뜻이고 그곳에도 정서는 없다. SF 등 스페이스 오페라 세계(『스타워즈』(1977) 포함)에서는 우주 규모의 통화 단위로 '크레딧'이 공통적으로 사용되고 있다. 이유는 정서의 배제에 있는 것이 아닐까 하고 새삼스럽게 깨달았다.

타카하타 이사오 감독은 '영화로 만들기' 위한 '크레디빌리티'를 확립했다. 그 방법론은 '작가성'이라는 사람 위주의 성격이 강한 모호한 것이나 호불호 등의 정서에는 의거하지 않는다. 오히려 우주 통화처럼 만인이 공통으로 사용할 수 있는 것이었다. 그렇기에 미야자키 하야오를 포함한 다른 작가들이 '통화적인 방법론'을 사용하며 적용하고, 각자 나름의 영상 세계를 전개할 수 있게 되었다. 그리고 '영화적으로 국제적인 언어적 성질'이 세계에서 일본의 상업 애니메이션이 통용될 수 있게 뒷받침했다. 그야말로 '크레딧'을 부여한 것이다.

이 '크레디빌리티'를 고찰하는 보조선 중 하나는 영상 만들기에서 중시되는 '컨티뉴이티'다. 일본어로는 '연속성'이란 뜻으로, 특히 필름으로서의 '흐름'이 중시된다. 미야자키 하야오 감독의 영화 『바람계곡의 나우시카』(1984) 이후, 일본에서는 '그림 콘티'가 상업 출판되는 경우가 많아졌지만, 사람들은 만화의 대용처럼 읽었고, 정작 중요한 '무엇을 위해 콘티가 필요한가?', '무엇을 실현하려고 하는가?'라는 본질적인 논의는 빈약하다.

필자의 새로운 이해는 '영화의 세계관을 시공간적으로 보증하는(크레디블하게 하는) 것'이 '컨티뉴이티'다. 인간의 두뇌는 생존본능에 따라 늘 위험을 초래하는 '거짓말'을 경계하며, 시각으로 자세히 조사하고 있다. 크레디블 판정에 OK가 떨어졌을 때, 사람은 그 세계에 들어가는 것이 허락되는 것이다. 등장인물과 관객 사이에 '심리적인 고리'를 거는 과정은 다음의 상위 계층에 자리한다. 컨티뉴이티는 SF 용어인 '시공연속체'에 가까운 개념이기도 하다. SF는 '미래 사회'나 '머나먼 별'처럼 지구나 현대 사회와 동떨어진 '이세계'를 무대로 하는 것이 많다. 그래서 특수 설정이 필요하고 그 목적으로 이세계의 내력이나 사회를 유지하는 과학적 근거를 고증한다.

이렇게 해서 완성된 세계에 몰입하는 크레디블한 단서가 '세계관'이라고 불리는 것으로 고조된다. 그것은 현실의 스위스, 이탈리아, 오사카, 야마가타에서도 마찬가지다. 애니메이션 영상으로 그려진 순간 '이세계'가 되니까 '작품 고유의 세계관'은 필요하다. 그리고 '세계관 구축의 수순(프로토콜)'은 과학적일 필요가 있다. 영화나 애니메이션의 세계 구축 방법은 철두철미하게 '이치'이기 때문에 지극히 SF에 가까운 존재, 혹은 SF 그 자체라고 필자는 생각한다.

'영화적 시공연속체'의 성립

시간을 들여서 공간을 표현하고 공간의 이어짐을 구축한다. 이것이 '영화적 시공연속체'다. '그림 콘티'는 그중에 주로 시간적 크레디빌리티를 통제하며, 관객이 탈 수 있는 '흐름'을 설계한다. 음악이라면 '악보'에 해당한다고 한다. 음표를 하나씩 읽어도 음악이 되지 않고 흐름으로 멜로디가 돼야 메이저나 마이너 코드가 생긴다. 마찬가지로 컷 개별로는 의미가 없고, 일련의 흐름이 돼야 비로소 영화적인 의미가 생긴다. 그것을 의식해서 그림으로써 연출을 체현하는 도구가 된다.

극영화에서는 쿨레쇼프 효과에 의한 몽타주를 적용한다. 같은 영상이라도 앞뒤에 놓이는 영상과의 상대 관계에 따라 의미가 달라지는 효과다. 이것을 응용한 '편집'으로 무대극에서는 불가능한 '시공연속체'의 접속이나 점프를 해서, 의미 있는 '세계'로 전환한다. 변이하는 피사체의 연속·단속, 움직임을 환기하는 인상의 고저·강약 등의 총체가 '컨티뉴이티'를 만드는 것이다. 이것을 조종해서 문예적인 의미를 영상으로 정확하게 전달하고, 혹은 언어 이상의 효과를 끌어내는 것이 연출의 역할이다.

초기 도에이 장편 만화영화의 연출(감독에 해당)은 콘티를 정하고, 컷의 길이나 자세한 연기는 작화진의 주체성에 맡기는 일이 많았다고 한다. 밑바탕에 '애니메이터는 배우 겸 카메라맨'이라는 발상이 있다. 연출은 오케스트라로 치면 콘택터(지휘자)라서, 플레이어(연주자)에 대한 흐름과 강약을 조절하는 역할이다. 하지만 상위 계층에 있는 감정, 그보다 더 상위의 사고나 철학처럼 섬세하고 정신적인 요소를 애니메이터만의 힘으로 정확하고 세심하게 전달할 수 있냐고 하면 고개가 갸웃거려진다. 그곳에도 '영화로 만든다'는 한계가 존재한다.

타카하타의 『태양의 왕자 호루스의 대모험』은 연출의 깊은 곳에 개입함으로써 그러한 한계를 돌파하는 데 도전한 작품이었다. 당시 TV의 영향으로 사양 사업이 되기 시작했던 실사 영화계에서 연출들이 새롭게 참여해 연출의 중요도가 높아졌다는 내부 사정도 작용했다. 오락 영화의 기본으로 여겨졌던 사소한 에피소드로 사건의 덩어리를 그리고, '여행' 등으로 꼬챙이를 끼우는 '꼬치 경단 방식'의 이야기 형식보다 연출에 모든 권한을 집약해서 '하나의 주장이 있는 영화로 통합한다'는 방향성으로 변해 가는 시기이기도 했다. 한편 타카하타는 『호루스』에 참여했던 스태프의 의견이나 하고 싶은 것은 최대한 수용했다고도 한다. 본인은 스스로를 '전속 작가'라고 말하기도 했고, 어디까지나 플레이어에 해당하는 '그림쟁이'의 자주성과 모티베이션은 존중했다. 그 점에서는 초기 장편 만화영화와 똑같다.

최종적으로 '한 편의 영화로 만들 때'의 판단력이 감독의 시점이 돼서 작가성을 필름에 깃들게 한다. 타카하타의 교양이 힘을 발휘한 '독자적 세계관'이 영화의 품격에 크게 공헌한다. '감독'은 '디렉터'이니까 구체적인 지시로 '방향성'을 제시해야 한다. 지휘의 힘과 타카하타의 세계관에 집단 작업을 통한 개개인의 세계관이 덧붙여져서, 서로 옥신각신하면서 변증법적인 가치를 품는다. 그것이 애니메이션에서 '영화를 만드는' 묘미다.

시공간을 보증하는 고도의 레이아웃

그럼, 타카하타의 '공간적 크레디빌리티'에 대해서도 살펴보자. 미야자키 하야오를 애니메이터로 둔 '레이아웃 시스템'은 『알프스 소녀 하이디』에서 현재에 가까운 형태가 됐다. 이 작품에서 실현됐던 생활공간에 대한 관객의 높은 집중도, 몰입도는 미야자키의 '레이아웃'이 발생시키는 공간의 실재성과 긴밀한 연계성에 의한 구심력의 성과다.

'레이아웃'에 관해 타카하타 자신은 다음과 같이 정의했다.

여기에서 말하는 '레이아웃'이란 각 숏의 구도, 카메라앵글, 인물 배치와 배경 세팅(장면설정)을 정하고 카메라워크, 여러 지정, 나아가서는 캐릭터의 비율, 그 기본 포즈와 표정 등을 최대한 작화 전에 지시하는 것이다. 즉, '레이아웃'은 각 숏의 연출(스테이징), 요컨대 모든 작업의 기초 설계도다.[4]

'레이아웃 선행제의 보급'이라는 항목에서 이렇게 언급한 후에, 타카하타는 제작 현장에서 작화 이전에 레이아웃을 완성하는 것이 일반화된 상황을 언급하며, '일종의 집중 관리 시스템으로 기능하고, 메인 스태프의 의도와 디자인을 철저히 하는 역할을 함과 동시에, 이후의 작업이 그곳에서 벗어나지 않게 제동을 걸고, 작품의 통일감과 일관성에 기여하는 효능'이 있다고 말했다. 다른 곳에서 '레이아웃의 혁신'에 대해 이렇게 말하고 있다.

『하이디』는 지금은 일반적인 레이아웃 시스템을 처음으로 확립한 작품입니다. 하지만 그것은 단순히 시스템의 문제가 아니라, 분업이 불가피한 이 일에서 모든 화에 걸쳐 각 컷의 질을 얼마나 균등하게 확보하느냐, 하는 과제에 대한 답이었습니다. 레이아웃은 각 컷의 자세한 부분에 이르는 설계도입니다. 그곳에는 미술, 장면설정, 구도, 카메라워크뿐 아니라, 등장인물이 서 있는 모습부터 비율까지 모든 정보가 포함됩니다. 만약 그렇게 유능하지 않고 정확히 설계할 수 없는 사람이라면, 아무리 열심히 하는 사람이라도 작품에는 오히려 치명적인 타격을 주는 그런 위험한 일입니다. 물론 미야 씨(미야자키 하야오)는 그 정반대이고, 재능이 넘치는 그의 레이아웃 없이는 모든 화의 질을 높은 수준으로 확보하는 것은 도저히 불가능했습니다.[5]

이것을 근거로 나름대로 설명을 덧붙여 보겠다. '레이아웃'이란 말은 '배치'란 뜻이다. 이 도록에도 디자이너가 설계한 '레이아웃'이 존재한다. 페이지 안의 요소인 텍스트, 도판, 괘선 등의 배치, 서체의 지정, 공간의 밸런스 등을 조정해서 전체적으로 미적인 인상을 주는 설계도. 애니메이션 용어인 '레이아웃'도 이와 마찬가지로, 배치가 디자인되고 미적인 구심력이 갖춰져서 성립하는 것이라고 생각한다.

『하이디』에서 유명한 '구운 치즈가 맛있게 녹는다'는 시퀀스도 작화만이 아니라 레이아웃에서 디자인된 주위의 공간과 피사체의 배치가 중요하다. 실내의 식기나 집기는 카메라 위치가 달라져도 서로의 거리와 배치가 균형 있게 보이도록 그려야 한다. 난로나 식기도 그 형태를 정했던 역사적 의미, 만든 사람이라는 '과거의 시간'을 상상할 수 있도록 고안되어 있다. '반복되는 생활 습관'과 동시에 '지금부터 무슨 일이 벌어지는가?'하는 예감이나 긴장감을 품은 공간으로써 디자인되었다는 부분이 실로 높이 평가할 만한 점이다.

레이아웃 단계에서는 후공정에서 셀과 배경과 분리되는 피사체를 '하나의 화면'으로 설계한다. 치즈에 힘이 깃드는 것은 그 바로 앞부터 이어지는 배경의 컨티뉴이티가 뒷받침하고 있기 때문이다. '녹은 치즈의 하이라이트가 몽글하게 움직인다'는 부분만을 말하는 것은 오케스트라의 클라이맥스에서 트럼펫 솔로의 멜로디만을 주목하고 하모니나 통주저음, 지휘자의 지휘, 혹은 홀의 잔향 효과 같은 음악 체험의 전체를 무시하는 행위에 가깝다. '영화로 만든다'는 것은 '종합 예술을 만든다'는 것을 의미한다.

하늘에 떠 있는 구름, 걸을 때 반대 방향으로 이동하는 배경을 한 컷당 0.25밀리미터라는 초저속으로 끄는, 타카하타의 지시에 따른 '천천히 흐르는 시간'도 『하이디』의 영상에 각별한 크레디빌리티를 불러온다. 현재에는 '매초 0.125밀리미터'가 최저 단위가 된 촬영대의 슬라이드 속도는 당시의 정밀도로는 어렵다고 여겼던 도전이다.

레이아웃은 시간과 공간을 통일해서 제어하는 것이다. '최종적인 연출 의도가 모두 담긴 설계도'란 '시공간 양면의 종합 제어'를 의미한다. 그 상호 보완적인 역할이 갖추어지지 않으면 '시공연속체로써의 보증(크레디빌리티)'은 한순간에 사라진다. 따라서 『하이디』의 레이아웃 작업(화면 구성)은 거의 미야자키 혼자 담당했고 일관성을 유지할 필요가 있었다.

실사영화에서는 '촬영, 조명, 미술(줄여서 촬조미라고 한다)'라는 세 부문의 연계로 컨티뉴이티를 유지한다. 카메라가 컷 백 하면 미술에 의한 세트는 설치, 철거된다고 해서, 실사에서도 일관성이 자동으로 발생하는 것이 아니다. 그중에서도 '카메라맨(촬영)'은 관객이 스크린을 통해 보는 대상 자체를 관리하니까 사명감이 무겁다. 미국이나 영국 영화에서는 '시네마토그래퍼' 등으로 불리는 직무가 '촬영과 조명'을 통합하고 있다. 그만큼 일관성을 중요하게 생각한다.

『하이디』의 미야자키의 경우, '장면 설계'로서 오두막의 내부 같은 미술 설정도 겸임했다. 미술 감독인 이오카 마사히로가 배경에 따라 담당한 색채나 실감, 명암 이외의 '촬조미'를, 배경 원그림을 포함한 선화의 레이아웃에서 일관적으로 담당했다. 실사의 컨티뉴이티는 편집으로 만들지만, 애니메이션에서는 작업 효율을 이유로 '편집이 끝난' 상태의 그림 콘티가 그려진다. 하지만 이것이 만만치 않다. 색이 칠해지고 배경에 질감이 들어가면 그림 콘티의 설계 단계와는 '컷의 무게'가 달라지고 '컨티뉴이티'에 영향을 주게 된다. 그래서 미야자키 하야오는 완성됐을 때의 무게를 그림 콘티에서 짐작해서, 감독인 타카하타의 의도와 어긋나지 않는 화면을 미리 설계하는 점에서도 중요한 역할을 했다.

이것을 1년 동안 전 52화의 모든 컷(1화에 약 300장)을 매주 그려서 제시하는 것은 초인적인 작업이다. 하지만 '한 명의 시점'을 관철함으로써 전대미문의 '초시간 컨티뉴이티'와 '통일된 세계관'이 TV 시리즈에 나타났다. 이 특수한 크레디빌리티가 아동부터 성인까지 폭 넓은 층의 몰입을 불러일으켰고 '영화적 감흥'을 만들어 낸 것이다.

유념해야 할 특징은 '매주, 하이디를 만난다', '같이 생활해 보고 싶다'는 욕구가 '영화적'이 아니라 'TV적'이라는 것이다. 밝고 화면에 집중하기 힘든 일상 공간에서도 그런 욕구를 불러일으키기 위해서 '평이한 몰입감'이 준비되어야 한다. 그래서 '하이디가 식탁을 건드린다', '그루터기 받침대를 손으로 민다', '높은 찬장에서 식기를 꺼내려 한다', '식기를 치우고 테이블에서 요리를 든다' 등, 피사체를 복합적으로 그린 경우가 많다. 배경과 캐릭터가 뒤얽힘으로써 항상 드라마가 진행되는 것이다.

치즈만 해도 원료가 되는 우유, 그 근원이 되는 염소, 염소가 먹는 목초, 목초를 키우는 산의 땅, 기후, 일조량 등 '생명의 근원과 뒤얽히는 형태로 화면상에서 평이하게 계속 나온다. 끊임없이 신경 써서 그림을 그리 '생명의 연쇄(회전=서클)'는 '있는 그대로', 하지만 의도를 가지고 그렸기 때문에 힘 있는 '생명의 메시지'를 전달한다. 이것은 '생명을 불어 넣는다'는 원래 뜻인 '애니메이션'이라는 개념의 수준을 높인 발전형이 아닐까?

당시 드물었던 스위스 해외 로케이션 헌팅도 '관객이 눈을 뗄 수 없게 하는 구심력'이라는 수준의 퀄리티를 얻기 위해서 필요했다. 후진에게 TV 애니메이션이라도 '영화로 만들 수 있다'는 목표는 이렇게 해서 제시됐다. 게다가 로케이션 헌팅이나 레이아웃처럼 구체적인 '크레디빌리티'의 확보 수단도 계승됐다. 현재 세계적으로 주목을 받는 '애니메이션 성지순례'만 해도 '크레디빌리티의 간접 체험'이라는 점에서 타카하타이즘을 계승한 성과이다.

'리얼계'의 대두와 타카하타의 방향 전환

이러한 의견을 전개하면 '수수께끼'라고 할 수 있을 만한 커다란 의문이 떠오른다. 최근 20년 정도 타카하타 본인은 '확고한 크레디빌리티를 구축한 세계에 관객을 초대하는 것'을 비판하고 과거의 자기 작품을 포함해 부정하는 글을 많이 발표했다. '영화로 만드는' 기법의 시조로서 실험과 실천을 계속했고, 더욱 정교하고 치밀하게 파고들 수도 있었을 텐데 그러지 않았다. 오히려 다른 애니메이션 작가가 타카하타가 쌓아 올린 기초를 응용해서 다양한 크레디빌리티의 개발을 거듭했고 심화시킨 작품이 눈에 띈다.

'리얼계'라는 조류는 분파의 이해하기 쉬운 사례다. 일본 애니메이션 역사를 좇으면 스튜디오 지브리가 정평을 얻고 지위를 얻은 것과 궤를 같이하면서 '리얼계'가 세상을 장악하는 양상이 명확해진다. 타카하타가 『반딧불이의 묘』를 발표했던 쇼와 시대 말기인 1988년, 영화적 감각을 만화로 가져와 뉴 웨이브라고 불린 오토모 가쓰히로가 『AKIRA』를 애니메이션 영화로써 감독했다. 이것이 '묘사의 정밀성'의 기준을 바꿔서 '리얼계'의 출발점이 됐다. 움직이는 그림으로 '영화를 만든다'는 도전은 커다란 수확기를 맞이했다. 그것은 TV 애니메이션 여명기의 관객이 성인이 되어 응용력이 높아졌고, 더욱이 결혼해서 가족을 만들어 인생이나 인간의 본질에 대해 깊이 생각하기 시작하는 '관객의 성숙기'와 같은 시기였다.

시대가 헤이세이로 들어서자 미야자키의 『마녀 배달부 키키』와 같은 1989년에 오시이 마모루가 『기동경찰 패트레이버 극장판』을 발표한다. 거품경제가 한창일 때 도쿄 난개발에 대한 비판을 배경의 축적만으로 전달하고, 컴퓨터가 고가의 최첨단 기계였던 시기에 컴퓨터 바이러스를 범죄의 핵으로 두는 경이로운 리얼리티를 보여준 작품이다. '현실 그 자체'를 근미래의 세계관에 투영해서 관객에게 물음을 던진다는, 애니메이션에서는 지극히 어려운 일을 이루었다. 이 작품을 선봉으로 '영화로 만든다는 의식'은 큰 흐름을 만든다. 그리고 '리얼계'는 표현에는 진화를, 흥행에는 발전을 불러일으킨다.

오시이는 리들리 스콧의 『블레이드 러너』(1982) 이후, '(SF적인) 세계관을 그리는 것이 영화의 사명'이라고 자인하고 타카하타ㆍ미야자키 콤비의 '레이아웃 시스템'의 발전형을 모색했다. 레이아웃 단계에서 세계관을 지탱하는 '그림이 가지는 무게'를 깊이 생각하며, 화면 전체에 무엇을 전달할 것인지 고민한다. 특히 '어디에서 와서 어디로 가는가?'라는 '근거와 예감'을 환기시키는 그림 만들기가 중요했다. 연출의 제어력을 높여서 영상의 구심력을 높이는 사상과 방법론은 오시이 자신의 저서 『Methods - 오시이 마모루 「패트레이버 2」 연출 노트』(가도카와쇼

텐)에 정리되어 있다. 이러한 언어화에 의한 확산으로 1990년대 중반 이후의 애니메이션 업계는 '레이아웃 주의'로 급격히 기울고, 반대로 1980년대에 번성했던 '젊은 에너지에 의한 자유분방한 작화주의'는 오히려 억압되어 간다.

이러한 '리얼파'의 조류는 오시이의 『공각기동대』(1995)의 비디오 소프트 수출로 최고조에 도달했다. 1996년에 비디오 소프트가 미국 빌보드지에서 1위를 했고, '일본 애니메이션은 특수하다'라는 충격적인 뉴스가 전 세계를 뒤흔들었다. 바로 그때 『포켓몬스터』(1997)의 애니메이션화가 게임판과 나란히 크게 히트했고 급기야 일본의 약어 'ANIME'가 그대로 통용하게 됐다 '일본 작품은 확실하게 디즈니 류와 다르다'는 인식이 국제화된 것이다. 그 평가를 일찍 받아들인 것이 제임스 카메론과 사무엘 L. 잭슨을 대표로 하는 할리우드 감독들과 배우를 비롯한 '영화 응용력이 높은 사람들'이었던 것이 실로 상징적이지 않은가? 그들은 ANIME의 '영화적 크레디빌리티'를 간파했기 때문에 지지한 것이다.

이것이 'CG 시대의 대두'와 같은 시기였던 것도 있어서 미국 영화의 방향성이 크게 바뀌었다. 2009년의 카메론 감독의 『아바타』는 오시이가 실천했던 '세계관 주의'에 큰 영향을 받은 영화다. 일련의 픽사 작품도 일본적 방법론을 크게 참고했다. 이것은 타카하타 방법론의 확실한 달성이다. 그런데도 정작 타카하타는 이 흐름에 정면으로 등을 돌린다.

'애초의 의문'도 존재한다. 리얼리스트인 타카하타가 왜 리얼한 피사체로 구성된 실사영화보다 '그림으로 그린 영화'에 집착했는가? 더구나 이것은 타카하타만의 문제가 아니다. 오시이 마모루, 호소다 마모루, 하라 게이이치, 곤 사토시 등 세계적으로 높이 평가받는 크리에이터들은 "(리얼계의) 그러한 것을 쫓아가면 해외에서는 '그러면 왜 실사로 찍지 않나요?'라고 물어 본다"라고 반복해서 이야기했다. ANIME에 실사를 뛰어넘는 이점이 있다는 것을 전제로 취재하러 온 기자조차도 이런 식이다. 'ANIME의 크레디빌리티는 인정하지 않는다'는 '세계적인 벽'은 확실히 존재한다. 그 증거로 해외 투자가는 '막대한 예산을 들여서 실사영화화 하자'고 나서지 않는가? 그곳에는 '그러는 편이 많은 사람이 본다'는 일종의 친절한 마음도 담겨 있다. 'ANIME의 해외 평가'에는 아직 확실히 한계가 존재한다.

진정한 '세계관'과 '이화효과'

이런 종류의 일그러짐과 뒤틀림이 발생한 원인 중 하나는 '완성된 세계에 몰입할 단서'와 앞에서 정의했던 '세계관'이라는 키워드의 착각에 있다. '세계관'이라는 용어는 특히 컴퓨터에 의한 RPG(롤플레잉 게임)나 라이트 노벨이 유행한 이후, 주로 '작품 세계를 지탱하는 특수 설정'이라는 의미로 사용하게 됐다. 그런 종류의 '세계관 주의'는 현재 팝 컬처의 주류를 이루고 있다. 하지만 '세계관'이란 본래 '인간으로서 세계를 어떻게 파악할 것인가?'라는 종교, 문학, 철학 용어다. '기독교의 세계관'처럼 인간의 정신적 활동의 근간과 관계가 있다. 그래서 '애니메이션이 제시하는 세계관'은 '작품 세계를 통해 사상적, 철학적으로 무엇이 보이는가?'를 묻는 것이 정상적인 용법이다.

이 점에서 타카하타는 자신의 저서에서 이렇게 말했다.

베르톨트 브레히트는 (중략) '서사적 연극', '이화효과(異化效果)' 이론으로 세계 연극계에 커다란 영향을 안겨주었습니다. (이화)라는 것은 관객을 동화시켜서 카타르시스를 주는 것이 아니라 대상을 제대로 인식하기 위해서 관객이 무대 위를 관찰하고 객관적, 비판적으로 볼 수 있도록 연구하는 것입니다.[6]

이것을 전제로 "안심하고 주인공에게 다가가서, 작가가 이끄는 대로 그저 감정이입하면서 『구경거리』를 보는 게 아니라 각성한 눈으로 모든 것을 보아라, 생각하라"라는 '브레히트적인 영화 만드는 법'의 관점에서 폴 그리모의 영화 『왕과 나』(1952)를 높이 평가한다. 그 영향으로 작품을 계속 만들어 왔다는 타카하타는 '영화를 통해 관객이 어떤 주체적 세계관을 가지길 바라는가?'라는 물음을 계속 품어 왔을 것이다. 의문과 사고의 씨앗을 뿌리고 안일한 감정의 동조는 거절하며, 영화 쪽 시점은 객관성을 가지고 대상과도 어느 정도의 거리를 두고 '있는 그대로' 바라본다. 관객의 자주성을 중요시하면서 세계관의 발견을 기대하고 영화를 만든다 .... 이것이 타카하타식 크레디빌리티의 진의였다고 하면, 지금까지 말했던 것은 고차원적 영화 체험을 수용할 수 있게 하는 하층의 포맷에 불과하다는 말이 된다.

같은 책에서 타카하타는 현재 상황에 대해 이렇게 쓴소리를 하고 있다.

일본에서는 설령 판타지라고 해도 아니, 판타지이기 때문에 그 세계가 충분한 리얼리티를 가지고 관객을 감싸도록 만듭니다. 그리모가 개척한 현실감 있는 공간 표현을 내 것으로 만들어서, 특수 촬영이나 CG를 구사하는 실사의 판타지에 앞서, 마치 디즈니랜드처럼 관객을 드라마의 '현장'에 데리고 들어가, 주인공 바로 옆에서 주인공과 같은 체험을 가슴이 두근거리며 맛볼 수 있게 해주는 것, 일본 애니메이션 영화는 그것에 가장 먼저 성공했습니다. 이것은 굉장한 일이며 외국의 영화 작가들에게도 커다란 영향을 미쳤습니다. 하지만 그것은 그리모가 하려고 했던 것과는 조금 다르지 않을까요? 다른 사람은 어떨지 모르지만, 적어도 나는 '즐기면서 보아라, 생각하라'라는 그리모의 일종의 《브레히트적》인 측면에도 공명한 것은 아니었을까요? (중략).

그 후에 나는 일본의 장편 애니메이션 영화의 경향을 거스르고, 이시이 히사이치 씨 원작 『이웃집 야마다군』을 아주 진지하게 만들었고, 리얼리티는 버리지 않았지만, 간소한 스타일로 외견상의 《진짜다움》은 버렸습니다. 웃는다는 것도 조금 떨어진 곳에서 보지 않으면 불가능하기 때문입니다.[7]

이후에 미야자키의 『센과 치히로의 행방불명』(2001)에 대해 '기상천외한 것이 리얼한 심리적 존재감을 가지고 마음에 다가오는 것'을 높이 평가하면서도 '극장에서 웃는 사람은 거의 없었습니다'라고 비판했고,[8] '일본의 애니메이션 영화의 하나의 경향'을 이렇게 결론지었다.

그 경향이란 주인공이 처한 상황을 객관적으로 보여주지 않고 관객이 주인공을 따라갈 수밖에 없도록 몰아넣는 경향입니다. 주인공이 보는 시야로만 세계를 볼 수밖에 없기 때문에, 주인공과 똑같이 가슴이 두근거리게 되지만, 그 세계의 구조가 어떻게 되어 있는지는 알지 못합니다. 관객은 판단력을 봉인 당한 채 '자기를 잊는' 수밖에 없고, 주인공의 행동을 상황에 비추어 비판적으로 보거나 그 행동에 조마조마할 수는 없습니다.

마치 주인공이 된 기분으로 직접 모험을 맛보거나 마음이 떨리거나, 주인공의 한결같고 아름다운 성품에 대한 공감을 키우거나, 보이는 세계의 재미에 감탄하는 것, 그것은 확실히 영화 감상의 묘미입니다. 하지만 그것이 자신의 감수성을 대상에 향해서 펼친 결과가 아니라, 작가가 정교하게 만든 레일 위에 올라가 수동적으로 얻은 것이라면? 아마 '자기를 잊은' 결과로 마음의 '치유'에 도움이 되거나 '눈물'나거나 '용기를 얻은' 기분은 들어도, 현실 세계에서 상황을 판단하면서 강하고 현명하게 살아가기 위한 이미지 트레이닝에는 거의 도움이 되지 않는 게 아닐까요?[9]

레이아웃을 단서로 하는 크레디빌리티의 구축이 '영화로 만든다'는 지향성을 높여서 일본 ANIME의 작품 만들기에 부가 가치를 부여했다. 반면에 타카하타가 걱정하는 '경향'은 강해진다. '흥행 수익적 가치관'에서의 '영화로 만든다'는 성공했고, 스튜디오 지브리는 어디보다 그 혜택을 받았을 것이다. 하지만 현실이 그럴수록 양적으로 확대한 ANIME에서 많이 사용되는 '어쩌고 세계관'은 '관객에게 동물적 쾌락을 주는 편리한 설정'으로 전락한다. '이화효과'가 가진 '현실에 대처하기 위한 비평성'의 관통력도 거세되고 '영화가 끝나도 계속 생각하는 효과'는 줄어들기만 하지 않는가?

타카하타에게 확고한 세계관을 만들어 관객을 자극하는 작품 만들기는 『반딧불이의 묘』에서 가장 큰 달성감이 있었는지도 모른다. 이어지는 장편 두 작품에서는 전체로서의 '통일감'을 포기하고 그림체를 상황에 맞춰 변화시켜 '세계관의 슬라이드'를 시도한다. 예를 들면 『추억은 방울방울』(1991)에서는 '현대편', '과거편'의 그림체를 '시간 단계'로 분리해서 크레디빌리티에 낙차를 만들었다. 수정할 수 없는 과거와 얼마든지 바꿀 수 있는 현재 이후를 구분하면서, 과거가 있기에 지금이 있다는 변증법적 시점을 관객에게 주는 시도였다. 『폼포코 너구리 대작전』(1994)에 이르러서는 난개발로 인해 뉴타운에서 쫓겨나는 '너구리'를 네 종류의 그림체로 구분했다. 실사적인 '원래 너구리', 캐릭터화된 '시가라키 너구리', 힘이 빠졌을 스기우라 너구리', 즐거움을 발동시킨 '폼포코 너구리'다. 한 컷 안에 시간을 연속시키면서 변형시켜 추상 레벨을 무단계로 바꾸는 시도였다.

굳게 닫힌 '크레디빌리티'에 흥미를 잃은 타카하타 이사오 감독은 『이웃집 야마다군』(1999)에서 3DCG 융성에 등을 돌리고 붓 터치를 구사해서 2D 캐릭터와 배경을 동질화시켰다. 공간적 크레디빌리티를 없애고 보이는 범위만 그리는 방향성으로 전편을 관철했다.

그것은 반대 방향으로 보일지도 모르지만 '모든 것에 생명이 깃든다'는 애니미즘의 관점, 화조풍월을 '있는 그대로 똑같이 그린다'는 점에서는 평생에 걸친 일관성의 표출이기도 했다. '셀과 배경의 분리'는 산업적 요청에 따른 '일시적인 양식'이었다. 디지털화의 도입으로 고집할 필요는 없다. 그렇다면 '그림이 움직이는 애니메이션의 기적'으로 회귀해야 한다. 그 정신은 똑같이 1999년의 타카하타의 저서 『12세기의 애니메이션 – 국보 두루마리 그림에서 보는 영화적 · 애니메이션적인 것』(도쿠마쇼텐)에 보여준 일본 회화라는 원점 회귀로 통하는 것이었음이 틀림없다.

마지막으로...... 『가구야공주 이야기』의 메시지

2013년, 유작이 된 『가구야공주 이야기』를 보면서 필자는 아름답고 부드러운 화면인데 처음부터 끝까지 '질책을 받고 있다'는 강렬한 파동을 느껴서 어깨를 움츠렸다.

공주는 달이라는 '정지한 세계'에서 왔다. '삶'과 대치되는 '죽음의 세계' 이야기가 아니다. 온갖 변화가 멈춘 '생명이라는 개념이 없는 무의 세계'다. 공주는 지구의 '생명'을 동경했다. 일단 젖먹이 어린아이로 변한 후의 성장을 자세히 관찰하면 '바람이 불고 나무들이 흔들린다', '나무 사이로 쏟아지는 햇볕을 느낀다', '휘파람새가 운다', '마당으로 떨어진다'라는 자연계로부터의 자극에 의해 밝게 웃고 순식간에 성장한다. '달의 세계'에는 그런 '변화' 자체가 존재하지 않는다. 결정타는 '스테마루와의 만남'이다. 이성의 자극은 무엇보다 급격하게 공주의 성장을 가속시킨다. 그곳에는 생명에 뿌리내린 명백한 규칙이 있고 '세계관'이 정해져 있다.

왜 질책을 받는다고 생각했는가? 그 '세계관'에서 '정지한 것을 움직이고 변화시켜서 생명을 불어넣는 것이야말로 애니메이션이다. 그 이화효과로 생명은 생기를 되찾는다'라는 작가 · 타카하타 이사오가 일관적으로 뒤쫓던 메시지가 전해지며, '너도 잘 생각해라'라고 받아들였기 때문이다. '순환하는 생명을 느낀다'는 목적으로 지구에 온 공주는 인간이 만든 도읍의 세계로 이송된다. 그곳은 '인간이 정한 부자연스러운 틀'이 '제도'라는 이름하에 지배하고 있다. 공주는 최종적으로는 SOS 신호를 보내고, 눈앞에 있던 '생명의 기쁨이 넘치는 자연계'에서 멀어진 자신의 어리석음을 깨닫는다.

그 죄책감은 관객인 나의 것이기도 했다. '애니메이션은 이렇게 유연하고 활달한 특질을 갖추고 있는데, 상업 판매라는 제도에 사로잡혀 딱딱하고 차가운 것이 되어 버렸다. 공간은 프레임 밖에도 펼쳐져 있는데 도읍처럼 네모나고 인공적이며 직선인 건조물에 캐릭터를 가두고 있다. 뭐 하는 거야!' 그렇게 비난당하는 느낌마저 들었다. 실제로 '정확함이 우선이고 자유가 부족한 공간'은 3DCG 보급이나 디지털 카메라 취재를 레이아웃으로 바꾸는 것이 유행하면서 애니메이션계에 만연하고 있으니까 '현실을 저격하는 비평성'을 알아차렸다는 것이 된다.

공주는 '새장 속의 새'를 해방시켰다. 그런 공주조차 '향기로 가득 찼을지도 지구 체류'를 헛되게 만들었다. 상자 정원이 된 자연의 무참한 잔해를 보고 비탄에 잠기는 것은 그것 때문이다. 역시 현실에 대한 비판이나 은유로 생각할 수밖에 없다. 모처럼 애니메이션에 불러일으킨 혁신과 가능성을 무시하고 딱딱한 제도에 얽매여 있는 사람들과, 부자유스러움을 알아차리지도 못하는 도읍의 상류 계급이 겹쳐 보인다. 타카하타 이사오 감독이 남긴 마지막 영화에서 나도 '영화는 객관적으로 거리를 두고 보아라, 끝난 후에도 현실에 의거해서 계속 생각하라'는 것을 실행해야 한다고 생각했다.

앞으로 '타카하타 이사오 감독론'은 일본 애니메이션 문화를 말할 때 피할 수 없는 테마가 될 것임이 틀림없다. 타카하타를 말한다는 것은 일본 애니메이션을

말하는 것과 똑같다. 그 접근을 연구하는 것은 인간의 시각이 가진 성질, 종합 예술 · 영화가 갖춘 특성의 본질에 다가가는 것과도 이어진다. 계속 생각하는 행위는 그곳에서 내리쬐는 '사람의 본질'의 확인을 자극한다. 그 입구를 어떻게 선택하느냐에 따라 '논자의 세계관'을 확인할 수 있을 것이다.

작품을 볼 때마다 늘 작품 쪽에서도 계속 묻는 철학적인 달성을 남기고 세상을 떠난 타카하타 이사오 감독. 그 흔하지 않은 기회를 얻을 수 있었음에 감사를 담아서 끝없는 타카하타 연구의 지속과 발전을 기대하고 싶다.

(1) 오쓰카 야스오 저 『작화 땀투성이 개정 최신판』(분슌분코)에 수록된 타카하타가 쓴 권말 논문 「1960년대 경의 도에이동화가 일본 애니메이션에 가져온 것」, p.357~358, 조목별로 되어 있는 것을 정리해서 인용.
(2) 『영화를 만들면서 생각한 것』(도쿠마쇼텐) 수록, 「명작 노선의 출발 'TV'가 아니면 할 수 없었던 것」, p.49~50
(3) 「만화영화에 뜻을 두다 『사팔의 폭군』과 『왕과 새』」(이와나미쇼텐), p,42
(4) 『작화 땀투성이 개정 최신판』(분슌분코), 「1960년대 경의 도에이동화가 일본 애니메이션에 가져온 것」, p.383
(5) 「미타카의 숲 지브리 미술관 기획 전시 알프스 소녀 하이디 전~그것을 만든 사람들이 한 일~」 팸플릿에의 기고 『하이디』가 준 행복」, p.36
(6) 「만화영화에 뜻을 두다 『사팔의 폭군』과 『왕과 새』」(이와나미쇼텐), p,108
(7) 동, p.274~275
(8) 동, p.275
(9) 동, p.275~276

타카하타 이사오의 연출술 - 애니메이션에서의 풍경의 미학

스즈키 가쓰오 (도쿄 국립 근대 미술관 주임 연구원)

시작하며

애니메이션이라는 표현의 가능성을, 반세기에 이르는 경험을 통해 지속적으로 개척해 온 타카하타 이사오. 그 혁신성을 깊이 이해한 후에, 타카하타가 남긴 풍요로운 작품 세계를 만나고 또 만나는 기회를 제공하여, 시대를 초월해서도 울림을 주는 사상의 본질을 받아들이기 위해 이 전시회를 기획했다. 이 전시회에서는 타카하타가 수많은 제작자들과 협력해서 하나의 작품 세계를 구축해 가는 '연출'의 프로세스에 주목했으면 한다. 반세기에 이르는 필모그래피를 따라, 각각의 작품에서 타카하타가 힘썼던 과제를 추출해 나감으로써, 새로운 제작 시스템을 구축하고 영상의 문법을 갱신하며, 다양한 드라마투르기(극작술/연출법)를 시도한 애니메이션의 혁신자였던 타카하타의 창조성이 떠오르게 될 것이다. 또한 작품의 주제에 눈을 돌리면, 시대와 함께 변해 가는 관심과, 천천히 이어지면서 전개되는 모티브의 계보가 보일 것이다. 이렇게 해서 타카하타의 작품 세계의 전체 모습을 내려다보면, 그 연출술에서 뻗어 나가는 상상력의 경로가 떠오르기 시작한다.

타카하타의 창작 활동을 총망라하면서 놀랐던 것은, 관심의 폭이 너무나 넓다는 사실이다. 애니메이션 평론에 그치지 않고, 자크 프레베르의 시를 번역하거나 중세 두루마리 그림을 연구하는 등 높은 전문성이 필요한 일을 애니메이션 제작과 접속시키면서 달성했다. 그것은 타카하타 자신이 영화, 미술, 문학, 음악의 해박한 지식을 바탕으로, 다른 장르에서도 양분을 흡수하면서 애니메이션에 사용할 수 있는 표현을 모색해 가는 비교 미디어론적인 발상의 소유자였기 때문일 것이다. 이 소론에서는 타카하타의 애니메이션이 추구했던 풍경의 표상에 초점을 맞추고, 다른 장르를 자유자재로 횡단하면서 애니메이션의 독자적인 형식을 구축해 나간 타카하타의 끈질긴 창조의 궤적에 다가가 보려 한다.[1]

1. 애니메이션의 '그림'과 미술

미술관에서 타카하타 전을 개최함에 있어서, 미술을 대한 타카하타의 질문에 귀를 기울였다. 그것은 타카하타가 감독을 맡은 『추억은 방울방울』, 『폼포코 너구리 대작전』, 『가구야공주 이야기』에서 배경화를 담당한 오가 가즈오의 전시회를 할 때 작성한 문장의 한 구절이다. 타카하타는 현실의 재현 묘사에서 해방된 19세기 말 이후의 모던 아트의 성과를 인정하면서 이렇게 질문한다. "이 전시회는 이른바 모던 아트와는 완전히 다른 각도에서, 현대인에게 '그림이란 무엇인가'라는 것을 다시 한번 생각해 보게 하는 좋은 재료 중 하나가 되지 않을까"라고.[2] 타카하타가 애니메이션이라는 '움직이는 그림'으로 추구했던 것은, 현실을 새로운 시점으로 포착할 수 있게 하는 '리얼'한 표현이었다. 타카하타는 애니메이션의 리얼리즘에는 두 가지 방향성이 있다고 말했다. 하나는 '있을 수 없는 일을 있을 수 있다고 믿게 하기까지 현실감을 갖고 그리는 힘', 또 하나는 '잘 알고 있는 것을 선명한 형태로 정착시켜서 기억에 다시 새기는 힘'이다.[3] 그중에서 전자가 현실감이 뒷받침된 가공의 세계에 관객을 끌어들이는 '판타지'를 가리키고 있다면, 타카하타는 자신이 하고 있는 것은 후자라고 밝혔다. 기존의 개념과 선입관을 없애고, 현실의 인간과 사회의 영위를 새로운 시점으로 인식할 수 있게 하는 힘이 애니메이션의 '그림'에는 있다는 것이다. 타카하타는 1990년대에 들어서자 이러한 애니메이션의 사회적인 효용을 더욱 명확하게 '이미지 트레이닝'이라고 부르게 되었다. "판

타지와는 별개로, 실제 인생의 다양한 모습을 진짜로 가르쳐 주는 영화, 인생을 구체적으로 생각하게 하는 영화, 이른바 '실리적인 효용'을 가진 영화"의 존재를 신뢰하게 된 타카하타는, 일상생활을 리얼하게 그려내는 자신의 애니메이션을 통해, 현실에 맞서서 "유연하게 대처하거나 다시 만들어 가자"라는 상상력을 키울 수 있지 않을까라고 생각했다.[4]

말할 것도 없는 일이지만, 타카하타의 리얼리즘은 현실을 즉물적으로 옮겨 그렸다는 뜻이 아니다. 그것은 상상력으로 추상화하고 재구성하며 전형화한 이미지인 것이다. 카메라를 개입시킨 영상과는 달리, 구석구석까지 계산해서 사람의 손으로 그리는 애니메이션의 '그림'에는 우연성이 탄생할 여지는 거의 없다. 분석과 재구성이라는 현실을 냉정하게 바라보는 지적인 행위에 의해 만들어진다. "애니메이션에서는 거의 모든 일이 분해·분석 추상과 재구성·종합 구상화라는 절차를 밟아야만 한다. 현상을 정리하고 요소나 본질을 잡아내어, 그것을 재구성하고 수정해서 옷을 입힌다".[5] 애니메이션의 매개물이 가진 특성과 집단 제작의 프로세스를 거친 후에, 타카하타는 리얼리즘의 원리를 이렇게 정리한다. 이 한 문장에서 알 수 있는 것은, 현실과의 긴장감을 유지하면서 조형에서 혁신을 시도한 근대 회화에서의 리얼리즘이란 과제와, 타카하타의 애니메이션이 가진 과제가 겹치는 것은 사실이다. 그 증거로 타카하타는 현실을 재발견하는 힘을 가진 애니메이션의 이미지를 찾기 위해 근대 미술사를 종종 참고했다. 모던 아트 역사의 지류 중 하나는 확실히 타카하타의 애니메이션 미학에 흘러들어 갔다. 타카하타가 자주 언급하는 것이 세기말 유럽의 판화다. 윤곽선과 평평한 색면에 의한 형태의 단순화와 평면화 및 모던한 감각이, 셀 애니메이션의 표현 스타일과 친화성이 높다고 보았을 것이다.

일본 판화의 영향으로 시작된 19세기 말의 유럽 판화는, 자신들의 전통이었던 음영이나 연속적인 색의 조화로움을 포기하지 않고, 색면 분할에 따라 윤곽선과 평면성을 유지하면서, 동시에 입체감을 나타내는 것에 성공했다.

셀 애니메이션의 '나눠서 칠하기'도, 이러한 분석과 재구성의 절차가 훨씬 더 필요해질 것으로 여겨진다.[6]

타카하타의 이미지 저장 창고에는, 아르 누보 스타일을 계승한 알폰스 무하, 이반 빌리빈, 칼 라르손, 앙리 리비에르가 나열돼 있었지만,[7] 그중에서도 러시아 화가이자 일러스트레이터였던 빌리빈에 관해서는, 미야자키 하야오의 장인이 소련에서 가져온 러시아 민화 그림책을 통해 깊이 연구한 듯하다. 윤곽선과 풍부한 색면으로 구성된 빌리빈의 판화에 자극을 받아 인물과 배경이 조화를 이루는 애니메이션 양식을 모색한다. 『꼬마숙녀 치에』에서 미술을 담당했던 야마모토 니조는 타카하타로부터 "빌리빈의 석판화처럼 까슬까슬한 느낌을 어떻게든 영화에 살릴 수 없나"라는 요청을 받고, 그림물감의 불투명 수채로 투명감 있는 채색을 얻을 수 있는지 시행착오를 거듭했다고 한다.[8] 그 결과, 수채화용 왓슨 종이를 물에 적신 후 그 위에 한번 그린 색면을 워터브러시로 문질러 닦아내서, 입자가 거칠어진 듯한 질감의 석판화풍 색면을 만드는 방법을 고안해 냈다.[9]

미술을 참고하면서 애니메이션의 그림 스타일을 모색하는 타카하타의 관심은 근대 미술뿐만 아니라 동서고금의 미술까지 이르렀고, 목표로 하던 풍경 표현을 향한 지침을 다음과 같이 말했다.

붓 터치를 늘려서 그리면, '망할 리얼리즘'은 표현할 수 있겠지만, 분위기는 잃어버립니다. 평면적인 캐릭터와도 조화롭지 않지요. 그렇다고 해서 붓 터치를 생략하거나 러프한 붓놀림으로 산천초목의 형태를 잡아서 색을 넣고, 단조로워 보이지 않도록 자연을 실감나게 만드는 것은 더 어렵습니다. 쿠르베의 리얼리즘까지 배운 것만으로는 도저히 불가능하죠. 인상파, 특히 일상 속의 빛과 대기, 물의 변형을 색채로 잡으려고 했던 중기까지의 모네를 본받을 필요가 있습니다. 각 사물의 음영에 너무 얽매이지 말고 기품 있는 풍경을 그리려면, 수묵화나 히로시게의 풍속화나 가와이 교쿠도에게서도 좀 더 배워야 할 것입니다. [10]

말하지 않아도 이미 아시겠지만 타카하타가 미술사를 참고하면서 애니메이션의 그림 스타일에 관해 말할 때, 그것은 전경에서 움직이는 '캐릭터'의 문제가 아니라, 등장인물이 그 안에 존재하고 생생하게 생활하면서 다양한 액션을 펼치는 '배경'의 문제다. 노년의 인터뷰에서 타카하타는 1970년 전후의 일을 돌이켜보면서, 배경화에 대한 집착을 다음과 같이 말했다. 셀 애니메이션이라는 전제에 서면, 연출가로서 캐릭터의 경향을 정하는 것이 아무리 중요하더라도, 그 '그림' 스타일은 이미 정해져 있다. 따라서 자신에게 개척의 여지가 있는 것은 오히려 배경 쪽이다, 라고. "캐릭터는 선으로 정리해서 그리기 때문에, 미술도 리얼하게 그리기만 할 것이 아니라, 선으로 정리하는 방법이 있어도 괜찮지 않을까, 하는 느낌이 들었습니다. 그 문제의식은 이후에도 쭉 이어졌고, 『가구야공주 이야기』의 미술까지 이어져 있습니다"라고 말했다. [11] 셀 애니메이션의 기술적인 조건에서, 캐릭터와 배경이 조화를 이루는 표현을 계속 모색했던 타카하타에게 '배경'은 '캐릭터'에 종속되는 것이 아니었다. 배경화는 작품 세계의 리얼리티를 구축하는 데 꼭 필요한 요소이고, 그것 자체가 회화 역사를 참고하면서 '풍경화'에 필적할 만한 독자적인 스타일을 가져야 한다고 생각한 듯하다.

2. 풍경이라는 주인공

이 전시회를 통해서 명료하게 떠오르는 것이 타카하타 애니메이션에서의 '풍경'의 존재감이라고 말하면 의외라고 생각할까? 그것은 전시회장에 전시된 배경화의 표현 강도와 물량을 봐도 확실히 알 수 있다. 애니메이션 미술 감독의 원화전을 각지에서 개최하게 된 현재, '풍경'을 앞세우는 것은 놀라운 일이 아닐지도 모른다. 그러나 애니메이션에서 풍경 표현의 중요성이 일반인에게 알려지기 시작한 것은 아마 1990년대 이후가 아닐까 싶다. 이야기를 움직이게 하는 캐릭터의 조형과 그 '움직임'에 관심이 쏠리기 쉬운 애니메이션에서 배경 미술은 '이야기'를 지탱하는 '무대장치'로서 종속적으로 취급되어 온 경향이 있다. '캐릭터'와 '배경'이라는 두 항목의 대립, 혹은 전자가 후자보다도 중심이 되는 히에라르키(조직의 계층 구조)가 제작 단계에서 두 항목을 분업하는 셀 애니메이션의 그림 공정과도 연동되

어서 굳건하게 존재하고 있었던 것이다. 이러한 이분법을 '연출'이라는 관점에서 되묻고, 일본의 전후 애니메이션 역사에서 '풍경'에 자율적인 역할을 부여하면서, 영상 문법을 근본에서부터 다시 만든 혁신자가 바로 타카하타가 아니었을까 하고 필자는 생각한다.

타카하타는 1970년대 이후, 미야자키 하야오, 모모세 요시유키 등 구도와 공간 구성, 카메라워크 등의 상세한 화면 설계를 진행할 레이아웃 담당자와, 『알프스 소녀 하이디』와 『빨강머리 앤』의 이오카 마사히로, 『엄마 찾아 삼만리』와 『첼로 켜는 고슈』의 무쿠오 다카무라, 『꼬마숙녀 치에』와 『반딧불이의 묘』의 야마모토 니조, 그리고 『추억은 방울방울』, 『폼포코 너구리 대작전』, 『가구야공주 이야기』의 오가 가즈오라는 뛰어난 기술과 풍경에 대한 훌륭한 감각을 가진 배경 미술의 크리에이터들과 함께, 애니메이션에서 풍경의 표현의 가능성을 확장해 갔다. [12] 그 풍경 탐구의 첫걸음이 된 획기적인 일이 『알프스 소녀 하이디』였다. 알프스의 광대한 자연을 무대로 하이디의 성장을 그린 이 작품에서, 타카하타가 이후에 한결같이 추구한 자연과 인간의 관계라는 주제가 구체화된 것이다. 『하이디』 이후의 궤적과 배경 미술에 요구한 과제를 타카하타는 이렇게 적었다.

자연의 인간에 대한 감화력을 표현하고, 자연 자체의 매력을 보는 사람에게 직접 느끼게 해주겠다는 등의 터무니없는 일을 애니메이션 미술에 맡기려고 하는 순간, 미술가에게 자신의 개성을 발휘하거나 연구하기 이전에, 우선 자연을 관찰하고 스케치를 하라고 강요하게 됐습니다. …(중략) … 자연 찬가 TV 시리즈 『알프스 소녀 하이디』 이후, 그런 길에서 헤매고 말았어요…. [13]

하이디가 방영된 1974년은, 전년도의 석유파동으로 인해 일본의 전후 고도 경제 성장에 종말을 고한 시대의 전환기였다. '맹렬함에서 아름다움으로'라는 오사카 만국박람회 이후의 광고 캠페인이 상징하듯이, 경제 성장의 부정적인 측면인 환경 문제나 사회 문제를 향한 높은 관심과 함께, 현대 문명의 전환과, 자연과 인간다운 생활의 회복이 요구되었다. 애니메이션에 관해서 말하자면, 1969년에 시작한 토베 얀손 원작의 『무민』은 동시대의 히피 사상으로 이어지는 세계관을 받아들여 일상생활을 느긋한 템포로 그리는 유례없는 판타지로 주목받았다. 그 연장선상에서 아동문학의 고전인 『알프스 소녀 하이디』의 기획은, 대자연에 둘러싸인 건강한 생활을 묘사하여 1970년대 일본인의 감성에 다가갈 수 있다고 기대하게 되었다. [14] 타카하타는 후에 하이디 기획의 의의를 다음과 같이 설명했다.

1970년대에 들어서면서, 사람들은 전대미문의 물질적인 번영을 누리는 대신에, 돌이킬 수 없을 지경까지 진행된 자연 파괴, 빈약한 주거 환경, 교통지옥을 겪으며 진정으로 여유로운 생활이 무엇인지를 생각하기 시작하면서, 자연과 과거와 고향을 동경하고 꿈을 꾸게 된다. 마이홈, 디스커버 재팬, 먼 곳으로 가고 싶다, 일본항공 패키지 투어, 해외 로케이션 CF 등등, 『산다람쥐 로키 처크』의 뒤를 이어 『알프스 소녀 하이디』를 시작한 것은, 이와 같은 사회적 배경이 바탕이 되었다. [15]

타카하타는 19세기 아동문학인 『알프스 소녀 하이디』에 흐르는 종교색과 교훈성을 배제하고 알프스의 대자연을 축으로 잡아서, 20세기 현대 아동문학이 추진했던 어린아이의 마음을 해방시키는 이야기로 수정했다. 원작을 훨씬 뛰어넘어 알름 산에서의 건강한 생활을 구체적으로 그리는 것에 3분의 1의 화수를 투자한 것도, 자연 찬가와 아이의 마음을 해방시킨다는 주제에 초점을 맞춘 결과였다. 하지만 타카하타가 노린 것은 거기에 그치지 않았다. 위의 문장에도 있듯이 당시 일본의 현실을 토대로 문명 비판으로 연결하려는 의도도 있었다. 타카하타 애니메이션에서 '풍경'을 앞세우는 것은, 이처럼 사회적 문맥으로 이해할 필요가 있다.

더욱이 타카하타가 '풍경'을 그린 것은 단순한 자연 찬가에서 멈추지 않는다. 타카하타는 '풍경'이란 것은 사회적, 역사적인 구축물이라는 생각을 갖고 있었다. 그러므로 자신의 애니메이션에서 배경의 역할로써, 등장인물이 그 일부를 이루는 사회의 구조를 입체적으로 나타내리라는 기대감이 있었다. 복잡한 공간 구성을 특색으로 하는 이탈리아의 제노바를 무대로 한 『엄마 찾아 삼만리』와 가파르고 험준한 알프스 산을 무대로 한 『알프스 소녀 하이디』에 관해 타카하타는 높낮이의 차이를 이용한 배경 조형에 사회의 구성 요소를 덧씌워서 연출에 활용했다고 말한다.

높이의 차이를 이용해 위에서 내려다보는 경치, 밑에서 올려다보는 경치는 그런 경치로서의 변화가 풍부한 입체감뿐만 아니라, 인물을 활약하게 만드는 것에도 상당한 역할을 합니다. 위쪽의 저택 마을에서 사는 사람들, 아래쪽 항구 마을에서 사는 사람들, 그들이 어떻게 관계를 맺어 가는지를 구체적으로, 시각적으로 표현할 수 있지요. 그것은 『알프스 소녀 하이디』에서도 마찬가지로, 산 위에서 살고 있는 할아버지가 아랫마을 사람에게 산을 내려오면 어떻겠냐는 이야기를 듣거나(결국은 산을 내려오게 되지만) 혹은 물건을 사러 가려면 아래를 향해 내려가야 합니다. 이처럼 올라가는 것은 집으로 가는 길이라는 것이 확실하게 나타나지요. 혹은 염소를 데려가는 곳은 산 위라는 것처럼, 그러한 인간의 삶이 구체적인 형태로 나타나게 됩니다.[16]

『알프스 소녀 하이디』 이후, 자연과 인간의 상호작용이라는 주제는 타카하타 작품의 중심 사상이 된다. 특히 1990년대 이후는 일본의 마을 산 취재를 바탕으로 한 다큐멘터리 형식의 기법을 섞어서, 일본인과 자연의 교류 방식의 변화를 되묻는 작품을 제작했다. 그곳에서는 현실 풍경이 '근원적인 주인공'이 된다고 타카하타는 말한다.

애니메이션 영화 『이웃집 토토로』나 『추억은 방울방울』, 『폼포코 너구리 대작전』등의 근원적인 주인공이 사실은 등장인물을 둘러싸고, 그 안에서 그들을 살게 하는 것은 마을 산의 자연환경이고, 자연과 선조의 공동 작업으로 인해 태어난 광경이었다는 것은 영화를 봐주신 분들이라면 아시리라 생각됩니다. 관객이 자신도 모르는 사이에 그것을 체감하고 가슴속에 울리는 것, 그것이야말로 이 영화들의 기본 목표 중 하나입니다.[17]

풍경을 앞세운다 하더라도 그것이 직접적인 메시지로 드러나는 것은 아니다. 그것은 이성적이라기보다 관객이 '자신도 모르는 사이에' 받아들일 수 있어야 한다. 이처럼 타카하타는 초점화되지 않은 채 인식될 수 있는 풍경의 표현을 생각했지만, 그것을 어떤 영상 스타일로 실현할 것인가. 이 의문을 풀기 위해 풍경을 둘러싼 타카하타의 연출술 속으로 들어가 보기로 하자.

3. 풍경과 '세로 구도'

하이디 이후에 타카하타는 판타지를 떠나 일상적인 생활 묘사를 꼼꼼히 표현하는 인간 드라마에서 애니메이션의 새로운 경지를 개척했다. 이런 작품의 경향을 보면 자칫 생활 속에서 펼쳐지는 캐릭터의 몸짓과 행동을 묘사하는 것에 전념했다고 여겨질지도 모른다. 하지만 그래서는 지금까지 있었던 캐릭터 중심의 발상에서 한 발짝도 벗어나지 않은 것이 된다. 여기에서 중요한 것은 일상을 그린다고 했을 때의 '일상'의 구체성이고, 그 안에서 '캐릭터'와 '배경'의 관계를 다시 포착하는 국면이다.

타카하타는 하이디를 담당하기 몇 년 전에 아스트리드 린드그렌 원작의 『말괄량이 삐삐』 애니메이션 제작을 준비했다. 20세기 아동 문학의 전개를 연구했던 타카하타는 『삐삐』 시리즈가 이른바 동심 주의를 뛰어넘어 진정한 의미에서 아이들의 마음을 생생하게 해방할 이야기라는 것에 공감하여, 이 작품의 영상화에 남다른 의욕을 가지고 임했다. 결국 작가가 허락해 주지 않아서 환상의 기획이 되고 말았지만, 그 준비 과정에서 타카하타가 생각한 일상에 중점을 둔 연출 방법론은 『알프스 소녀 하이디』 이후의 시리즈에 활용되는 타카하타의 '매니페스토'로 읽을 수 있다.

타카하타는 일단 『삐삐』의 세계를 기존의 TV 애니메이션과는 정반대의, 아이들 그대로의 일상생활에 초점을 맞춘 작품으로 평가한다.[18] 이 이야기 세계를 실현하기 위해서 그는 다음과 같은 구체적인 연출 과제를 거론하며, 애니메이션에서 리얼리즘의 새로운 차원을 향한 지침을 제시했다. 조금 길지만 중요한 부분이라서 인용하고 싶다.

아이들의 마음속에 삐삐를 생생하게 존재하게 만들고, 아이들이 뒤죽박죽 빌라나 작은 마을을 구체적이고 현실적인 모습으로 상상하게 만들기 위해서는 표현 기법상에도 실재감이 있는 화면 만들기가 필요합니다.
그러려면 우선
· 신발을 벗거나 신는 일상의 매우 사소한 동작, 행동거지, 집안일 같은 표현을 피할 수 없습니다. 오히려 그 표현 속에 기본 테마 중 하나가 있습니다. 마찬가지로 삐삐의 행동에 의도나 결과를 묘사하는 것뿐이 아니라 확실히 행동의 과정을 그리고 행동 자체가 즐거움과 재미를 불러일으키도록 표현해야 합니다. (중략)
· 삐삐를 둘러싼 세계에 대해서도 마을과 뒤죽박죽 빌라의 위치 관계, 실내의 분위기나 가구의 배치 등을 확실히 설정해야 합니다.
그리고 특히 이것이 중요한데 콘티에도 시선 위주, 액션 위주의 편집이 아니라 그 설정의 조건 속에서 연출을 설계하고 설정을 활용할 필요가 있습니다. 즉, 자연스럽게 그 설정에 익숙해지는 가운데 아이들이 자기 집이나 그 주위에 대해 알고 있는 것과 같은 정도로 삐삐의 세계를 현실이라고 느끼게 되는, 그런 연출과 숏의 구성이 필요하다고 생각합니다. 문자 그대로의 컨티뉴이티가 있는 콘티. [19]

즉, 액션에 초점을 맞춰서 컷을 분할한 숏을 쌓아 가는 듯한 몽타주적인 편집이 아니라 인물과 배경을 나누지 않고 상황 전체를 한눈에 볼 수 있는 원 숏으로 만들고, 시간적으로도 공간적으로도 '컨티뉴이티=연속성'을 확보한 리얼한 세계를 구축할 필요가 있다는 것이다. '행동의 과정'을 꼼꼼히 묘사하기 위해서도 이 연속성은 꼭 필요하다. 그곳에는 자연스럽게 풀 숏이나 롱 숏을 활용한 깊이 있는 구도가 채택되고, 일상생활에서 일어나는 사건의 전체성을 포괄적인 숏으로 포착함으로써 등장인물뿐 아니라 그것을 둘러싼 풍경에도 등가의 시선이 쏠리는 것이다. 이러한 연출 방침이 적용된 『알프스 소녀 하이디』에서는 팬 촬영이나 롱 숏과 부감 숏이 많이 사용됐고, 하이디의 일상을 감싸는 알프스 대자연의 이미지가 끊김이 없는 현실로 구축되어 있다.

이러한 일상생활에 밀착된 표현을 조립해 나가는 타카하타의 연출술은 실사영화의 연구에서 습득한 것임과 동시에 원 숏에 의한 시간적, 공간적인 연속성에 뒷받침된 영상의 리얼리즘을 주장했던 평론가 앙드레 바쟁의 이론과 맞닿아 있다.

타카하타가 앙드레 바쟁의 영향을 받은 것은 다음 문장을 보면 확실하다. "나의 경우엔 '세로 구도'에 의한 연출의 매력을 르누아르, 와일러, 오손 웰즈, 미조구치 겐지 등에게 배웠던 것 같습니다. 또한 '세로 구도' 등을 사용해서 위기를 품고 대립하는 인물을 동일 화면에 넣는 '삽입' 숏의 중요성은 바쟁의 유명한 평론 「금지된 몽타주」(『영화란 무엇인가』 수록)를 읽고 확신했습니다."[20] 여기에서 등장하는 '세로 구도'란 깊이 있는 공간을 이용한 연출 방법을 가리킨다. 타카하타의 연출술을 더욱 깊이 이해하기 위해서 바쟁의 이론의 해당 부분을 잠시 살펴보자.

바쟁은 장 르누아르, 오손 웰즈, 로베르토 로셀리니, 빅토리오 데 시카의 작품을 바탕으로 화면의 깊이를 이용한 '세로 구도'의 미학을 구체적으로 논하면서, 하나의 의미나 주제로 환원되지 않는 열린 영상의 리얼리즘을 주장했다. 예를 들면 화면의 깊이를 이용한 연출이란 점에서 오손 웰즈의 선구자가 되는 장 르누아르의 스타일을 다음과 같이 요약한다. "깊은 구도의 탐구는 곧 몽타주의 부분적인 폐지로 이어지며, 빈번한 팬 촬영과 인물이 화면에 들락날락하는 것이 그것을 대신한다. 그것은 극적 공간의 연속성, 그리고 물론 그 시간적 지속을 존중하는 것이다."[21] 이처럼 화면의 깊이를 활용해서 '사건의 전체성'을 파악하는 구도는 팬 촬영, 롱 숏, 부감 숏, 딥 포커스, 롱 테이크 등의 카메라워크와 결합하면서 현실을 분석적으로 단편화하는 짧은 숏을 축적한 몽타주에 대한 영상 문법의 대안으로 평가됐다. 바쟁은 그 효과를 아래 세 가지 점으로 정리한다.

1. 화면의 깊이에 의해 관객과 영상의 관계는, 관객이 현실과의 사이에 유지하고 있는 관계에 더 가까운 것이 된다. 그렇기에 영상의 내용 자체와는 관계없이 그 구조는 더욱 리얼리즘에 가까워질 수 있다.

2. 따라서 화면의 깊이는 관객의 연출에 대한 더욱 활발한 정신적 태도,

나아가서는 적극적인 관여마저 초래한다. 분석적 몽타주의 경우, 관객은 안내에 따라 보기만 할 뿐이며 그를 위해서 봐야 할 것을 선택해 주는 감독의 시선에 자신의 시선을 일치시키기만 할 뿐이지만, 여기에서는 최소한 개인적인 선택이 필요해진다. 영상이 가진 의미는 관객의 주의력 및 의사에 일부 의거하는 것이 된다.

3. 이상의 두 가지 심리학적 명제에서 제3의 형이상학적이라고 형용할 수 있는 명제가 생긴다. 현실을 분석할 때, 몽타주는 그 성질 자체에서 극적인 사건의 의미의 단일성을 전제로 하고 있다. (중략) 반대로 화면의 깊이는 이미지의 구조 속의 모호함을 다시 도입한다. [22]

마지막에 있는 영상의 '모호함'이란 말이 이해하기 어려울지도 모르지만, 그것은 바쟁이 전제로 깔고 있는 듯한 관객의 주체적인 선택을 가능하게 하는 영상의 다의성을 의미한다. 시간적, 공간적인 연속성을 유지하는 원 숏의 화면의 깊이는 사건의 전체성을 그대로 파악해서 관객에게 제공하기 위한, 하나의 의미나 이데올로기에 회수되지 않는 '모호함'을 품고 있다는 것이다. 바쟁에 따르면 사회적인 주제에 의해 현실을 분석하는 기존의 리얼리즘은 관객에 대한 의미의 강요라며 비판을 받는다. 그것을 대신하는 새로운 리얼리즘은 일의적인 의미를 정할 수 없는 복잡함을 내포한 현실 전체를 재구성하고, 관객이 능동적으로 현실을 인식하고 스스로의 상상력으로 의미를 끌어내는 것을 촉구한다는 것이다. 바쟁의 이론이 영상의 '풍경'을 고찰하는 이 글의 문맥에서 중요한 것은 이러한 현실을 '하나의 덩어리'로서 제공하는 열린 리얼리즘에 견고하게 존재하던 인물과 배경의 이분법이 효과를 잃고, 배경이 인물에 필적할 만한 중요한 역할을 하게 되기 때문이다. 전경에서 후경까지 모든 면에서 선명한 영상을 가능하게 하는 팬 포커스 기술이 그것에 더욱 박차를 가할 것이다. 이러한 포괄적인 영상 표현에서는 인간과 그것을 둘러싼 환경, 즉, 자연이나 도시와의 다의적인 관계가 그곳에 내재된 사회적인 구조도 포함해서 드러날 것이 틀림없다. 타카하타는 이러한 바쟁의 새로운 리얼리즘과 영상의 미학을 흡수해서, 애니메이션 표현의 혁신을 추진했다고 상상할 수 있다. 하지만 카메라를 매개로 촬영하는 실사영화와 화면 전체를 선과 면으로 표현해야만 하는 애니메이션에는 뛰어넘기 힘든 커다란 차이가 있는 것도 사실이다. 바쟁의 이론을 받아들인 타카하타는 애니메이션 매개물의 특성을 활용해서 어떠한 새로운 풍경 표현의 형식을 고안해 냈을까?

4. 애니메이션에서의 풍경의 미학

애니메이션에서의 풍경 표상을 지탱하는 것은 배경화다. 하지만 그것은 그림으로써 정지한 상태로 감상하는 '풍경화'가 아니다. 그 위에 겹치는 동화의 '움직임'을 지탱하는 공간의 일루전을 만들어 낼 목적으로 미리 연출가나 레이아웃 담당자가 정한 구도나 사물의 배치에 따라 설계하고 그린 것이다. 한편, 애니메이션의 배경은 한 장의 회화로써 완결하는 것이 아니더라도, 터치나 재료 등 손의 흔적을 남김으로써 '회화적'인 질과 강도를 겸비하고 있다. 타카하타는 이러한 애니메이션 배경의 '그림'이면서 '영상'이기도 한 양의성을 실감 넘치는 풍경 표현으로 활용하고자 생각했다. 『알프스 소녀 하이디』의 미술 감독인 이오카가 제시한 배경화

의 방향성을 타카하타는 모던 아트의 성과를 고려한 색채가 풍부한 '회화적, 감각적 레알리즘'이라고 불렀으며,[23] 그 스타일의 특징을 '터치는 거칠고 붓 자국도 남으며 명암을 같은 색으로 그리지 않고 색채로 그려서, 자연의 현실감을 잃지 않은 채 장식적'이라고 정리했다.[24] 즉, 평평하게 칠해진 셀 애니메이션 캐릭터와 비교했을 때, 이오카의 배경은 더욱 많은 정보량을 가지고, 예술적 표현의 위상을 포함했다는 것이다. 동태적인 애니메이션 영상에는 손의 흔적이라는 노이즈는 완화되고, 오히려 이러한 회화적인 붓놀림이 풍경 이미지의 생동감으로 바뀌어서 현실을 선명하게 '재각인시키는' 힘을 발휘한다고 생각했을 것이다.

운동 이미지로써 애니메이션으로만 할 수 있는 풍경의 표현을 어떻게 창조하느냐란 과제에 대해서 타카하타는 여러 방법을 시도했다. '배경 동화'라는 케이스가 있지만 기본적으로 배경화는 움직이지 않는다. 하지만 캐릭터의 움직임을 담당하는 동화 레이어와 거기에 맞춰서 여러 개로 분해된 배경의 레이어(배경화와 셀북)를 겹쳐서 구축한 애니메이션의 영상 세계에는 다른 레이어를 어긋나게 함으로써 얻을 수 있는 유사한 '카메라워크'와 레이어 간의 어긋남이 만드는 깊이와 운동의 감각에, 비록 '그림' 자체는 정지해 있어도 배경화의 풍경은 숨 쉬고 움직이기 시작한다. 여기에 액자 안에서 완결하는 회화와 애니메이션 프레임과의 차이가 있다. 후자는 프레임 밖을 넘어서 펼쳐지는 공간의 개방성과 그곳을 향해 전개하는 운동의 방향성을 잠재적으로 품고 있다. 특히 자연 현상을 표현하는 데 결정적인 역할을 하는 프레임 경계에서 태어나는 운동을 보강하기 위해서, 타카하타는 『알프스 소녀 하이디』에서 풍경을 중층으로 만들고, 풍경을 가로지르는 소도구를 자주 활용한다. 그것은 새나 곤충처럼 하늘을 나는 생물이기도 하고 전경(前景)을 뒤덮는 꽃잎이나 낙엽의 효과이기도 한데, 이러한 한 층이 더해짐으로써 공간의 깊이가 더욱 깊어지고, 나아가 관객의 시선이 프레임 틀의 밖으로 유도되면서 프레임을 뛰어넘는 풍경이 펼쳐질 것임을 암시한다.

또한 타카하타는 『알프스 소녀 하이디』 때 미야자키 하야오와 함께 다양한 카메라워크를 개발했다고 한다. 그것은 전부 인물과 배경이 연동해서 전개하는 풍경 표현에 관계된 것이라고 할 수 있다.

알프스 대경관의 분위기를 내기 위해서 걸음의 가로 팔로우 팬으로 산이나 하늘을 아주 천천히 끌어당긴다든가 달리는 마차 위에서 바라보며 대상을 포착했을 때 밀착 멀티의 '카메라 돌려 넣기'를 사용한다든가, 산을 오르는 세로 팔로우 팬으로 계곡이 다르게 보이는 밀착 멀티를 고민한다든가, 혹은 보통의 세로 팔로우 팬이라도 안이하게 인물을 비스듬히 향하게 해서 무신경하게 끌어당기는 것이 아니라, 정면을 보는 인물을 자연스럽게 팔로우 팬하는 방법을 생각한다든가, 주로 미야자키 씨와 함께 '실재감'을 내기 위해서 카메라워크 개발을 열심히 했습니다.[25]

여기에서 주목해야 할 것은 타카하타가 '밀착 멀티'(멀티=멀티플레인의 약어)에 의한 영상 효과를 깊이 고민했다는 것이다. 그것은 깊이감의 창조라는 목적만으로는 끝낼 수 없는 의미도 있다. 혹시나 해서 보충하자면 멀티플레인 카메라를 사용한 촬영이 초점의 거리를 조작해서 깊이를 만들어 내는 기술이라면, 밀착 멀

티로 얻을 수 있는 영상은 입체적인 구도이면서 모든 소재에 핀트가 맞는 것이 특징이다. 예전에 영화감독 야마다 요지와 영화 평론가 사토 다다오와의 좌담에서 타카하타는 팬 포커스 영상에 대해 다음과 같은 흥미로운 발언을 남겼다. 야마다 요지가 "애니메이션이 영화와 가장 다른 점은 전부 핀트가 맞는다는 감각이, 도무지…"라고 위화감을 표명했을 때, 타카하타는 "디즈니는 멀티플레인을 만들어서 실사에 가까워지도록 했지만, 팬 포커스(전체에 초점이 맞는 것)도 좋지 않습니까? 팬 포커스로 할 수 있는 세계를 만들 생각입니다"라고 대답했다.[26]

즉, 타카하타는 팬 포커스 영상을 애니메이션 표현의 한계가 아니라 실사와는 다른 가능성을 만들어 내는 형식으로써 적극적으로 인식한 것이다. 팬 포커스 효과는 이미 바쟁의 영상 미학에서 언급했던 그대로지만, 그때까지의 '인물' 대 '배경'의 이분법을 해체하고, 화면 내의 요소를 같은 가치로 취급하는 시선을 보증한다. 그리고 시간적, 공간적인 연속성을 확보해서 사건의 전체성을 그대로 관객에게 보여주는 영상 스타일을 보강하는 것이다. 더욱이 관객 쪽에서 보면 화면 내의 어디를 주목해도 되는 선택의 자유를 주는, 주체적인 참여를 촉구하는 영상이 된다. 이러한 영상 형식이 "나는 리얼리즘을 추진했지만 동시에 약간 바깥쪽에서 객관적으로 그리고, 영상을 보면서 관객이 스스로 자유롭게 판단할 여지를 남기는 (말하자면 다큐멘터리적인) 작품 만들기를 해 왔다"라는 타카하타 본인의 연출 스타일과 일치하는 것은 말할 것도 없을 것이다.[27]

타카하타는 '회화'와 '영화'라는 인접한 다른 장르와의 차이를 확인하면서, 애니메이션에서의 풍경 표현의 새로운 스타일을 만들어 냈다. 여러 레이어의 겹침과 어긋남 속에서 발생하는 애니메이션 영상의 원리에서 타카하타가 추출한 특성, 다시 말해 팬 포커스성과 프레임 밖에 동태적으로 세계가 펼쳐지는 개방성이 '회화'와도 '영화'와도 다른 풍경의 리얼리즘을 실현한다. 팬 포커스인 것은 '인물'과 '배경'을 일체화하는 효과와 평면적이면서 또한 공간적인 애니메이션 배경의 양의성을 보증한다. 그것이 타카하타가 철저하게 추구했던 배경화의 '회화적인 표현'이 유효하게 기능하는 조건이 된다. 나아가 이러한 회화적인 효과를 줄이지 않고 풍경이 운동 이미지로써 현상하는 데, 레이어 간의 조작은 무한한 가능성을 가지고 있다. 이러한 독자적인 영상 미학을 풍경 표상으로 연결해서 인간과 자연의 풍부한 관계와 '풍경'을 만들고 또한 파괴해 온 인간의 행위를 역사적인 투시 화법과 함께 인식하는 동적인 이미지 트레이닝 장치로써, 타카하타의 애니메이션은 앞으로도 계속 현실적일 것이다.

주

(1) 애니메이션의 풍경 표상의 선구적인 연구로써 이하를 참조. 가토 미키로 「풍경의 실존 - 신카이 마코토 애니메이션 영화의 클라우드스케이프」『표상과 비평 - 영화 · 애니메이션 · 만화』 이와나미쇼텐, 2010년 122-165페이지.

(2) 타카하타 이사오 「마을 산으로 열린 창문」, 『애니메이션, 기회가 있을 때마다』 이와나미쇼텐, 2013년 121페이지.

(3) 타카하타 이사오 「인간을 재발견하는 힘」, 『영화를 만들면서 생각한 것』 도쿠마쇼텐, 1991년, 429페이지.

(4) 타카하타 이사오 「후기를 대신하며」, 『영화를 만들면서 생각한 것 2』 도쿠마쇼텐, 1999년, 361-365페이지.

(5) 타카하타 이사오 「젊은 애니메이션 연출가에게 보내는 노트」, 『영화를 만들면서 생각한 것』 도

쿠마쇼텐, 1991년, 313페이지.

(6) 상동, 315페이지.

(7) 타카하타 이사오 『『잠자는 숲속의 공주』의 배경화』, 『한 장의 그림으로부터 해외편』 이와나미쇼텐, 2009년, 253-254페이지.

(8) 야마모토 니조 저, 가노 세이지 편 『야마모토 니조 화문집 반짝임은 배경 안쪽에』 RST출판, 2000년 114페이지.

(9) 상동, 114페이지. 야마모토 니조 『야마모토 니조 배경화집』 코사이도출판, 2012년, 126-127페이지.

(10) 타카하타 이사오 「마을 산으로 열린 창문」, 전게서 116-117페이지.

(11) 「타카하타 이사오 인터뷰 아이들의 마음을 해방할 애니메이션을 만들기 위해서 우리는 열심히 생각했습니다.」, 타카하타 이사오, 미야자키 하야오, 고타베 요이치 저 『환상의 「긴 양말의 삐삐」』 이와나미쇼텐, 2014년, 141페이지.

(12) 이 글의 문맥에서도 중요한 애니메이션에 있어서 레이아웃의 역할에 대해서는 스튜디오 지브리 편 『스튜디오 지브리 레이아웃 전』 카탈로그, 니혼TV 방송망, 2008년을 참조.

(13) 타카하타 이사오 「오가 씨가 그리는 자연」, 『영화를 만들면서 생각한 것 2』 도쿠마쇼텐, 1999년, 170페이지.

(14) 치바 카오리 『하이디가 태어난 날』 이와나미쇼텐, 2017년, 44-65페이지를 참조.

(15) 타카하타 이사오 「명작 노선의 출발 "TV가 아니었다면 할 수 없었던 것"」, 『영화를 만들면서 생각한 것』 도쿠마쇼텐, 1991년, 48페이지.

(16) 타카하타 이사오 「강연 희망을 어디에서 찾으면 좋을까」, 『영화를 만들면서 생각한 것 2』 도쿠마쇼텐, 1999년, 107-108페이지.

(17) 타카하타 이사오 「마을 산으로 열린 창문」, 전게서 117페이지.

(18) 타카하타 이사오 「메모」, 타카하타 이사오, 미야자키 하야오, 고타베 요이치 저 『환상의 「긴 양말의 삐삐」』 이와나미쇼텐, 2014년, 112페이지.

(19) 상동, 113-114페이지.

(20) 타카하타 이사오 『만화영화에 뜻을 두다 -『사팔의 폭군』과 『왕과 새』』 이와나미쇼텐, 2007년, 193페이지.

(21) 앙드레 바쟁 저, 노자키 간·오하라 노리히사· 다니모토 미치아키 번역 「영화언어의 진화」, 『영화란 무엇인가』 이와나미분코, 123페이지.

(22) 상동, 126-127페이지.

(23) 타카하타 이사오 「내가 아는 이오카 씨의 화업(畵業)」, 『애니메이션, 기회가 있을 때마다』 이와나미쇼텐, 2013년 95페이지.

(24) 상동, 97페이지.

(25) 타카하타 이사오 『「호루스」의 영상 표현』 도쿠마쇼텐, 1983년, 197페이지.

(26) <좌담회> 야마다 요지·사토 다다오·타카하타 이사오 「실사와 애니메이션」, 『영화를 만들면서 생각한 것』 도쿠마쇼텐, 1991년, 172-173페이지.

(27) 타카하타 이사오 「뇌리의 이미지와 영상의 차이에 대해서」, 『애니메이션, 기회가 있을 때마다』 이와나미쇼텐, 2013년 186페이지.

연도	연호	연령	타카하타 이사오 감독 연출 작품, 저서, 수상 이력 등
1935	S10	0	10월 29일 미에현 우지야마다시(현재 이세시) 출생
1936	S11	1	
1937	S12	2	
1938	S13	3	
1939	S14	4	
1940	S15	5	
1941	S16	6	
1942	S17	7	미에현 사범학교 남자부 부속 초등학교 입학
1943	S18	8	아버지의 전근에 따라 오카야마 사범학교 남자 부속 초등학교로 전학
1944	S19	9	
1945	S20	10	
1946	S21	11	
1947	S22	12	
1948	S23	13	
1949	S24	14	
1950	S25	15	
1951	S26	16	오카야마대학 부속 중학교 졸업, 오카야마 현립 오카야마 아사히 고등학교 입학
1952	S27	17	
1953	S28	18	
1954	S29	19	오카야마 현립 오카야마 아사히 고등학교 졸업, 도쿄대학 입학
1955	S30	20	영화 『왕과 새』(폴 그리모) 일본 개봉 충격을 받고 영화관을 다니다
1956	S31	21	
1957	S32	22	
1958	S33	23	
1959	S34	24	도쿄대학 문학부 불문과 졸업/도에이동화(현 도에이 애니메이션) 입사
1960	S35	25	
1961	S36	26	극장용 애니메이션 『안쥬와 즈시오마루』(7월 19일 개봉/도에이 계열)...연출 조수
1962	S37	27	단편 애니메이션 영화 『철이야기』(4월 22일 개봉/닛카츠 계열)...제작 진행, 연출 조수
1963	S38	28	극장용 애니메이션 『장난꾸러기 왕자의 오로치 퇴치』(3월 24일 개봉/도에이 계열)...연출 조수
			극장용 실사 영화 『암흑가 최대의 결투』(7월 13일 개봉/도에이 계열)...조감독(파견)
1964	S39	29	TV 애니메이션 『늑대소년 켄』(1963년 11월 25일~1965년 8월 16일 방영/NET 계열)...
			연출 12화(제6화 C파트, 14, 19, 14, 32, 38, 45, 51, 58, 66, 72, 80화) 담당
1965	S40	30	TV 애니메이션 『허슬펀치』(11월 1일~1966년 4월 25일 방영/NET 계열)...오프닝 연출
1966	S41	31	
1967	S42	32	
1968	S43	33	극장용 애니메이션 『태양의 왕자 호루스의 대모험』(7월 21일 개봉/도에이 계열)...연출(감독)
			TV 애니메이션 『마법사 샐리』(1966년 12월 5일~1968년 12월 30일 방영/NET 계열)...연출 조수
1969	S44	34	TV 애니메이션 『게게게의 키타로』(1968년 1월 3일~1969년 3월 30일 방영/후지TV 계열)...제62화의 연출 담당
			TV 애니메이션 『맹렬 아타로』(4월 4일~1970년 12월 25일 방영/NET 계열)...
			연출을 9화(10, 14, 36, 44, 51, 59, 71, 77, 90화) 담당, 제78화~90화의 오프닝 연출도 담당
1970	S45	35	
1971	S46	36	TV 애니메이션 『게게게의 키타로(제2기)』(10월 7일~1972년 9월 28일 방영/후지TV 계열)...제5화 연출 담당
			TV 애니메이션 『아파치 야구군』(10월 6일~1972년 3월 29일 방영/NET 계열)...3편(2, 12, 17화) 연출 담당
			A프로덕션으로 이적
			TV 애니메이션 『루팡 3세』(10월 24일~1972년 3월 26일 방영/요미우리 TV 계열)...
			미야자키 하야오와 같이 제5화 이후의 연출에 'A프로덕션 연출 그룹'으로 참가, 크레딧 표시는 제17화 이후
1972	S47	37	TV 애니메이션 『적동 스즈노스케』(4월 5일~1973년 3월 28일 방영)...치프 디렉터 대리(한 시기만)
			극장용 애니메이션 『판다코판다』12월 17일 개봉/도호 계열)...연출(감독)
1973	S48	38	극장용 애니메이션 『판다코판다 빗속의 서커스 편』(3월 17일 개봉/도호 계열)...연출(감독)
			TV 애니메이션 『황야의 소년 이사무』(4월 4일~1974년 3월 27일 방영/후지TV 계열)...그림 콘티를 2편(15, 18화) 담당
			즈이요 영상으로 이적
1974	S49	39	TV 애니메이션 『알프스 소녀 하이디』(1월 6일~12월 29일 방영/후지TV 계열)...전 52화 연출(감독)과 제1화~3화의 그림 콘티 담당
1975	S50	40	TV 애니메이션 『플란다스의 개』(1월 5일~12월 28일 방영/후지TV 계열)...그림 콘티를 1편(15화) 담당
			닛폰 애니메이션으로 이적
1976	S51	41	TV 애니메이션 『엄마 찾아 삼만리』(1월 4일~12월 26일 방영/후지TV 계열)...전 52화의 감독, 연출과 5편(1, 2, 4, 5, 7화)의 그림 콘티 담당
1977	S52	42	TV 애니메이션 특별 프로그램 『알프스의 음악 소녀 네티의 신비한 이야기』(6월 6일 방영/아사히방송 계열)...애니메이션 파트의 연출, 그림 콘티

범례 애니메이션 영화와 일본과 세계의 주요 사건에 대해서는 편집부의 판단으로 선정했다. 영화는 제작 연도를 게재했고, 제목과 감독 이름을 기재했다.

연호 : S=쇼와/H=헤이세이/R=레이와

연도	기타 주요 애니메이션 영화와 사건	일본과 세계의 주요 사건
1935		
1936		
1937	세계 첫 컬러 장편 애니메이션 영화 『백설공주』(데이비드 핸드 윌프레드 잭슨 외)	중일전쟁 발발
1938		
1939		
1940	『피노키오』(벤 샤프스틴, 해밀턴 러스크)/『판타지아』(벤 샤프스틴)	
1941	『덤보』(벤 샤프스틴)/『미스터 버그 고즈 투 타운』(데이브 플레셔)	일본이 진주만을 공격해서 태평양전쟁 발발
1942	『밤비』(데이비드 핸드)	
1943	『모모타로의 바다독수리』(세오 미쓰요)/『거미와 튤립』(마사오카 겐조)	
1944		
1945	『모모타로 바다의 신병』(세오 미쓰요)	히로시마, 나가사키에 원폭 투하/제2차 세계대전 종결
1946	『음악의 세계』(잭 키니, 클라이드 제로니미 외)	
1947	『버려진 고양이 토라』(마사오카 겐조)	
1948		
1949		
1950	『신데렐라』(윌프레드 잭슨, 해밀턴 러스크, 클라이드 제로니미)	한국 전쟁 발발
1951	『이상한 나라의 앨리스』(윌프레드 잭슨, 해밀턴 러스크, 클라이드 제로니미)	대일강화조약, 미일안보조약, 샌프란시스코에서 조인
1952	『왕과 새』(폴 그리모)	
1953	피터 팬』(윌프레드 잭슨, 해밀턴 러스클, 클라이드 제로니미)	일본에서 TV 방송 시작
1954		
1955		캘리포니아주 애너하임에 디즈니랜드 개장
1956	도에이가 니치도영화사를 산하로 넣고, 도에이동화(현 도에이 애니메이션) 발족	일본, UN에 가맹
1957	『눈의 여왕』(레프 아마타노프)	
1958	『백사전』(야부시타 다이지)	도쿄타워 준공
1959	『잠자는 숲속의 공주』(클라이드 제로니미 외) / 『아기고양이 스튜디오』(야부시타 다이지)	이세만 태풍
1960	『서유기』(야부시타 다이지)	신안보조약 강행 체결/컬러 TV 방송 시작
1961	『101마리의 달마시안 개』(볼프강 레이더먼, 해밀턴 러스크, 클라이드 제로니미)	동독, 베를린 장벽 건설
1962	무시 프로덕션 설립/『아라비안나이트 신드바드의 모험』(야부시타 다이지)	쿠바 위기/국립경기장 건설
1963	『우주소년 아톰』(무시 프로덕션) 일본 최초 TV 시리즈 방영 시작	케네디 대통령 암살
1964	도쿄 무비 설립	도쿄 올림픽 개최
1965	걸리버의 우주여행』(구로다 요시오) / A프로덕션 설립	미국의 베트남 폭격 개시/한일 기본 조약 조인
1966	『사이보그 009』(세리카와 유고)	비틀즈 첫 방일/중국에서 문화혁명 발발
1967	『Varezhka』(로만 카차노프)	
1968	『노란 잠수함』(조지 더닝, 잭 스톡스)	3억 엔 사건
1969	『장화 신은 고양이』(야부키 기미오)/『하늘 나는 유령선』(이케다 히로시) 『안녕 체브라시카』(로만 카차노프)	미일 공동성명 아폴로 11호 달 착륙
1970	『클레오파트라』(데즈카 오사무, 야마모토 에이이치)	요도호 하이잭 사건/일본 만국박람회(오사카 만국박람회) 개최
1971	『동물 보물섬』(이케다 히로시) 『케르제네츠 전투』(유리 노르슈테인)	플로리다주 올랜도에 월트 디즈니 월드 개장
1972	『바다의 트리톤』(애니메이션스태프룸)	오키나와 반환 중일국교 정상화/아사마 산장사건
1973	『여우와 토끼』(유리 노르슈테인) 『슬픔의 벨라돈나』(야마모토 에이이치) 『판타스틱 플래닛』(르네 랄루)	베트남 전쟁 화평협정 조인 제1차 석유위기, 석유파동 일본항공기 하이잭 사건
1974	『백로와 학』(유리 노르슈테인)/『일루션』(프레데릭 백)	워터게이트 사건으로 닉슨 대통령 사임
1975	『안개에 싸인 고슴도치』(유리 노르슈테인)	사이공(현 호치민) 함락에 의해 베트남 전쟁이 종결
1976	『타라타타』(프레데릭 백)	록히드사건 표면화
1977	『아무것도 없다』(프레데릭 백)	후쿠다 수상, 동남아시아 외교 3원칙(후쿠다 독트린) 발표

연도	연호	연령	타카하타 이사오 감독 연출 작품, 저서, 수상 이력 등
1977	S52	42	TV 애니메이션 『시튼 동물기 아기곰 재키』(6월 7일~12월 6일 방영/아사히방송 계열)...그림 콘티 2편(5, 8화) 담당
1978	S53	43	TV 애니메이션 『집 없는 소녀 펠리네』(1월 1일~12월 31일 방영/후지TV 계열)...그림 콘티 2편(3, 6화) 담당
			TV 애니메이션 『미래소년 코난』(4월 4일~10월 31일 방영/NHK)...연출(공동) 2편(9, 10화), 그림 콘티 5편(7, 9, 10 13, 20화) 담당
1979	S54	44	TV 애니메이션 『빨강머리 앤』(1월 7일~12월 30일 방영/후지TV 계열)...전 50화 연출(감독)과 각본 36편(1~4, 6, 8, 10, 12, 13, 17, 18, 20, 23, 25~36, 38~44, 47~50화
			<35화는 단독. 다른 것은 공동>), 그림 콘티 5편(1~4, 29화) 담당
			후생성 아동복지문화상 수상(『빨강머리 앤』)
1980	S55	45	
1981	S56	46	텔레콤 애니메이션 필름으로 이적
			극장용 애니메이션 『꼬마숙녀 치에 극장판』(4월 11일 개봉/도호 계열)...각본(공동), 감독
			TV 애니메이션 『꼬마숙녀 치에』(10월 3일~1983년 3월 25일 방영/마이니치방송 계열)...
			치프 디렉터(모두 화수에 크레딧), 연출, 그림 콘티 3편(2, 6, 11화/다케모토 데쓰 명의), 오프닝 작곡 원안을 담당
1982	S57	47	TV 애니메이션 『첼로 켜는 고슈』(1월 23일 자체 제작 영화로 개봉)...각본, 감독
			제36회 마이니치 영화 콩쿠르 오후지 노부로상 수상(『첼로 켜는 고슈』)
1983	S58	48	미일합작영화 『니모』의 일본 측 감독에서 강판됨, 텔레콤 퇴사 후 프리로.
			서적 『호루스』의 영상표현』(10월 31일 발행/도쿠마쇼텐 애니메이션 문고)...해설
1984	S59	49	극장판 애니메이션 『바람계곡의 나우시카』(3월 11일 개봉/도에이 계열)...프로듀서
			서적 『이야기 속의 이야기』(4월 30일 발행/도쿠마쇼텐 애니메이션 문고)...해설
1985	S60	50	스튜디오 지브리 설립에 참여
1986	S61	51	극장용 애니메이션 『천공의 성 라퓨타』(8월 2일 개봉/도에이 계열)...프로듀서
			서적 『강좌 애니메이션 3 이미지의 설계』(미술출판사) 이케다 히로시, 오타케 도오루, 구로다 요시오, 다카하시 가쓰오, 쓰키오카 사다오, 미야자키 하야오와 공저
1987	S62	52	실사영화 『야나가와 수로 이야기』(8월 15일 독립영화로 개봉)...각본, 감독
			제42회 마이니치 영화 콩쿠르 교육문화상 수상 (『야나가와 수로 이야기』)
1988	S63	53	서적 『애니메이션 세계 잠자리의 책』(3월 28일 발행/신초샤)...오카다 에미코, 스즈키 신이치, 미야자키 하야오와 공저
			극장용 애니메이션 『반딧불이의 묘』(4월 16일 개봉/도호 계열)...각본, 감독
			모스크바 아동 청소년 국제영화제 그랑프리(『반딧불이의 묘』)
1989	S64/H1	54	극장용 애니메이션 『마녀배달부 키키』(7월 29일 개봉/도에이 계열)...음악 연출
1990	H2	55	서적 『나무를 심은 사람을 읽는다』(7월 31일 발행/도쿠마쇼텐)......역저
1991	H3	56	극장용 애니메이션 『추억은 방울방울』(7월 20일 개봉/도호 계열)...각본, 감독, 주제가 일본어 번역 가사
			TV 프로그램 『슈퍼 TV 정보 최전선 '첫 공개! 초인기 애니메이션 비(동그라미 안에 넣을 것) 제작 현장』(7월 22일 방송/니혼TV) 출연
			서적 『영화를 만들면서 생각한 것』(8월 31일 발행/도쿠마쇼텐)...출간
			야마지 후미코 문화재단 특별상 예술선장문부대신상 수상(『추억은 방울방울』)
1992	H4	57	
1993	H5	58	
1994	H6	59	TV 프로그램 『1994 꿈의 대담 타카하타 이사와 미야자키 하야오』(1월 1일 방영/니혼 TV) 출연
			서적 『폼포코 너구리 대작전』(6월 30일 발행/도쿠마쇼텐)...출간
			극장용 애니메이션 『폼포코 너구리 대작전』(7월 16일 개봉/도호 계열)...원작, 각본, 감독
			제49회 마이니치영화 콩쿠르 애니메이션 영화상 수상(『폼포코 너구리 대작전』)
1995	H7	60	안시 국제애니메이션 영화제 장편 부문 그랑프리 수상(『폼포코 너구리 대작전』)
			니혼대학 예술학부에서 강사 담당(2010년까지)
			CD 『타카하타의 클래식~베토벤의 스케르초』(폴리도르) 선곡, 감수
1996	H8	61	
1997	H9	62	
1998	H10	63	가을의 자수포장 수장
1999	H11	64	서적 『12세기 애니메이션 - 국보 두루마리 그림에서 보는 영화적·애니메이션적인 것』(3월 31일 발행/도쿠마쇼텐)...출간
			극장용 애니메이션 『이웃집 야마다군』(7월 17일 개봉/쇼치쿠 계열)...각본, 감독, 삽입곡 일본어 번역 작사
			TV 프로그램 『슈퍼 TV 정보 최전선 '독점 밀착 15개월! 소문난 영화 '이웃집 야마다군』의 비밀』(월 26일 방영/니혼TV) 출연
			서적 『영화를 만들면서 생각한 것 2』(7월 31일 발행/도쿠마쇼텐)...출간
			제3회 문화청 미디어 예술제 애니메이션 부문 우수상 수상(『이웃집 야마다군』)
			전시회 『두루마리 그림 - 애니메이션의 원류』(8월 10일~9월 12일/치바시 미술관)...기획
2000	H12	65	인형극 『마호로바의 메아리~신령님들이 눈을 뜨다』(10월 13일 초연/가와세미 극단)...구성, 연출
2001	H13	66	
2002	H14	67	
2003	H15	68	서적 『키리쿠와 마녀』(미셸 오슬로 저) / 6월 30일 발행/도쿠마쇼텐)...번역
			그림책 『키리쿠와 마녀』(미셸 오슬로 저) / 6월 30일 발행/도쿠마쇼텐)...번역
			극장용 애니메이션 『키리쿠와 마녀』(8월 2일 개봉/알바트로스 필름)...일본어판 번역, 연출

연도	기타 주요 애니메이션 영화와 사건	일본과 세계의 주요 사건
1977		
1978	텔레콤 애니메이션 필름 발족	중일 평화우호조약 조인
	『아니메쥬』(도쿠마쇼텐) 발간	
1979	『루팡 3세 : 칼리오스트로의 성』(미야자키 하야오)	제2차 석유파동/도쿄 서미트 개최
	『은하철도 999』(린타로)/『에이스를 노려라! 극장판』(데자키 오사무)	소니, 워크맨 발매
	『이야기 속의 이야기』(유리 노르슈테인)	
1980		한국에서 광주 민주화 운동/이란 · 이라크 전쟁 발발
1981	『크랙』(프레데릭 백)	
	『기동전사 건담』(도미노 요시유키)	
	『기동전사 건담 2』(도미노 요시유키)	
1982	『기동전사 건담 3 』(도미노 요시유키)	
	『전설거신 이데온 극장판 - 접촉편 · 발동편』(도미노 요시유키)	호텔 뉴재팬 화재
1983	『시끌별 녀석들 - 온리 유』(오시이 마모루)	대한항공 비행기 격추 사건
	『맨발의 겐』(마사키 모리)	도쿄 디즈니랜드 개장
1984	『시끌별 녀석들 - 뷰티풀 드리머』(오시이 마모루)	글리코 모리나가 사건
	『초시공요새 마크로스 : 사랑 기억하고 있습니까』(가와모리 쇼지)	
1985	『은하철도의 밤』(스기이 기사부로)	일본항공 점보기 오스타카산 추락사고
1986	픽사 애니메이션 스튜디오 창립. 단편 3DCG 영화 제작 시작	
		체르노빌 원자력 발전소에서 폭발 사고
1987	『나무를 심은 사람』(프레데릭 백)	국철 민영화
	『왕립우주군 오네아미스의 날개』(야마가 히로유키)	
1988	『이웃집 토토로』(미야자키 하야오)	
	『아키라, AKIRA』(오토마 가쓰히로)	
1989	『기동경찰 패트레이버』(오시이 마모루)	베를린 장벽 붕괴
	데즈카 오사무 서거(60세)	쇼와 일왕 서거, 연호가 헤이세이로 바뀜
1990		동서독일 통일
1991	『미녀와 야수』(게리 트라우스데일, 커크 와이즈)	걸프 전쟁 발발
		운젠후겐다케 분화
		소비에트 연방 해체
1992	『붉은 돼지』(미야자키 하야오)	보스니아에서 민족 충돌 격화/PKO 법안 성립
1993	『위대한 강』(프레데릭 백)/『기동경찰 패트레이버 2 the Movie』(오시이 마모루)	「55년 체제」붕괴
1994	『라이온 킹』(로저 앨러스, 롭 민코프)	마쓰모토 사린 사건 발생
	드림웍스 SKG 설립	
1995	『귀를 기울이면』(곤도 요시후미)	한신 · 아와지 대지진
	『토이 스토리』(존 라세터) (픽사 제작(디즈니 배급)의 풀 디지털 장편영화)	지하철 사린 사건
	『공각 기동대 : 고스트 인 더 쉘』(오시이 마모루)	오키나와 미군 소녀 폭행 사건
1996	『제임스와 거대한 복숭아』(헨리 셀릭)	미일 양 정부, 후텐마 기지의 반환 합의 발표
1997	『모노노케 히메』(미야자키 하야오)	교토의정서 조인/홍콩 반환
1998	『벅스 라이프』(존 라세터, 앤드루 스탠튼)	나가노 동계 올림픽 개최
1999	『아이언 자이언트』(브래드 버드)	NATO 유고 공중 폭격 개시
	『타잔』(케빈 리마, 크리스 벽)	콜럼바인 고교 총기난사 사건
	『토이 스토리 2』(존 라세터)	
	『노인과 바다』(알렉산드르 페트로프)	
2000	『아버지와 딸』(미카엘 뒤독 더 빗)	미야케지마섬 분화
2001	『센과 치히로의 행방불명』(미야자키 하야오)	미국 911 테러
2002	『고양이의 보은』(모리타 히로유키) /『기블리즈 에피소드 2』(모모세 요시유키)	유럽 12개국에서 유로 통화 유통 시작/첫 한일 수뇌회담
2003	『센과 치히로의 행방불명』 미국 아카데미상 장편 애니메이션 부문 수상	우주왕복선 컬럼비아호 폭발 사고
	『니모를 찾아서』(앤드루 스탠튼, 리 언크리치)	이라크 전쟁 시작
	『벨빌의 세쌍둥이』(실뱅 쇼메)	

연도	연호	연령	타카하타 이사오 감독 연출 작품, 저서, 수상 이력 등
2003	H15	68	OVA『렌쿠 애니메이션 겨울날』(11월 22일 발매/IMAGICA 엔터테인먼트)...
			「나고리노오모테 10구 바쇼」작, 연출, 메이킹 다큐멘터리『겨울날의 시인들』출연
			기획전시『유리 노르슈테인 전~노르슈테인과 야르부소바의 일』(11월 19일~2004년 5월 9일 개최/미타카의 숲 지브리 미술관)...협력
2004	H16	69	서적『언어들』(잭 프레베르 저/10월 10일 발행/피아)...번역 및 해설과 주해
			다큐멘터리 OVA『오쓰카 야스오를 움직이게 하는 기쁨』(7월 23일/부에나 비스타 홈 엔터테인먼트)...출연)
			CD『나는 나, 이대로야~프레베르의 노래』(유니버설 인터내셔널/10월 13일 발매)...선곡, 번역, 해설
			영화인 9조 모임 결성에, 호소인으로 참가(10월 20일)
			키아바리 영화제에 심사위원으로 참가
2005	H17	70	기획전시『알프스 소녀 하이디 전~그것을 만든 사람들이 한 일~』(5월 21일~2006년 5월 7일 개최/미타카의 숲 지브리 미술관)...전시 협력
			다큐멘터리 OVA『미야자키 하야오와 지브리 미술관』(3월 18일/부에나 비스타 홈 엔터테인먼트)...출연
2006	H18	71	TV 프로그램『신 일요미술관「시각의 미궁 · 두루마리 그림의 세계」』(4월 23일 방영/NHK)...출연
			서적『새에게 보내는 인사』(잭 프레베르 : 저, 나라 요시토모 : 그림/7월 29일 발행/피아)...편역
			극장용 애니메이션『왕과 새』(7월 29일 개봉/클록웍스)...일본어 자막 번역
			서적『왕과 새 스튜디오 지브리의 원점』(7월 29일 발행/오쓰키쇼텐)...오쓰카 야스오, 가노 세이지, 후지모토 가즈이사와 공저
			전시회『폴 그리모 전』(월 30일~8월 31일 개최/도쿄 불일학원 갤러리)...감수
			가쿠슈인대학 대학원 인문과학 연구과 신체표상문화학 전공 주임 연구원으로 취임(2008년까지)
2007	H19	72	서적『만화영화(애니메이션)의 뜻』『사팔의 폭군』과『왕과 새』』(5월 30일 발행/이와나미쇼텐)...출간
			극장용 애니메이션『아즈루와 아스마루』(7월 21일 개봉/미타카의 숲 지브리 미술관)...일본어판 감수, 번역, 연출
			기획전시『곰 세 마리 전』(5월 19일~2008년 5월 11일 개최/미타카의 숲 지브리 미술관)...특별 협력
			제12회 애니메이션 고베 · 특별상 수상
2008	H20	73	
2009	H21	74	서적『한 장의 그림으로부터 해외편』『한 장의 그림으로부터 일본편』(11월 27일 발행/이와나미쇼텐)......출간
			장편영화계에 공헌해 온 영화감독에게 선사하는「로카르노 국제영화제 명예표범상」수상
2010	H22	75	극장용 애니메이션『극장판 빨강머리 앤 : 그린 게이블로 가는 길』(7얼 17일 개봉/미타카의 숲 지브리 미술관)...각본, 감독
			도쿄 국제 아니메 페어 2010 도쿄 아니메 어워드 제6회 공로상 수상
2011	H23	76	전시회『EMAKIMONO and THE BAYEUX TAPESTRY "ANIMATED CARTOONS FROM THE MIDDLE AGES"』
			(3월 31일~12월 30일 개최/바이외 태피스트리 미술관)...오리지널 아이디어
			전시회『프레데릭 백 전』(7월 2일~10얼 3일 개최/도쿄도 현대미술관)...협력
			극장용 애니메이션『프레데릭 백의 영화(「나무를 심은 사람」「위대한 강」「크랙」「아무것도 없다」)』
			(7월 2일 개봉/미타카의 숲 지브리 미술관, 스튜디오 지브리)...일본어 자막 감수
2012	H24	77	다큐멘터리 영화『이와사키 치히로 : 27세의 영화』(7월 14일 개봉)...출연
			미국 로드아일랜드 스쿨 오브 디자인(RISD) 명예박사 수여
2013	H25	78	다큐멘터리 영화『꿈과 광기의 왕국』(11월 16일 개봉)...출연
			극장용 애니메이션『가구야공주 이야기』(11월 23일 개봉/도호)...원안, 각본, 감독, 극중곡 작사 작곡
			서적『애니메이션, 기회가 있을 때마다』(12월 5일 발행/이와나미쇼텐)...출간
			다큐멘터리 TV 프로그램『타카하타 이사오,「가구야공주 이야기」를 만들다. 지브리 제7 스튜디오, 933일의 전설』(12월 6일, 13일 방영/WOWOW)...출연
			제68회 마이니치영화 콩쿠르 애니메이션 영화상 수상(『가구야공주 이야기』)
2014	H26	79	다큐멘터리 TV 프로그램『지브리의 풍경~타카하타 이사오가 그린 '일본'을 방문해서~』(1월 1일 방영/BS닛테레)...출연
			TV 프로그램『웃고 참고! 지브리 지국 리턴스 전 세계가 원더풀 스페셜』(1월 15일 방영/니혼TV)...출연
			서적『치히로 씨와 보낸 시간 - 이와사키 치히로를 잘 아는 25인의 증언』(8월 1일/신일본출판사) 치히로 미술관 감수...구로야나기 데쓰코 등과 공저
			서적『환상의「말괄량이 삐삐」』(10월 8일 발행/이와나미쇼텐)...미야자키 하야오, 고타베 요이치와 공저
			도쿄 아니메 어워드 페스티벌 2014 특별상「아니메돌」수상
			안시 국제 애니메이션 영화제「명예공로상」(Cristal d'honneur) 수상
2015	H27	80	『가구야공주 이야기』가 미국 아카데미상 장편 애니메이션 부문에 노미네이트
			서적『네가 전쟁을 원하지 않는다면』(12월 4일 발행/이와나미쇼텐 이와나미 북클릿)...발간
			서적『나의「전후 70년 담화」』(7월 4일/이와나미쇼텐) 이와나미쇼텐 편집부 편...나카가와 리에코, 치바 데쓰야, 야마다 다이치, 야마다 요지 등과 공저
			도쿄 아니메 어워드 감독상 수상(『가구야공주 이야기』)
			프랑스 예술문화훈장 오피세 수상
2016	H28	81	극장용 애니메이션『붉은 거북』(9월 17일 개봉/도호)...아티스틱 프로듀서
			애니어워드에서 공로상에 해당하는 윈저 매케이상 수상
2017	H29	82	전시회『타카하타 이사오가 만드는 치히로 전에 오신 걸 환영합니다! 치히로의 그림 속으로』(5월 19일~8월 20일/치히로 미술관 도쿄)...전시 연출
2018	H30		4월 5일 서거, 향년 82세
2019	H31／R1		전시회『타카하타 이사오 전 - 일본 애니메이션에 남긴 것』(7월 2일~10월 6일/도쿄 국립 근대미술관, 2020년 8월 1일~9월 8일, 9월 21일~9월 27일/오카야마 현립 미술관)

연도	기타 주요 애니메이션 영화와 사건	일본과 세계의 주요 사건
2003	『도쿄 갓파더즈』(곤 사토시)	
2004	『미스터 인크레더블』(브래드 버드)	수마트라 앞바다 지진 발생
	『이노센스』(오시이 마모루)	니가타현 나카코시 지진 발생
	『하울의 움직이는 성』(미야자키 하야오)	
	『마인드 게임』(유아사 마사아키)	
2005	『월레스와 그로밋』(닉 파크, 스티브 박스)	우정 민영화법 성립
2006	『카』(존 라세터, 조 랜프트)	이라크의 사담 후세인이 사형 판결을 받음
	픽사, 디즈니 스튜디오 산하로.	
	『파프리카』(곤 사토시)	
	『게드 전기』(미야자키 고로)	
	『시간을 달리는 소녀』(호소다 마모루)	
2007	『라따뚜이』(브래드 버드)	아이폰 초대 모델 발매
	『아즈루와 아스마루』(미셸 오슬로)	
	『갓파 쿠와 여름방학을』(하라 케이이치)	
	『에반게리온 신극장판 : 서』(안노 히데아키)	
2008	『벼랑 위의 포뇨』(미야자키 하야오)	리먼 쇼크 / 버락 오바마, 미국 대통령으로 당선
2009	『마이 마이 신코 이야기』(가타부치 스나오)	제45회 중의원 선거에서 민주당이 압승, 정권 교체
	『에반게리온 신극장판 : 파』(안노 히데아키)	
2010	『토이 스토리 3』(리 언크리치), 『라푼젤』(바이런 하워드, 네이선 그레노)	칠레 대지진 발생
	『마루 밑 아리에티』(요네바야시 히로마사)	
2011	『코쿠리코 언덕에서』(미야자키 고로)	동일본 대지진 발생, 후쿠시마 원자력 발전소 사고
		미군, 오사마 빈라덴을 살해
		아날로그 방송 종료, 지상 디지털 방송으로 완전 이행
2012	『밤의 이야기』(미셸 오슬로)/『에반게리온 신극장판 : Q』(안노 히데아키)	도쿄 스카이트리 개업, 중의원 선거에서 자민당이 여당으로
2013	『밤의 이야기 깨지 않는 꿈』(미셸 오슬로)	2020년 하계 올림픽 개최지가 도쿄로 결정
	『겨울왕국』(크리스 벅, 제니퍼 리)	
	프레데리 백 사망(89세)	
2014	『레고 무비』(필 로드, 크리스토퍼 밀러)	한국 여객선 '세월호' 침몰
	『도라에몽 : 스탠바이미』(야기 류이치, 야마자키 다카시)	온타케산 분화
	『빅 히어로』(돈 홀, 크리스 윌리엄스)	
2015	『인사이드 아웃』(피트 닥터, 로니 델카르멘)	파리 동시 테러 발생
	『미니언즈』(피에르 코팽, 카일 볼다)	미국, 쿠바 국교 회복
2016	『너의 이름은』(신카이 마코토)	구마모토 지진 발생
	『이 세상의 한구석에』(가타부치 스나오)	영국 EU 이탈 결정
2017	『코코』(리 언크리치)	도널드 트럼프 미대통령 취임
2018	『옷코는 초등학생 사장님!』(다카사카 기타로)	서일본 호우
2019	『토이 스토리 4』(조시 쿨리)	일왕 퇴위로, 원호가 헤이세이에서 레이와로 바뀜

출품 리스트

제1장

『안쥬와 즈시오마루』 1961년
· 제작 자료(라이브 액션 사진)
· 그림 콘티
· 작화(셀화)
· 홍보 · 선전
· 장면 사진
· 작품 관련 자료(인형)

『장난꾸러기 왕자의 오로치 퇴치』 1963년
· 각본
· 그림 콘티
· 작화(셀화)
· 배경(배경화)
· 홍보 · 선전(포스터)

『늑대소년 켄』 1963~1965년
· 각본
· 그림 콘티
· 음악
· 홍보 · 선전(선전용 셀화)
· 영상(제72화 『긍지 높은 고릴라』에서)
· 작품 관련 자료(인형)

『태양의 왕자 호루스의 대모험』 1968년
· 기획(기획서, 기획 노트)
· 각본(각본 준비 노트, 각본)
· 제작 자료(스태프에게 준 메모, 스태프에게서 받은 제안, 스케줄표, 텐션 차트, 진행 관리, 도에이동화와의 교섭 기록)
· 이미지 보드
· 설정(캐릭터 스케치, 캐릭터표, 미술설정, 색지정)
· 그림 콘티
· 작화(원화, 동화, 셀화)
· 배경(배경화)
· 음악(설계, 가사, 악보, 안무 사진 자료)
· 홍보 · 선전(홍보 계획, 포스터)
· 영상(예고편, '수확의 노래' 장면)
· 장면 사진
· 기타(x 타슈켄트 영화제 관련 자료)

기타
* 「우리의 가구야공주」 기획 노트
* 도에이동화에서 사용했던 애니메이터의 책상
* 잭 프레베르 저, 타카하타 이사오 역 『언어들』, 피아, 2004년
* 잭 프레베르 저, 편역:타카하타 이사오, 그림:나라 요시토모 『새에게 보내는 인사』, 피아, 2006년
* 나라 요시토모 《새에게 보내는 인사》 2006년(부분) YOOZOO FOUNDATION 소장

제2장

『판다코판다』『판다코판다 빗속의 서커스 편』 1972~1973년
· 기획(기획 노트)
· 각본(각본 준비 노트)
· 그림 콘티
· 레이아웃
· 홍보 · 선전(포스터)

『알프스 소녀 하이디』 1974년
· 기획(기획 노트)
· 각본(각본 준비 노트)
· 제작 자료(로케이션 헌팅 자료)
· 설정(캐릭터 스케치, 캐릭터표)
· 그림 콘티
· 레이아웃
· 작화(원화, 동화, 셀화)
· 배경(배경화)
· 영상(오프닝, 제1화 발췌)
· 작품 관련 자료(관련 상품)
· 기타(알름의 산오두막집 디오라마, 모형)

『엄마 찾아 삼천리』 1976년
· 레이아웃
· 작화(원화)
· 배경(배경화)
· 영상(제2화 발췌)
· 작품 관련 자료(극장판 포스터, 관련 상품)
· 기타(알름의 산오두막집 디오라마, 모형)

『빨강머리 앤』 1979년
· 각본(각본 준비 노트)
· 설정(캐릭터 스케치, 캐릭터표)
· 그림 콘티
· 레이아웃
· 작화(원화, 셀화)
· 배경(배경화)
· 영상(오프닝)
· 작품 관련 자료(극장판 포스터, 관련 상품)

기타
* 『말괄량이 삐삐』 관련 자료
· 기획(기획 노트, 기획서)
· 타카하타 이사오 · 미야자키 하야오 · 고타베 요이치 『환상의 「말괄량이 삐삐」』(이와나미쇼텐)
* 『플란다스의 개』 그림 콘티
* 『페린느 이야기』 그림 콘티

제3장

『꼬마숙녀 치에』 1981년
· 설정(캐릭터표
· 레이아웃
· 배경(배경화)
· 영상
· 홍보 · 선전(포스터)

『첼로 켜는 고슈 치에』 1982년
· 배경(미술 보드, 배경화)
· 음악(설계 노트)
· 홍보 · 선전(포스터)
· 영상
· 작품 관련 자료(『갓코 통신』 오프로덕션, 1984년)
· 기타(x 타슈켄트 영화제 관련 자료)

『야나가와 수로 이야기』 1987년
· 기획(기획 노트)
· 각본
· 홍보 · 선전(포스터용 일러스트)

『반딧불이의 묘』 1988년
· 각본(각본 준비 노트)
· 제작 자료(로케이션 헌팅 자료)
· 이미지 보드
· 설정(색지정)
· 그림 콘티
· 레이아웃
· 작화(셀화)
· 배경(미술 보드, 배경화)
· 홍보 · 선전(포스터용 일러스트)

『추억은 방울방울』 1991년
· 설정(캐릭터 스케치, 캐릭터표)
· 레이아웃
· 작화(셀화)
· 배경(미술 보드, 배경화)
· 홍보 · 선전(포스터)

『폼포코 너구리 대작전』 1994년
· 이미지 보드
· 설정(미술설정)
· 레이아웃
· 작화(셀화)
· 배경(미술 보드, 배경화)
· 영상
· 홍보 · 선전(포스터)

제4장

『이웃집 야마다군』 1999년
· 보드(채색)
· 영상
· 홍보 · 선전(포스터)

『가구야공주 이야기』 2013년
· 이미지 보드
· 보드
· 작화(셀화)
· 배경(배경화)
· 영상
· 홍보 · 선전(포스터)
· 기타(타카하타 이사오가 사용했던 스톱워치)

기타
* 프레데릭 백 관련 자료
· 「크랙」 원화
· 「나무를 심은 사람」 원화
· 타카하타 앞으로 연 개인용 서신
* 타카하타 이사오 『나무를 심은 사람을 읽는다』 도쿠마쇼텐, 1990년
* 타카하타 이사오 『12세기의 애니메이션』 도쿠마쇼텐, 1999년

연보
* 연보에 제출한 포스터는 각 필름 자료로서 기재했다.
* 『루팡 3세』 그림 콘티
* 『도라에몽』 관련 자료
* 『바람계곡의 나우시카』 관련 자료
* 타카하타 이사오 해설 『이야기 속의 이야기』 도쿠마쇼텐, 1984년
* 유리 노르슈테인이 타카하타 앞으로 보낸 편지
* 『사팔의 폭군』과 『왕과 새』 관련 자료

Credit

안쥬와 즈시오마루 ◎도에이

장난꾸러기 왕자의 오로치 퇴치 ◎도에이

늑대소년 켄 ◎도에이 애니메이션

태양의 왕자 호루스의 대모험 ◎도에이

판다코판다 ◎TMS

판다코판다 빗속의 서커스 편 ◎TMS

알프스 소녀 하이디 ◎ZUIYO 「알프스 소녀 하이디」 공식 HP www.heidi.ne.jp

엄마 찾아 삼만리 ◎NIPPON ANIMATION CO.,LTD.

빨강머리 앤 ◎NIPPON ANIMATION CO.,LTD."Anne of Green Gables" ™AGGLA

꼬마숙녀 치에 ◎하루키 에쓰미/가나이코교샤 . TMS

첼로 켜는 고슈 ◎오프로덕션

리틀 네모 ◎TMS

야나가와 수로 이야기 ◎Studio Ghibli

반딧불이의 묘 ◎노사카 아키유키/신초샤, 1988

추억은 방울방울 ◎1991 오카모토 호타루 . 도네 유코 . Studio Ghibli . NH

폼포코 너구리 대작전 ◎1994 하타사무소 . Studio Ghibli . NH

이웃집 야마다군 ◎1999 이시이 히로이치 . 하타사무소 . Studio Ghibli . NHD

가구야공주 이야기 ◎2013 하타사무소 . Studio Ghibli . NDHDMTK

◎YOSHIMOTO NARA 2006(p.49)

◎Société Radio-Canada ◎Atelier Frédéric Back Inc.(p.204)

소장처

도에이 애니메이션 주식회사(p.23 Fig.5; p.33 fig.12; p.36 fig.1)

일반 사단법인 일본 애니메이션 문화재단(p.30-31 fig.1-5; p.32-33 fig.1-11; p.34 fig.1-5; p.42-43 fig.1-11; p.41 fig.9,10)

네리마 구립 샤쿠지이공원 고향 문화관(p.25 fig.3,4; p.42 fig.1,2)

2024 스튜디오 지브리 애니메이션의 거장 : 타카하타 이사오展

기획구성
도쿄국립근대미술관_ 스즈키 가쓰오
스튜디오 지브리_ 스즈키 도시오, 다나카 가즈요시
NHK 프로모션

협력
타카하타 가요코
타카하타 고스케

전시구성
뉴트럴 코퍼레이션_ 이시즈 나오토

기획어드바이저 가노 세이지

기획협력
나카지마 기요후미, 하시다 신, 모리타 마사키, 이토 노조무

스튜디오 지브리
나카시마 아쓰키, 마쓰시마 후미, 기타야마 모에카, 시라키 노부코

뉴트럴 코퍼레이션
아키야마 유카, 하타노 유리

2024년 4월26일 1판1쇄

2024 스튜디오 지브리 애니메이션의 거장 : 타카하타 이사오展

기획협력 STUDIO GHIBLI

제작협력 NHK PROMOTIONS

주최
대원미디어(주)
회장 정욱, 대표이사 정동훈

㈜스튜디오선데이
대표 박민선, 이사 박재경, 대리 박가영, 사원 김예지

(재)세종문화회관
사장 안호상
문화사업본부장 임연숙, 전시팀장 신동준, 전시팀 유보은·안우동·임참·이영인

후원
유니온투자파트너스㈜

전시디자인 시공
인다_ 대표 최정웅, 이사 정필영, 디자이너 김민지

도록 편집
에이스트_ 대표 이정민, 대리 황지민

번역 이선희

기고 박하은

협력
소시민워크
스튜디오 펀데이
㈜사야컴퍼니
테누토컴퍼니

도움주신분
박지언, 김호영, 박신희

ISBN 978-89-86882-15-5 03680

정가 : 35000 원